Der Begriff der Autonomie und des Menschenrechts bei Kant

Rechtsphilosophische Schriften

Herausgegeben von Kurt Seelmann,
Stefan Smid, Ulrich Steinvorth

Band 9

PETER LANG
Frankfurt am Main · Berlin · Bern · Bruxelles · New York · Oxford · Wien

Mi-Won Lim

Der Begriff der Autonomie und des Menschenrechts bei Kant

Zur Möglichkeit des Menschenrechts auf sittliche Autonomie bei Kant

PETER LANG
Europäischer Verlag der Wissenschaften

Die Deutsche Bibliothek - CIP-Einheitsaufnahme

Lim, Mi-Won:

Der Begriff der Autonomie und des Menschenrechts bei Kant : zur Möglichkeit des Menschenrechts auf sittliche Autonomie bei Kant / Mi-Won Lim. - Frankfurt am Main ; Berlin ; Bern ; Bruxelles ; New York ; Oxford ; Wien : Lang, 2002
(Rechtsphilosophische Schriften ; Bd. 9)
Zugl.: Hamburg, Univ., Diss., 2001
ISBN 3-631-38598-6

Die vorliegende Arbeit wurde von Prof. Dr. Kurt Sellmann
zur Aufnahme in die Reihe empfohlen.

D 18
ISSN 0945-1838
ISBN 3-631-38598-6

www.peterlang.de

Vorwort

Die vorliegende Arbeit wurde im Sommersemester 2001 von dem Fachbereich Rechtswissenschaft der Universität Hamburg als Dissertation angenommen.

Große Dankbarkeit schulde ich meinem Doktorvater, Herrn Prof. Dr. Kurt Seelmann, der den Fortgang meiner langjährigen Arbeit gefördert und mich zu ihrer Beendigung ermutigt hat. Besonders zu danken habe ich meinem Zweitgutachter, Herrn Prof. Dr. Michael Köhler, für seine herzliche Unterstützung und wertvollen Anregungen. Ohne die Hilfe meiner beiden Lehrer wäre diese Arbeit nicht zustande gekommen.

Ein besonderer Dank gilt schließlich meinen Eltern, die mich für die ganze Zeit dieser Arbeit mit großer Liebe und Geduld begleitet haben.

Hamburg, im August 2001 — Mi-Won Lim

Inhalt

Vorbemerkung

Alle Stellen aus Schriften Kants werden zitiert nach der von der Preußischen Akademie der Wissenschaften edierten Ausgabe der „gesammelten Schriften“ Immanuel Kants durch Angabe der Band- und Seitenzahl:

III:	Kritik der reinen Vernunft
IV:	Grundlegung zur Metaphysik der Sitten
IV:	Prolegomena zu einer jeden künftigen Metaphysik, die als Wissenschaft wird auftreten können
V:	Kritik der praktischen Vernunft
V:	Kritik der Urteilskraft
VI:	Die Metaphysik der Sitten
VI:	Die Religion innerhalb der Grenzen der bloßen Vernunft
VII:	Anthropologie in pragmatischer Hinsicht
VIII:	Zum ewigen Frieden
VIII:	Über den Gemeinspruch: Das mag in der Theorie richtig sein, taugt aber nicht für die Praxis
VIII:	Idee zu einer allgemeinen Geschichte in weltbürgerlicher Absicht
XXVII.2.2:	Kants Naturrecht gelesen im Winterhalben Jahre 1784 (Gottfried Feyerabend)

Einleitung

Um das in einer Gesellschaft funktionierende Recht und die Rechtsphänomene besser zu verstehen, könnte man die Entstehungs- oder Rezeptionsgeschichte des Gesetzes innerhalb des sozialen Kontextes erforschen. Wenn ein Rechtssystem nur die einseitige Rezeptionsgeschichte zu erzählen hat, wäre es vorstellbar, dass die Bevölkerung sich in ihrem konkreten Alltagsleben und Bewusstsein von diesem Rechtssystem abgespalten fühlt. Je bedrückender der Rezeptionsverlauf ist, um so größer wird die emotionale Abneigung, die oft zur Gleichgültigkeit gegen das bestehende Recht und zu dessen Missachtung führt. In solchem Zustande ist die Frage zu stellen, woran es diesem Rechtssystem fehlt. Es geht nicht so sehr um die juristische Rechtswirksamkeit, als vielmehr um die Rechtsbegründung und den Sachzusammenhang von Recht und Gesellschaft. Ein Rechtssystem, in dem die innerliche Verwandtschaft zwischen seiner Gesetzgebung und deren geistigen und sozialen Hintergrund schwer zu finden ist, lässt die allgemeine Frage danach aufkommen, ob und inwieweit eine Gesetzgebung überhaupt allgemeingültig sein kann und muss.

Von dieser Frage motiviert habe ich vor, der Möglichkeit und Eigenschaft einer allgemeingültigen Gesetzgebung vom rechtsphilosophischen Gesichtspunkt her nachzugehen. In Bezug darauf gibt die Rechtsphilosophie des deutschen Idealismus insgesamt eine grundlegende Antwort auf die Frage nach dem Recht und Rechtsbewusstsein des Menschen. Die Rechtsphilosophie des deutschen Idealismus scheint mir vor allem ein bedeutender Versuch zu sein, von der einfachen Bedingung ‚Menschsein' ausgehend, die Entstehung und die Entwicklung des Rechts und Rechtsbewusstseins des Menschen zu klären.

Insofern wäre es zu erlauben, die kantische praktische Philosophie als Umweg zur Beantwortung letztgenannter Frage zu nehmen. Kant bietet uns ein überzeugendes moralphilosophisches Modell als einen grundlegenden Vorschritt zum Rechtsverständnis dar, dessen Hauptanliegen die Begründung des Sollens ist. Die kantische Einsicht, dass die Moralität ohne Selbstbegründung ebenso ohnmächtig wie die unbegründete Amoralität ist, verlangt von uns eine kritische Prüfung des menschlichen Vernunftvermögens. Kant nach kann sich die transzendentale Idee der Freiheit auf die kritisch geprüfte Grenze der theoretischen Vernunft stützen, und die Sollensbegründung fängt nirgendwo anders an als in der verteidigten transzendentalen Idee der Freiheit. Diese Freiheit ermöglicht überhaupt erst die Entscheidung für die moralische Handlungsmaxime und deshalb die normative

Bewertung der Handlung. Kant konnte durch seinen Versuch, die gemeinsame Wurzel der Erkenntnisgrenze und des Sollensgrundes in ‚ein und derselben' Menschenvernunft[1] darzustellen, den Schwerpunkt der Moralphilosophie auf das Subjekt selbst und seine Autonomie verlagern.

Ich werde in vorliegender Arbeit der kantischen Vernunftkritik, seiner Moral- und Rechtsphilosophie vom Gesichtspunkt des Übergangs vom ‚unbedingt guten Willen' zur ‚vollkommen gerechte(n) bürgerliche(n) Verfassung' als der' höchste(n) Aufgabe der Natur für die Menschengattung'[2] aus nachgehen.

Dies könnte vor allem dazu verhelfen, die Frage nach der allgemeinen Bedingung der Möglichkeit der Rechtsnorm überhaupt und deren inhaltlicher Bestimmung einsichtig zu machen. Dabei kann der Sinn und die Bedeutung des Autonomiebegriffs auch insofern eingehend geklärt werden, als der Autonomiebegriff bei Kant den das Theoretische, das Moralische und das Rechtliche stützenden Kernpunkt ausmacht.

Das kantische Prinzip der Autonomie kann seinem Inhalt nach über die Autonomie des Subjekts der theoretischen Vernunftleistung hinaus die Autonomie des moralischen und rechtlichen Subjekts in sich begreifen. Von ‚ein und demselben' Prinzip der Autonomie her kann vor allem das Recht als die allgemeine Bestimmung der äußeren Freiheit jedes einzelnen Menschen aufgefasst werden, deren Endzweck auf die allgemeinen Menschenrechte und den ewigen Frieden durch die weltbürgerliche Verfassung hinausläuft. Die kantische universalistische Begründung des Rechts überhaupt ist also durch das Prinzip der Autonomie geprägt. Von solcher Universalität und Allgemeingültigkeit des Rechts aus kann indirekterweise die Frage nach der Legitimation eines Rechtssystems auch beantwortet werden.

Das kantische Prinzip der Autonomie kann insbesondere bei der Behandlung der Menschenrechtsfrage als rechtsphilosophischen Grundthemas eine grundlegende Rolle spielen. Zunächst kann bei der Begründungsfrage des Menschenrechts der kantische Menschenrechtsgedanke, der die Autonomie des Menschen und dessen Zweck-an-sich-Charakter zur Grundlage hat, die universalistische Begründung und die allgemeingültige Wesensbestimmung des Menschenrechts hervorbringen.

Bei der Frage nach dem Gegenstand des Menschenrechts können der heutzutage maßgebenden Kant-Interpretation zum Trotz von der kantischen universalistischen Einsicht aus nicht nur das negative Freiheitsrecht, sondern auch der Anspruch auf Teilnahme und auf sittliche Autonomie als mögliche Gegenstände des Menschenrechts aufgefasst und inhaltlich präzisiert werden. Im Hinblick auf

---

1 IV, 391
2 VIII, 22

die heftig diskutierte Frage nach der Möglichkeit des Menschenrechts auf sittliche Autonomie, insbesondere innerhalb der Liberalismus-Kommunitarismus-Debatte, können die kantischen rechtlichen, ethischen und anthropologischen Einsichten insgesamt die Möglichkeit einer vermittelnden Lösung dieser Frage ergeben.

Was das Vorgehen vorliegender Arbeit angeht, fange ich mit der Betrachtung des kantischen moralischen Gedankens an. Dabei wird hauptsächlich der moralphilosophischen Schrift ‚Grundlegung zur Metaphysik der Sitten' im Hinblick auf die Begründung und Anwendungsformeln des Moralprinzips schrittweise nachgegangen.

Darauf folgend wird der kantische Rechtsgedanke unter Berücksichtigung des Begründungszusammenhangs von Moral und Recht, des gegenständlichen Zusammenhangs von Privatrecht und öffentlichem Recht und des Anwendungszusammenhangs von Rechtslehre und Politik untersucht. Dabei ist jedoch die Entstehungs- und Verwirklichungsunabhängigkeit des Rechts von der Moral nicht zu übersehen. Um die Eigentümlichkeit des kantischen Moral- und Rechtsgedankens einsichtig zu machen, werden die rechtsphilosophischen Ansichten von Kant und Hegel je nach der Kategorie des Privatrechts, der Moral und des Staatsrechts miteinander verglichen. Insbesondere das Verhältnis von Moralität und Sittlichkeit wird um willen der späteren Klärung der Frage nach dem Menschenrecht auf ‚sittliche' Autonomie eingehend behandelt. Erst dann geht das Thema vom Rechtsgedanken im allgemeinen auf die Frage nach Begriff und Bedeutung des Menschenrechts über.

Bei der Menschenrechtsfrage wird die mögliche Begründung des Menschenrechts zunächst vom rechtsneutralen Gesichtspunkt aus und dann vom kantischen transzendental-universalistischen Gesichtspunkt aus untersucht. In Bezug auf die Möglichkeit der gegenständlichen Erweiterung des Menschenrechts werden dann das Menschenrecht auf Teilnahme und das auf sittliche Autonomie erläutert. Während die inhaltliche Bedeutung des Menschenrechts auf Teilnahme durch den Vergleich mit Habermas geklärt wird, wird die Frage nach der Möglichkeit des Menschenrechts auf sittliche Autonomie zum einen durch die vermittelst der Liberalismus-Kommunitarismus-Debatte angelegte Überlegung über das Verhältnis von Rechtlichkeit und Sittlichkeit und zum anderen durch die Betrachtung von Kants ethischer und anthropologischer Ansicht ansatzweise beantwortet.

Aus diesem ganzen Vorgehen können sich die begriffliche Erklärung des durch den Zweck-an-sich-Charakter des Menschen geprägten Autonomieprinzips und Menschenrechtsgedankens von Kant sowie die begründete Erklärung des inneren Bedeutungszusammenhangs zwischen beiden ergeben.

Erster Teil. Der Begriff und die Bedeutung der Autonomie bei Kant: Der Übergang vom unbedingt guten Willen zur bürgerlichen Gesetzgebung

Kapitel I. Die Autonomie als Selbstgesetzgebung des moralischen Subjekts

1. Allgemeine Vorüberlegung in Bezug auf die Grundlegung zur Metaphysik der Sitten

Der Schwerpunkt der kantischen Moralphilosophie liegt in der Deduktion der transzendentalen Freiheit und dem kategorischen Imperativ (dem Moralgesetz). Die beiden sind für die gesamte kantische praktische Philosophie grundlegende Themen, und ohne das eine könnte das andere auch nicht existieren. Übertrieben formuliert ist in der kantischen moralischen Welt die transzendentale Freiheit ohne Moralgesetz leer, und das Moralgesetz ohne transzendentale Freiheit ist blind. Obwohl die transzendentale Freiheit und das Moralgesetz innerhalb des kantischen moralphilosophischen Systems die reinste Grundvoraussetzung und die klarste Schlussfolgerung sind, ist seine Moralphilosophie, die insbesondere in der ‚Grundlegung zur Metaphysik der Sitten' dargestellt ist, gerade aufgrund dieser beiden Grundzüge nicht selten für eine kognitive und moralische Überforderung gehalten worden. Von diesem Kritikpunkt aus betrachtet scheint die kantische Moralphilosophie zur Gegenbeweisführung verpflichtet zu sein.

Angesichts dieses generellen Vorwurfs kann zuerst auf den in der Vorrede der ‚Grundlegung zur Metaphysik der Sitten' ausgedrückten kantischen Vorgang als einen indirekten Gegenzug verwiesen werden:

„ ... vom gemeinen Erkenntnisse zur Bestimmung des obersten Prinzips desselben analytisch ... den Weg (zu) nehmen ....“[3]

Diesem Schritt liegt die Einstellung zugrunde, dass man sich vor der Festsetzung des Moralprinzips zuerst über das moralische Umfeld des gesunden Menschenverstandes im klaren sein muss. Das Gelingen dieses Schritts könnte die innere Notwendigkeit des strengen Moralprinzips auch für den gewöhnlichen Adressaten dieses Prinzips einsichtiger machen und damit indirekterweise den

---

3 IV, 392
Über die Methode im 1. Abschnitt: „... Im 1. Abschnitt der Grundlegung soll nun die Methode in dem Sinne analytisch sein, daß das gewöhnliche moralische Bewußtsein die Vorgegebenheit bildet, von der aus Kant, wie er am Ende des 1. Abschnittes sagt, analysierend „bis zu ihrem Prinzip“ gelangen will, ...“
E. Tugendhat, Vorlesungen über Ethik, Frankfurt 1993, S. 101-103

scharfen Überforderungsvorwurf mildern. Insofern kann die Frage danach gestellt werden, inwieweit Kant in seiner Moralphilosophie die Entstehung der moralischen Vorschrift bedingungsfrei beschreibt. Angesichts dieser Frage wäre ein kleiner Vorschritt nicht überflüssig, über den allgemeinen moralischen Umstand der Menschen eine kurze Bemerkung zu machen.

Jeder Mensch macht alltäglich moralische Erfahrungen, obwohl er sich solcher Erfahrungen nicht immer ganz bewusst ist. Übertrieben vereinfacht formuliert: seitdem die Menschenfresserei und der Inzest instinktiv verboten worden sind, ist die moralische Gesinnung der Menschen trotz ihres unaufhaltsamen Wandels niemals erschöpft. Sofern man in bestimmter Zeit und bestimmtem Raum ein Leben führen muss und will, ist man, ob als ein aktiver Teilnehmer oder als ein passiver Beobachter, zu verschiedenen moralischen Urteilen gekommen. Man spürt zwar durch sein selbständiges moralisches Urteil die eigene gute Gesinnung und Absicht, aber im Verlauf jedes Urteils sind der innere Konflikt und daher kommendes Leid auch so stark, dass man kein sicheres Gefühl dafür haben kann, künftig in derselben Situation auch nur zum gleichen Urteil zu kommen. Und zwar deshalb, weil das moralische Urteil nicht nur aus vernünftiger Überlegung, sondern auch aus Zufall, Vorurteil, und launenhaftem Gefühl besteht. Wenn man einmal nach dem praktisch Richtigen fragt, um etwas Grundsätzliches festzustellen, ist man durch die verschiedenen situationsgebundenen Faktoren verwirrt. Der moralische Instinkt flößt einem im kurzen Augenblick des moralischen Urteils wenig Verzweiflung ein, aber sobald man die Regel endgültig festsetzen will, bleibt einem nur die schwankende Regel mit vollen Ausnahmen übrig.

Allgemeinverständlich betrachtet könnte man in solch schwieriger Situation zwei Arten von Regeln aufstellen. Die eine ist die umfangreichste Regel, die möglichst viele situationsgebundene moralische Faktoren aufnimmt, die andere ist die ohne Ausnahme unbedingt geltende reinste Regel. Der Unterschied zwischen beiden Regeln liegt in der verschiedenen Antwort auf die Frage, was denn überhaupt die moralische Sicherheit (Gewissheit) hervorbringen kann. Vorweggenommen ausgedrückt gilt die letzte Regel für die kantische Moralkonzeption. Kant wollte vor allem eine Regel ohne Ausnahme, ohne Unterschied aufstellen. Sein Allgemeinheitskriterium scheint einerseits die rein wissenschaftliche Fassung von der allgemeinverständlichen Moralvorstellung zu sein. Andererseits kann man sich gerade vom gesunden Menschenverstand her nur schwer in den hohen Allgemeinheitsanspruch einfühlen. Weil jemandes moralische Unzulänglichkeit nicht daher kommt, dass er bisher die reine allgemeine Regelformulierung versäumt, sondern eher daher, dass seine reale Lebenssituation zu kompliziert und zu vielschichtig ist, um sich im reinen moralischen Allgemeinheitskriterium zurechtzufinden.

Wenn er das Allgemeinheitskriterium näher betrachtet, kann er also nicht selten feststellen, dass, je härter dieses Kriterium auf die reale Welt angewendet wird, desto mehrere moralisch wichtige Faktoren unberücksichtigt geblieben sind. Jeder Realfall ist zu eigenartig, um mit einem Allgemeinheitskriterium erfasst zu werden. Im abstrakten Falle könnte ein solches Allgemeinheitskriterium als die plausibelste Lösung betrachtet werden. Im konkreten Falle scheint dagegen der extreme Allgemeinheitsanspruch entweder unnötig oder unmöglich zu erfüllen zu sein. Das heißt, die moralische Einstellung des Menschen ist im bestimmten Falle schon von selbst gegeben, ohne dass man das Verallgemeinerungskriterium einzuführen bräuchte. Im anderen Falle will man jedoch im subjektiven Umfeld bleiben und weigert sich, überhaupt einen Anlass zum Verallgemeinern zu nehmen. Das moralische Dilemma liegt also darin, dass das praktisch Richtige entweder zu leicht oder zu schwer zu erfassen und zu praktizieren ist.

In Bezug darauf spiegelt der kantische Allgemeinheitsanspruch schon gewisse Aspekte dieser realen Welt wider. Unabhängig davon, ob man in jeweiliger konkreter Situation dem kantischen Schritt folgen will, kann die Bedeutung desselben sich bewähren. Nach Kant kann man nur mit dem Allgemeinheitskriterium die alltägliche moralische Schwierigkeit überwinden. Das heißt, man muss sich nicht von der größten Aufnahme vom Empirischen, sondern vom äußersten Ausschluss des Subjektiven und Empirischen leiten lassen. Natürlich erfährt man jedoch allzu oft, dass die mit Anstrengung beseitigten subjektiven Faktoren in der konkreten moralischen Abwägung zu leicht wieder auftreten. Dieser Schwierigkeit zum Trotz besteht Kant auf seiner Ansicht, dass das moralische Prinzip um so weniger plausibel wird, je näher es an die Erfahrungsebene herankommt und je weiter von der Ebene des absoluten Sollens entfernt ist. Insofern kann Kant nicht umhin, in seiner moralphilosophischen Grundlegung den Begriff des auf das Sollen gerichteten ‚unbedingt guten Willens' als Ausgangspunkt der Deduktion des Moralprinzips zu nehmen.

1) Der unbedingt gute Wille: Ausgangspunkt des Moralischen

Die ‚Grundlegung zur Metaphysik der Sitten' beginnt mit dem viel zitierten Satz: „Es ist überall nichts in der Welt, ja überhaupt auch außer derselben zu denken möglich, was ohne Einschränkung für gut könnte gehalten werden, als allein ein guter Wille."[4] Der Begriff des unbedingt guten Willens enthält dabei die beiderseitigen moralischen Hinweise, die die Eigenart der kantischen Moralphilosophie zu erkennen geben. Einerseits ist unter dem Wort ‚gut' etwas Absolutes verstan-

4 IV, 393

den. Das heißt, das Wort unbedingt ‚gut‘ ist nicht als ein Prädikat wie ‚gut für irgendeinen Zweck‘, ‚gut in bestimmter Hinsicht‘ verwendet.[5] Andererseits deutet der gute Wille darauf hin, dass das Gute in uns gewollt werden und der Wille überhaupt gut sein kann. Nach kantischer Definition ist der ‚das absolut Gute‘ wollende Wille selbst das unbedingt Gute. Im Hinblick darauf könnte man danach fragen, ob nicht dieses ‚gut‘ eher ein auf Handlungen und Personen bezogenes Prädikat ist, obwohl Kant einen Willen als Subjekt des Prädikats ‚Gutsein‘ betrachtet. Gegen diese kritische Bemerkung ist nur auf die kantische Ansicht hinzuweisen. Sofern es um ‚gut ohne Beschränkung‘ geht, müsse der die Handlung selbst bestimmende Wille Hauptträger des Guten und deshalb Gegenstand des moralischen Urteils sein.[6] Vorweggenommen formuliert sieht man darin ‚eine kopernikanische Wendung‘ in der praktischen Philosophie. Kaulbachs Erörterung nach ist es das Ergebnis dieser Wendung, dass ein Wille nach der kopernikanischen Wendung nicht deshalb als gut anzusehen ist, „weil er einen angeblich an sich guten Zweck verfolgt, vielmehr ein Zweckinhalt nur deshalb den Namen des „Guten“ verdient, weil er vom guten Willen gewollt wurde. Der Gegenstand: das „Gute“ dreht sich jetzt nach dieser Umkehrung der traditionellen Moralphilosophie um den Willen des handelnden Subjekts, statt daß dieses sich um ein angeblich an sich Gutes drehen würde.“[7] Bei diesem Definitionszusammenhang von Gutem und Willen geht es noch nicht um die konkrete Bestimmung des guten Willens. Der unbedingt gute Wille ist eher als ein rein moralischer Urpunkt im Subjekt zu betrachten. Dieser Wille drückt zunächst das allgemein abstrakte Verlangen nach dem Gutsein aus.[8] Sofern dieser Wille nicht zur bestimmten Pflicht- oder Gesetzvorstellung objektiviert wird, ist er nur als eine extrem subjektive, potentielle Anlage zu betrachten, die alle mit gesundem Verstand ausgestatteten Menschen in sich selbst spüren, zuerst unabhängig von der Verwirklichung solcher Anlage. Im Hinblick darauf lässt die kantische ‚guter Wille‘-Thematisierung den Eindruck der Ambivalenz oder Doppeldeutigkeit aufkommen. Sofern dieser Wille als völlig inhaltlose, von der Folge unabhängige einfache moralische Eigenschaft geschildert ist, könnte man die kantische Erläuterung über den guten Willen für eine bescheidene Beschreibung der moralischen Grundanlage des Menschen halten.

---

5 zu diesem Thema R. Spaemann, Moralische Grundbegriffe, München 1982, S.11-23; E. Tugendhat, a.a.O., S.49-64, 81-97, S.103-109

6 E. Tugendhat, a.a.O., S. 104

7 Kaulbach, Immanuel Kants › Grundlegung zur Metaphysik der Sitten ‹, Darmstadt 1988, S. 5

8 Tugendhat sieht im ersten Satz der Grundlegung zur Metaphysik der Sitten den kantischen Anspruch, „in diesem Satz einen Wesenszug des gewöhnlichen Verständnisses von Moral dingfest gemacht zu haben“, und hält diesen Anspruch für berechtigt: E. Tugendhat, a.a.O., S. 103

Wenn dieser gute Wille aber als ein Maßstab oder eine Vorschrift für das moralische Verhalten des Menschen angenommen wird, kann man in der kantischen Ansicht einen zu hohen Anspruch an moralische Subjekte erblicken. Der pure gute Wille selbst ist nämlich in dem Maße zu schwer zu erreichen und zu bewahren, dass sich die subjektiven Absichten oder die Neigungen in diesen Willen leicht einmischen können. Der gute Wille stellt also einerseits die menschlich einfachste Anlage zur Moralität dar, die jeder Mensch ohne Vorbehalt annehmen und über die er verfügen kann. Andererseits bedeutet dieser Wille an sich ein auf die reale Lebenswelt schwer zu übertragendes Ideal.

Mit Blick auf solche Ambivalenz ist der nächste Schritt jedoch einfacher und besser zu verstehen, den Begriff des unbedingt guten Willens an den Begriff der Pflicht anzuschließen. Kantischer Erklärung nach enthält der Begriff der Pflicht den Begriff des guten Willens unter gewissen subjektiven Einschränkungen und Hindernissen[9], und der noch subjektiv eingeschränkte gute Wille kann vermittelst des Begriffs der Pflicht die wahre Moralität erreichen. In diesem Begriffsanschluss des unbedingt guten Willens an die Pflicht spiegelt sich die kantische Ansicht wider, dass der Anspruch auf den unbedingt guten Willen zwar eine moralische Überforderung sein kann, dass aber der Anschluss an den Pflichtbegriff in dem Sinne eine moralische Erleichterung bedeutet, dass die Pflichtvorstellung ein die menschliche subjektive Schwäche schon in Betracht ziehender moralischer Entwurf ist.

Der Pflichtbegriff wird von Kant in drei wesentlichen Punkten erläutert. Dabei scheint dieser Erläuterung seine Ansicht über die moralische Sicherheit (Gewissheit) zugrunde zu liegen. Zunächst unterscheidet Kant zwischen den drei Handlungsmotiven, d. h. ‚aus unmittelbarer Neigung', ‚pflichtmäßig', ‚aus Pflicht', und legt der ‚Handlung aus Pflicht' allein den unbedingten moralischen Wert bei. Ihrer Eigenschaft nach kann die Handlung aus Pflicht als etwas in Willen oder Grundsätzen der Handlung liegendes überhaupt geboten werden. Der moralische Wert solcher ‚Handlung aus Pflicht' liegt nicht in irgendwelchen subjektiven Absichten oder Zwecken, sondern im formalen Prinzip des vom Gesetze gebotenen Wollens selbst.[10] Die Pflicht kann als die Notwendigkeit einer Handlung aus Achtung fürs gebietende Gesetz ausgedrückt werden.[11] Der Pflichtbegriff weist dabei auf den Zustand hin, in dem das Gesetz selbst den Willen und die Handlung des Subjekts bestimmen und die Achtung für solches Gesetz das indirekte Handlungsmotiv des Subjekts sein kann. Diese Eigenschaften der ‚Handlung aus Pflicht' zeigen daher mittelbar den Grund, warum die Nei-

9 IV, 397
10 IV, 400
11 IV, 400

gung, Triebfeder oder bezweckte Wirkung als Motiv der moralischen Handlung von vornherein ausscheidet, und an diesem kantischen Pflichtbegriff kann seine Ansicht über die moralische Sicherheit (Gewissheit) abgelesen werden. Wie in der Vorüberlegung angedeutet, kann die moralische Sicherheit entweder von der umfangreichsten Aufnahme der subjektiven empirischen Faktoren oder vom äußersten Ausschließen der subjektiven zufälligen Faktoren ausgehen. Falls die moralische Sicherheit vom letzteren Schritt wie dem kantischen ausgeht, könnte solche moralische Sicherheit durch die beiden Elemente, d. h. die einwandfreie Vollständigkeit des Moralprinzips und die Bereitschaft des Subjekts zur ausnahmslosen Befolgung dieses Prinzips gewährleistet werden. Das heißt, wenn man moralisch sicher sein will, kann man die moralische Unbedingtheit zumindest in einer Form von diesen beiden Elementen artikulieren. Kantischer Terminologie nach ist das erstere Element als der Begriff des objektiven, absolut allgemeinen Gesetzes und das letztere als die subjektive Achtung für das Gesetz bezeichnet. Man kann dieses objektive und subjektive Element der nicht-empirischen moralischen Sicherheit auch vom Gesichtspunkt des Adressaten der moralischen Pflicht aus formulieren. Der Pflichtvorstellung liegt eigentlich ein Willensmoment des moralischen Subjekts zugrunde, indem nämlich das abstrakte Gutseinwollen des Subjekts die Vorbedingung für die Pflichtübernahme ausmacht. Die von diesem abstrakten ursprünglichen Willen ausgehende Pflichtvorstellung braucht einerseits etwas Objektives, auf das sie sich stützen kann. Das ist der Begriff des Gesetzes. Die kantische Pflichtvorstellung, die durch den Gesetzbegriff objektiviert werden kann, bezieht sich andererseits unter verschiedenen menschlichen Anlagen nur auf einen Charakter, der eigentlich dadurch gewirkt ist, dass das Gesetz den Willen unmittelbar verpflichtet, aber schließlich ebenso wie eine Maxime, (einem solchen Gesetze Folge zu leisten), subjektiv den Willen beeinflussen kann. Das ist die reine Achtung für das Gesetz. Sie scheint ein Bewusstsein (oder ein Gefühl) vom Zustand des dem objektiven Gesetze unterworfenen oder zu unterwerfenden subjektiven Willens zu sein. Bei Kant kann also nur durch das die Pflichtvorstellung objektiv darstellende Gesetz für sich einerseits und durch die Pflichtvorstellung begleitende Achtung für das Gesetz andererseits der Wille ohne Ausnahme verpflichtet und demgemäss die moralische Sicherheit gewährleistet werden.

Erst dann ist als nächster Schritt die Frage danach zu stellen, von welcher Art das den Willen verpflichtende Gesetz ist. Kant ist der Ansicht, dass das unbedingte Verpflichtungsverhältnis von Gesetz und Wille nicht mehr bestehen bleibt, wenn man sich anmaßt, diese prinzipielle Unbedingtheit inhaltlich weiter zu bestimmen. Um der Allgemeinheit willen soll das Gesetz für sich intakt bleiben und dieses Gesetz ist nichts anderes als die allgemeine Gesetzmäßigkeit der Handlung überhaupt. Bei der kantischen Suche nach dem allgemeingültigen Moralprinzip geht es nicht um die inhaltliche Übersetzung der allgemeinen Gesetzesvorstellung. Sondern nur von der Gesetzmäßigkeitsvorstellung ausgehend können dieser Vorstellung entsprechende Formeln des Moralprinzips gefunden werden. Die Frage, „Kannst du auch wollen, dass deine Maxime ein allgemeines Gesetz werde?", und ihre Variante allein dienen also als Prüfstein für das moralisch Gute.

Was die Moralität als Verhältnis von Gesetz und Willen angeht, ist Kant der Ansicht, dass der Grund zum Misslingen jemandes moralischen Vorhabens nicht darin liegt, dass er die allgemeine Gesetzesvorstellung nicht durch die endgültige Inhaltsbestimmung ersetzen kann. Sondern der Grund liege vor allem in der subjektiven, falschen Einstellung gegenüber dem Verhältnis von Wille und Gesetz. Der Kern dieses Verhältnisses liegt nicht in der einseitigen Verpflichtung, sondern in der von sich selbst gegebenen Verpflichtung. Insofern können die beiden Elemente der moralischen Sicherheit, d. h. das objektive Gesetz für sich und die subjektive Achtung für das Gesetz, in das selbstgegebene Gesetz und die Selbstachtung umgedeutet werden. Im Hinblick auf diese Gesetzesvorstellung als ‚formale' Gesetzmäßigkeit und ‚Selbst'gesetzgebung lässt sich sagen, dass der wesentliche moralische Schritt bei Kant nicht nur aus dem Festlegen des Verallgemeinerungsprinzips, sondern auch aus dem Aktivieren des Menschen als dem moralischen Adressaten zum Verpflichtungssubjekt besteht. Vorweggenommen ausgedrückt liegt in dieser Autonomie-Konzeption der Kern der kantischen Moralphilosophie.

2) Die Handlung aus Pflicht

Wie oben erwähnt, betont Kant im Übergang vom guten Willen zum Pflichtbegriff den moralischen Wert der ‚Handlung aus Pflicht'. Der moralische Wert einer Handlung hängt davon ab, was den Willen zur Handlung bestimmt. Danach kann eine Handlung dann moralisch sein, wenn das inhaltsunabhängige formale ‚aus Pflicht'-Motiv allein den Willen bestimmt. In Bezug darauf kann die kantische Moralphilosophie als ein harter Rigorismus betrachtet werden. Einer wohl überlegten Kritik nach besteht das Kalte der kantischen Ethik darin, dass Kant nicht nur die parteiischen Affekte ablehnt, sondern die Affektivität überhaupt, ob allgemeine Menschenliebe oder universelle Neigung.[12] Angesichts solcher Kritik ist die kantische Beschreibung über den Menschencharakter in Rechnung zu stellen. Nach Kant hat der Menschentyp, der vom Temperament her zwar kalt und gleichgültig gegen die Leiden anderer Menschen ist, aus Pflicht aber die

12 Vgl. Die kritische Bemerkung über die häufig geübte Kritik am kantischen Rigorismus: E. Tugendhat, a.a.O., S. 112-115

wohltätige Handlung tut, den echten moralischen Wert.[13] Ein Einblick in diese Schilderung könnte zunächst Abneigung einflößen. Man könnte einfach sagen, dass das moralische Verhalten gegenüber anderen viel schätzenswerter ist, wenn es um des anderen Menschen willen getan ist, als wenn es nur um Pflicht willen getan ist. Um dieses Problem näher zu betrachten, ist eine Zwischenfrage danach zu stellen, worin der Unterschied zwischen den Motiven ‚aus Neigung', ‚pflichtmäßig',‚aus Pflicht' besteht oder in welcher Situation die Handlungen aus diesen verschiedenen Motiven sich voneinander unterscheiden. Von dieser Frage aus betrachtet ist der Grund, warum Kant so rigoros auf der ‚Handlung aus Pflicht' allein besteht, nicht darin zu finden, dass er die gefühlslose Befolgung selbst für leichter ausführbar oder wirkungsvoller hält. Sondern der Grund liegt eher darin, dass diese Befolgungsweise allein es ermöglicht, auch unter dem schlimmsten unmenschlichen Umstand moralisch zu handeln. Allgemeinverständlich gesehen sind die persönlichen subjektiven Elemente bei der moralischen Alltagserfahrung nicht unbedeutend. Sie können die moralische Erfahrung gehaltvoller machen und die moralisch richtige Entscheidung befördern. Man kann jedoch ab und zu in eine schwierige Situation geraten, wo die eine moralische Entscheidung befördernden positiven Elemente nicht mehr vorhanden sind. Sofern die Vereinfachung geduldet ist, lässt sich sagen, dass die Moralität in der normalen Alltagssituation eher ein Produkt der gesellschaftlich anerkannten Lebensart ist, die den Angehörigen direkt oder indirekt Verstand und Sinn für die normative Abwägung und Wertschätzung beibringt. Je sozial erfahrener der Mensch ist, desto geschickter wird seine normative Abwägung in dem Sinne, dass sie vom eigenen gesellschaftlichen Umstand unvermeidbar beeinflusst ist und schon den Umgang mit der eigenen Sitte beinhaltet. Insofern ist die Moralität von der Sittlichkeit (im hegelschen Sinne) nicht so streng unterschieden. Auf das kantische Handlungsmuster angewendet sind die Handlung aus Pflicht und die pflichtmäßige Handlung in der normalen Situation nicht so deutlich voneinander unterschieden.

Im Vergleich dazu kann die in der schlimmsten Situation hervortretende moralische Gesinnung eher ein Ausdruck der moralischen Natur des Menschen und deren wahrer Selbstkultivierung sein. Die eigene moralische Entscheidung ist vielmehr auf die einfache ‚Menschheit' zurückzuführen. Denn in der schwierigen Situation geht die moralische Abwägung nicht selten über den gewohnten Rahmen hinaus und der Raum für die angebliche oder darstellerische Moralität bleibt nicht mehr übrig. Das heißt, in der schlimmsten Situation ist die aus verschiedenen subjektiven Motiven und persönlichen Gründen ausgeführte, doch in der Folge pflichtmäßige Handlung in der Tat nicht mehr möglich. Jeder setzt sich nur

---

13 IV, 398

mit seiner eigenen Gesinnung auseinander. Dabei kann man sich nachträglich seiner Moralitätsstärke bewusst werden, indem man unvermeidlich die eigene Grundvorstellung vom moralisch Guten selber betätigt. Insofern ist der Unterschied zwischen der Handlung aus Pflicht und der pflichtmäßigen Handlung viel deutlicher als in der normalen Situation.

Vermittelst dieser kurzen Überlegung könnte das kantische Bemühen, zwischen beiden Handlungsmustern streng zu unterscheiden, besser verstanden werden. Kantischer Ansicht nach liegt der moralischen Gesinnung die „glückliche Einfalt“ als Naturell oder die rigoros ausgerichtete Vernunft zugrunde. Die glückliche Einfalt ist zwar instinktiv untrüglich, doch schwer zu bewahren. Im Vergleich dazu ist die Kultur der Vernunft sehr mühsam, aber die dadurch hervorgebrachte moralische Reflexion kann klar und sicher sein.[14] Dies erweckt den Eindruck, dass bei Kant menschliche Natur und Kultur nicht so extrem entgegengesetzt sind.[15] Wenn es um die Moralität geht, ist der in jedem menschlichen Zustande hervortretende Widerspruch zwischen der reinen moralischen Gesinnung und der subjektiv schwankenden Neigung viel entscheidender. In Bezug darauf lässt sich sagen, dass die persönlich oder gesellschaftlich Moralität befördernden Faktoren nicht die Menschen im wahren Sinne moralischer machen. Diese Unzulänglichkeit kann man bei der schwierigsten Situation nicht selten beobachten. Solche Faktoren können nur die Lage selbst seltener machen, in der die Betroffenen mit dem schweren moralischen Konflikt konfrontiert werden. Anders ausgedrückt können sie nur einen solchen günstigen Umstand verschaffen, wo sich die pflichtmäßige Handlung von der ‚Handlung aus Pflicht‘ wenig unterscheidet. Kantischer Ansicht nach hat jedoch die Frage nach der Moralität überhaupt mit der äußerlich feststellbaren quantitativen Größe des Besorgens um die anderen oder des Nutzens für die anderen wenig zu tun. Es geht eher um die absolute Reinheit der Gesinnung oder des Motivs, die von sich die unendliche moralische Reflexion verlangt und durch die unendliche Selbstbeobachtung allein wahrzunehmen ist. Deswegen versucht Kant, etwas in der schlimmsten unmenschlichen Situation noch Verbliebenes festzustellen, an dem sich die moralische Gewissheit halten kann. Dies führt zur Betonung des ‚aus Pflicht‘-Motivs.

---

14 IV, 404

15 Zu diesem Thema: VI, 19-53

2. Der Übergang von der populären Moralphilosophie zur Metaphysik der Sitten

1) Die Ableitung des Moralprinzips aus der Erfahrung

Die im ersten Abschnitt der ‚Grundlegung zur Metaphysik der Sitten' dargelegte Guter Wille- und Pflichtvorstellung ist nach Kant auch nur mit dem gemeinen Menschenverstand nachvollziehbar. Die glückliche Einfalt des gemeinen Menschenverstandes ist jedoch leicht verführt von dem natürlichen Hang, von der Pflichtvorstellung abzuweichen und den vielfältigen Neigungen zu folgen. Deshalb ist die philosophische Untersuchung nötig.[16]

Während Kant im ersten Abschnitt die Pflichtvorstellung zuerst als eine Gesinnungssache betrachtet und sich um die Sympathisierung dieser harten Vorstellung bemüht, versucht er im zweiten Abschnitt, diese Vorstellung in eine rein philosophische zu verwandeln und dadurch den Menschenverstand moralisch unbeirrbar zu machen. Der zweite Abschnitt fängt mit der Frage danach an, ob der Pflichtbegriff und das darauf basierende Handlungsprinzip von der Erfahrung abgeleitet werden können. Wenn ein Prinzip eine bestimmte Handlung gebietet und die danach vollzogene Handlung als moralisch gut bewertet werden kann, ist solches Handlungsprinzip zunächst als ein die Moralität garantierendes Prinzip zu betrachten. Dieses Prinzip kann entweder von den moralischen Erfahrungen oder von der reinen moralischen Spekulation stammen. Die den zweiten Abschnitt einleitende, oben genannte Frage ist auf die Prüfung der ersteren Möglichkeit gerichtet. In Bezug auf das kantische ‚guter Wille'- und ‚aus Pflicht'-Thema kann diese Frage wie folgt umformuliert werden, ob das auf der Erfahrung beruhende Moralprinzip das Handlungsmotiv auch vollständig berücksichtigen kann. Kantischer Ansicht nach kann die Erfahrung kein sicheres Beispiel geben, dass eine Handlung tatsächlich nur aus reinem moralischem Motiv vollzogen wird. Durch die Erfahrung kann das Nicht-Vorhandensein anderer geheimer Triebfedern sowie anderer Absichten nicht gewiss bewiesen werden. Die durch die Erfahrung als moralisch anerkannten Handlungen und die davon abgeleiteten Prinzipien können eher darauf hindeuten, dass irgendwelche verborgenen Ursachen der Handlung nicht bemerkt worden sind. In diesem Sinne ergibt sich aus den moralischen Erfahrungen als konkreten moralischen Daten nicht das höchste objektive Handlungsprinzip, sondern sie geben nur die unsichere, subjektive Wahrnehmungsfähigkeit oder einen Wahrnehmungszustand zu erkennen. Bei dieser Kritik ist das kantische Argument gegen die empirische Ableitung des Moralprinzips vor allem auf die Unmöglichkeit der Beweisführung oder auf die Unfeststellbarkeit des Motivs überhaupt gerichtet. Die daraus hervorgehende

16 IV, 404

kant-eigene Konzeption kann von den allgemeinen moralischen Einstellungen aus formuliert werden. Sofern ein Prinzip, das nach der Reinheit der Gesinnung sowie des Handlungsmotivs fragt, und die Erfahrung überhaupt nicht kompatibel sind, muss man sich auf eines dieser beiden Momente festlegen. Wenn man ein Prinzip, das hauptsächlich die Reinheit der Gesinnung garantieren kann, feststellen will, muss man sich über die empirische Grenze hinwegsetzen und eher die reine Spekulation hinzuziehen. Wenn man hingegen in der moralischen Sache die reale empirische Grenze akzeptiert, kann man sich mit der empirisch bestätigten Moralität zufrieden geben und daraus ein moralisches Prinzip herausfinden, ohne die reine Gesinnung allein als Kern der Moralität aus der Handlungskette herauszuheben. Kant bleibt bei ersterem und äußert:

„Und hier kann uns nun nichts vor dem gänzlichen Abfall von unseren Ideen der Pflicht bewahren und gegründete Achtung gegen ihr Gesetz in der Seele erhalten, als die klare Überzeugung, daß, wenn es auch niemals Handlungen gegeben habe, die aus solchen reinen Quellen entsprungen wären, dennoch hier auch davon gar nicht die Rede sei, ob dies oder jenes geschehe, sondern die Vernunft für sich selbst und unabhängig von allen Erscheinungen gebiete, was geschehen soll, mithin Handlungen, von denen die Welt vielleicht bisher noch gar kein Beispiel gegeben hat, an deren Tunlichkeit sogar der, so alles auf Erfahrung gründet, sehr zweifeln möchte, dennoch durch Vernunft unnachlaßlich geboten seien, ..."[17]

Die kantische Absicht im zweiten Abschnitt reduziert sich also auf die Suche nach dem reinen „apriorischen" Moralprinzip.[18]

2) Die Vorstellung des objektiv-praktischen Gesetzes: Der kategorische Imperativ

Kantischer Erläuterung nach weisen die Pflichtvorstellung und das „aus Pflicht"-Motiv auf das „absolut Gutseinwollen" des Handelnden unter subjektiven Einschränkungen hin. Diese Pflichtvorstellung kann zunächst nur als subjektiv gespürte moralische Haltung betrachtet werden. Insofern könnte es der nächste Schritt sein, der Objektivierbarkeit dieser subjektiven Vorstellung nachzugehen. In dieser Hinsicht stellt Kant die Frage danach, ob nicht der Pflichtbegriff ein leerer Begriff ist. Wenn die Pflichtvorstellung weder chimärisch noch leer sein soll, muss einerseits die Möglichkeit des der Pflichtvorstellung entsprechenden objektiven Begriffs, d. h. die Pflicht gebietender Gesetzesvorstellung, geklärt werden. Wenn es eine solche objektive Vorstellung gäbe, muss sie sich andererseits in die Moralität der Handlung deckenden allgemeinen Formeln weiter ausdrücken können.

---

17 IV, 407

18 Vgl. Kritische Auseinandersetzung mit der Apriorität der moralischen Gebote bei Kant: E. Tugendhat, a.a.O., S. 98 ff.

Um dies zu klären, geht Kant von der allgemeinen Vorstellung aus, dass jeder Mensch mit einem bestimmten Zweck (Intention) nach dementsprechender Gesetzesvorstellung (Prinzip) handelt. Bei solcher Kette von Zweck (Intention), Gesetzesvorstellung (Prinzip), Willen und Handlung kommt die Frage danach heraus, welcher Zweck und welche Gesetzesvorstellung die Moralität des Willens und der Handlung sichern kann. Das ist die Frage, ob es überhaupt einen für die moralische Handlung spezifischen Zweck sowie eine Gesetzesvorstellung gibt. Der kantische Schritt zur Beantwortung fängt mit dem Begriff „praktisch gut" an. Abstrakt formuliert heißt dieser Begriff etwas, was durch vernünftige Überlegung als objektiv notwendig erkannt wird. Danach wäre eine Handlung gut, wenn sie zu bestimmten Absichten oder Zwecken objektiv notwendig ist. Sofern ein Zweck sowie eine Absicht gewollt wird, ist das dazu Notwendige als Mittel praktisch gut. Solch ein relativ Notwendiges gebietender Satz ist ein hypothetischer Imperativ.

Im Vergleich dazu kann etwas anderes gedacht werden, was ohne Beziehung auf irgendwelche Absicht für sich notwendig ist. Dabei ist die gebotene Handlung kein Mittel mehr, und der gebietende Imperativ spielt keine Ratgeber-Rolle. Der Imperativ sagt nur etwas an sich Gutes aus, ohne Bedingung oder Voraussetzung. Dieser heißt kategorischer Imperativ. Vom eigenartigen Charakter solches Imperativs her kommt die Frage auf, wie solcher kategorisch gebietende Imperativ überhaupt möglich ist. Kant wollte eigentlich durch das Argumentieren für die ‚Unmöglichkeit des allgemeinen Moralprinzips aus Erfahrung' und die Möglichkeit des kategorischen Imperativs als allgemeinen Moralprinzips sowohl den sittlichen Empirismus als auch den sittlichen Skeptizismus überwinden. Bei der Frage nach der Bedingung der Möglichkeit des kategorischen Imperativs stellt Kant zunächst nur fest, dass der kategorische Imperativ ein synthetischer praktischer Satz a priori ist und einer Erörterung auf der anderen Ebene, d. h. transzendentaler Erörterung, bedarf. Im zweiten Abschnitt ist also die Annahme ‚wenn es solchen kategorischen Imperativ überhaupt gäbe', vorausgesetzt. Zunächst unter diesem Vorbehalt versucht Kant, von dem bloßen Begriff des kategorischen Imperativs nähere Formeln abzuleiten.

3) Die erste Formel des kategorischen Imperativs: Die Allgemeinheitsformel

Sofern der kategorische Imperativ als Gegenstück zum unbedingt guten Willen ein unbedingt gebietender Satz ist, kann er nicht irgendeine Bedingung oder Zweck zum Inhalt haben. Dieser Imperativ kann tatsächlich niemals etwas Gegenständliches aussagen. Dabei bleibt nur die formale Bestimmung der Handlungsweise übrig, dem Gesetz gemäß zu sein. Von daher wird der kategorische Imperativ wie folgt formuliert:

„Handle nur nach derjenigen Maxime, durch die du zugleich wollen kannst, daß sie ein allgemeines Gesetz werde."[19]

Der Imperativ sagt nur die bedingungslose Befolgung des moralischen Gesetzes aus und legt der Handlungsmaxime den Maßstab „allgemeines Gesetz" an. Das heißt, wenn man vom unbedingt guten Willen aus moralisch sein will, muss man subjektiv die kategorische, formale Forderung, nur nach bestimmter Maxime zu handeln, annehmen und objektiv die eigene Maxime zum allgemeinen Gesetz geeignet machen. Dies ermöglicht es, die hypothetisch vorgenommene Handlung auszuschließen und eine von jedem zu akzeptierende an sich gute Handlung zu unternehmen. Im Hinblick darauf weist die Allgemeinheitsformel auf ein Testverfahren hin, in dem zunächst die Frage, ob ich überhaupt kategorisch moralisch sein will, gestellt wird und vom formalen Maßstab der Allgemeinheit her die Handlungsmaxime inhaltlich geprüft und kontrolliert werden kann. Angesichts dieser vom kategorischen Imperativ her möglichen ‚inhaltlichen' Prüfung könnte man einwenden, dass die kantische Ethik eigentlich formalistisch ist und insofern von der Formel des kategorischen Imperativs kein Zweck- oder Pflichtinhalt abzuleiten ist. Darauf ist nur zu erwidern, dass die Form der Allgemeinheit, auf der die kantische Ethik besteht, derjenige Maßstab ist, mit dem erst jede Handlungsmaxime, die immer auf bestimmte ‚inhaltliche' Zwecksetzung und Zweckhandlung hinauslaufen kann und muss, ausnahmslos auf ihre Moralität im Sinne der Allgemeingültigkeit geprüft werden kann. Insofern besteht kein Widerspruch zwischen formaler Allgemeinheitsformel und inhaltlicher Prüfbarkeit von Maxime oder Pflicht. In diesem Sinne drückt Kaulbach auch aus, dass „Kants Ethik das Prädikat „formalistisch" nur dann verdient, wenn man ihm die Bedeutung gibt, daß für den Wert der Pflichtinhalte die Form ihrer Gesetzesfähigkeit maßgebend ist."[20]

Kant variiert weiter diese Allgemeinheitsformel mit der Naturgesetzvorstellung. Kantischer Definition nach ist die Natur der Inbegriff für die nach den allgemeinen Gesetzen daseienden Dinge. Kant überträgt die notwendige Gesetzmäßigkeit der Natur in die Formel des kategorischen Imperativs. Die neue Formel lautet: „Handle so, als ob die Maxime deiner Handlung durch deinen Willen zum allgemeinen Naturgesetze werden sollte."[21]

---

19 IV, 421
Über die Eigentümlichkeit in der Formulierung des kategorischen Imperativs in Bezug auf ‚Nicht denken können' und ‚Nicht wollen können': E. Tugendhat, a.a.O., S. 138-140, 149-154; F. Kaulbach, a.a.O., S. 67-71; O. Höffe, Immanuel Kant, München 1988, S. 191-192

20 F. Kaulbach, a.a.O., S. 68

21 IV, 421

Wenn eine Maxime, die vorläufig als allgemeingültiges Gesetz angenommen wird, das Dasein der Dinge selbst undenkbar machen würde, wäre solche Maxime zum allgemeinen Naturgesetz ungeeignet und sie könnte niemals die richtige Handlungsmaxime sein. Bei dieser Naturgesetzformel kommt vor allem die Frage auf, ob nicht der darin verwendete Naturgesetzbegriff schon die Vorstellung der Naturzweckmäßigkeit enthält.[22] In Bezug darauf wäre es nützlich, die kantische Erläuterung vom Selbsttötungsverbot näher zu betrachten. Bei diesem Fall stellt Kant die Frage danach, ob für einen „der durch eine Reihe von Übeln, die bis zur Hoffnungslosigkeit angewachsen ist, einen Überdruß am Leben empfindet", „es auch nicht etwa der Pflicht gegen sich selbst zuwider sei, sich das Leben zu nehmen."[23]

Kant hält zunächst die Unlustempfindung für das situationsgebundene Motiv und die ‚Selbsttötung aus Unlust' für die aus dem Selbstliebeprinzip gezogene Handlung. Dann prüft er dieses Prinzip auf seine Verallgemeinerbarkeit. Kant erläutert:

„Es frägt sich nur noch, ob dieses Prinzip der Selbstliebe ein allgemeines Naturgesetz werden könne. Da sieht man aber bald, daß eine Natur, deren Gesetz es wäre, durch dieselbe Empfindung, deren Bestimmung es ist, zur Beförderung des Lebens anzutreiben, das Leben selbst zu zerstören, ihr selbst widersprechen und also nicht als Natur bestehen würde,..."[24]

Nach dieser Erläuterung ist jeder Naturanlage die eigene Zweckbestimmung vorausgesetzt, und die dadurch vorhandene Natur bedeutet schon die zweckgebundene gesetzmäßige Ordnung der Dinge. Das kantische Hauptargument gegen die Selbsttötung aus Unlust ist also, wenn die Selbsttötung aus der Lust-Unlust-Erwägung oder dem Selbstliebeprinzip folgt, widerspricht solche ‚Selbsttötung aus Unlust' der allgemeinen naturzweckmäßigen Bestimmung der menschlichen Lustempfindung, d. h. der Beförderung des Lebens, und deshalb kann solches ‚Selbsttötung aus Unlust' gebietende Prinzip niemals das allgemeine Naturgesetz werden.

Allgemeinverständlich betrachtet liegt die Schwierigkeit in der Frage nach dem Freitod einerseits darin, dass der Freitod zu den anderen Menschen kein positives Verhältnis voraussetzt. Andererseits in Bezug auf sich selbst ist er eine zu instinktive und existentielle Frage, um ein angemessener Gegenstand der moralischen Überlegung und Bewertung zu sein. Im allgemeinen kommt also die

---

22 Zur Naturgesetzformel des kategorischen Imperativs: J. Ebbinghaus, Die Formeln des kategorischen Imperativs und die Ableitung inhaltlich bestimmter Pflichten, in: G. Prauss (Hg.), Kant. Zur Deutung seiner Theorie von Erkennen und Handeln, Köln 1973, S. 274-280

23 IV, 421-422

24 IV, 422

Pflichtwidrigkeit des Freitodes selbst selten in Frage. Aber Kant versucht, mit der teleologisch gefärbten Naturgesetzvorstellung die Unzulässigkeit der Selbsttötung aus Unlust zu begründen. Indem die Naturzweckmäßigkeitsvorstellung mit in den formalen Maßstab „allgemeines Naturgesetz“ einbezogen wird, kann die moralische Bewertung über die Verallgemeinerbarkeit der Handlungsmaxime im konkreten Fall erleichtert werden. Dabei liegt die Voraussetzung dieses ganzen Verfahrens eigentlich darin, dass die Lust-Unlust-Empfindung überhaupt auf die Beförderung des Lebens ausgerichtet ist. Das heißt, nur sofern die Natur als schon auf die Zwecksetzung des Menschen bezogen betrachtet werden kann, kann der Wille durch solche Naturvorstellung überhaupt bestimmt und bewertet werden. In diesem Sinne stellt Ebbinghaus fest, „daß die Naturgesetzformel in ihrer Brauchbarkeit für die Ableitung der von Kant problematisch angenommenen Pflichten durchweg abhängig ist von der Möglichkeit, die Natur als zweckvoll ausgerichtet auf gewisse Zwecksetzungsmöglichkeiten des Menschen zu betrachten.“[25]

Während im ersten Abschnitt das ‚aus Pflicht'-Motiv als moralischer Maßstab unmittelbar die moralische Haltung des Handelnden in Frage stellt, kann die ‚allgemeines Naturgesetz‘-Vorstellung eher ein objektiverer Maßstab sein, nach dem zu überprüfen ist, ob das bestimmte Handlungsprinzip mit der naturzweckmäßig konstruierten Ordnung übereinstimmen kann, d. h. ob die bestimmte Handlung aus der Vorstellung der naturzweckmäßigen objektiven Ordnung der Dinge folgen kann. Im großen und ganzen kann man – wie Schwemmer es ausdrückt - die kantische Betonung der Ähnlichkeit der Handlungsmaximen oder Zwecksetzungen mit Naturgesetzen ‚als Betonung der Ausnahmslosigkeit ihrer Verbindlichkeit‘ betrachten.[26]

4) Die zweite Formel des kategorischen Imperativs: Die Zweck-an-sich-Formel

Durch die Vorstellungskette von Zweck (Intention), Gesetzesvorstellung, Willen und Handlung erläutert Kant, dass die für die moralische Handlung spezifische Gesetzesvorstellung der kategorische Imperativ ist und dieser Imperativ vom Handelnden vor allem die Gesetzförmigkeit der eigenen Maxime verlangt.

Daran anschließend stellt er die Frage danach, ob überhaupt eine Zweckvorstellung denkbar ist, die als Grund des kategorischen Imperativs das Subjekt moralisch handeln lässt, obwohl der kategorische Imperativ jede subjektive und persönliche Intention, z.B. die subjektive Zweck-Mittel-Abwägung ausschließt.[27]

---

25 J. Ebbinghaus, a.a.O., S. 279

26 O.Schwemmer, Vernunft und Moral, in: G. Prauss (Hg.), a.a.O., S. 265

27 Über die gegensätzlichen Vorstellungen des Zwecks bei Kant: Tugendhat, a.a.O., S. 141-142

Wie bei der Erläuterung des kategorischen Imperativs geht Kant bei dieser Frage ebenso von der allgemeinen Vorstellung aus, dass jeder menschlichen Handlung irgendeine Intention oder Zweck zugrunde liegt. Vom eigenen Zweck (Intention) her reguliert man in bestimmter Art und Weise die eigene Handlung. Aber aus kluger Interessenabwägung oder geschickter Zweck-Mittel-Abwägung geht die Moralität überhaupt nicht hervor. Die Moralität hat eine völlig andere Zweckvorstellung zum Ausgangspunkt. Solche Zweckvorstellung als Ausgangspunkt der Moralität hätte außer sich selbst oder über sich selbst kein höheres ,Wozu'. Und sie wäre weder relativ noch material, indem sie selber kein auf Triebfedern beruhender subjektiver Zweck ist. Sie impliziert also eher die voraussetzungslose materieunabhängige Vorstellung. Kantischer Erläuterung nach kann diese Vorstellung als ,Zweck an sich' bezeichnet werden und der Wert solches Zwecks liegt nirgendwoanders als in dessen einfachem Dasein selbst. In der realen Welt ist das anschauliche Bild von diesem Zweck an sich nur im Menschen als Person zu finden. In Bezug darauf lautet die zweite Formel des kategorischen Imperativs, „Handle so, daß du die Menschheit, sowohl in deiner Person, als in der Person eines jeden andern jederzeit zugleich als Zweck, niemals bloß als Mittel brauchst."[28] Angesichts der Zweck-an-sich-Formel und der Eigenschaft der Zweck-an-sich-Vorstellung ist die kritische Frage danach zu stellen, ob nicht eine solche Zweckvorstellung widersprüchlich ist, die zwar von jeder Art Zwecksetzung und Wertschätzung unabhängig ist, doch schließlich als ein „Zweck von absolutem Wert" vorzustellen ist. Eine Betrachtung über das kantische Vorhaben könnte eine indirekte Antwort darauf sein. Kant wollte eigentlich unter der Voraussetzung, ,wenn es denn einen kategorischen Imperativ geben soll,' ein auf die Zweckvorstellung bezogenes oberstes Prinzip des kategorischen Imperativs hervorbringen. Dabei kommt der Begriff des Zwecks an sich heraus. Die Notwendigkeit dieses Begriffs ist so zu formulieren, ,wenn es die für das oberste Prinzip des kategorischen Imperativs geeignete Zweckvorstellung gäbe', muss sie Zweck-an-sich-Vorstellung sein. Kantischer Einsicht nach kann der Mensch in der Tat nur sein eigenes Dasein als einen Zweck an sich vorstellen. Weil jeder andere auch von demselben Grund her die gleiche Vorstellung hat, könne jeder das Dasein von sich und jedem anderen als Zweck an sich betrachten. Kant bringt aus dieser Zweck-an-sich-Vorstellung die Materie-bezogene, doch allgemeine Zweck-an-sich-Formel des kategorischen Imperativs hervor. Vor allem Tugendhat erblickt in diesem kantischen Vorgang einen Fehlschluss.[29] Seiner Kritik nach kann die kantische Vorstellung ,das eigene Dasein' nur einen subjektiven Endzweck von jedem bedeuten. Aus solchem subjektiven Prinzip, „dass für jeden

28 IV, 429
29 E. Tugendhat, a.a.O., S. 140-146

Menschen sein letzter (subjektiver) Zweck seine eigene Existenz ist, folgt an und für sich überhaupt kein objektives Prinzip, und mit Endzweck ist eben nicht das angesprochen, was Kant meint, wenn er von ‚Zweck an sich' spricht."[30] Noch dazu werde durch den Ausdruck ‚Zweck an sich', der etwas im Menschen Vorhandenes oder dem Menschen schon Zukommendes impliziert, das eigentliche moralische Gebot nur fälschlich ontologisiert. Diese Kritik macht zwar die Brauchbarkeit der Vorstellung vom ‚eigenen Dasein von jedem' zum einen und die des Ausdrucks vom ‚Zweck an sich' zum anderen für die Hervorbringung des obersten Prinzips des kategorischen Imperativs fraglich, aber solche Kritik könnte die inhaltliche Bedeutung und normative Bedeutsamkeit der Zweck-an-sich-Formel selbst als moralisches oberstes Prinzip nicht berühren.

Zum besseren Verständnis dieser Zweck-an-sich-Formel und der kantischen Grundansicht über Moralität wäre eine kurze Überlegung nützlich. Allgemeinverständlich kann man ohne Schwierigkeit annehmen, dass jeder Mensch ohne Äquivalenz einzigartig ist. Dabei ist es auch üblich, aus dieser Einzigartigkeit des Menschen dessen unvergleichbaren Wert zu schließen. Wenn man es näher betrachtet, ergibt sich solche moralische Einstellung unter vertrauten Menschen viel leichter. Den fremden Menschen wird diese Einstellung jedoch nicht so selbstverständlich entgegengebracht. Normalerweise wird der Wert eines vertrauten Menschen nämlich an dessen erkennbarer Eigenartigkeit wahrgenommen. Im Vergleich dazu scheint die Anerkennung des absoluten Werts des fremden Menschen eher auf der vagen Zumutung (oder Vermutung) zu beruhen, dass die mögliche Eigenartigkeit oder Leistung dieses fremden Menschen irgendwann und irgendwie nicht sinn- oder nutzlos wäre. Daher lässt sich sagen, dass die gewöhnliche Einstellung zum unvergleichbaren Wert des Menschen direkt oder indirekt mit der Wahrnehmung der bestimmten Eigentümlichkeit des Menschen zu tun hat. Je vertrauter diese erkennbare Eigentümlichkeit eines Menschen ist, desto leichter wird die Anerkennung des absoluten Werts dieses Menschen. In Bezug darauf wird es auch nicht selten beobachtet, dass man die wenig vertraute Konkretheit oder die negative Konkretheit, z.B. die unmenschlich erniedrigten Nächsten oder die unheimlich boshaften Nächsten, weniger sympathisch findet als die völlig fremden Menschen überhaupt. Dies liegt nicht an der unvoreingenommenen (weltbürgerlichen) Haltung gegenüber den fremden Menschen. Sondern man erkennt den absoluten Wert solcher Nächsten in dem Maße weniger selbstverständlich an, dass man das Identifizieren der unvertrauten negativen Eigentümlichkeit dieser Menschen mit seiner eigenen unwahrscheinlich oder unheimlich findet. Obwohl die Würde des Menschen prinzipiell von niemandem bestritten wird, könnte doch die konkrete Einstellung zu anderen Menschen je

30 Ebd., S.143

nach Umstand und Verhältnis von Anerkennendem und Anerkanntem unterschiedlich sein. Mit Skepsis betrachtet scheint in der alltäglichen Situation die übliche Vorstellung, dass der Mensch einen absoluten Wert hat, tatsächlich die Meinung, dass alle Menschen gleich sind, weder vorauszusetzen noch hervorzubringen.

Von dieser Skepsis ausgehend könnte man doch nach beiden Seiten die Überlegung anstellen. Sofern man die Gemeinschafts- und Situationsgebundenheit des Menschen nicht außer acht lassen kann und die alltägliche Erfahrung den Beweis für die Verschiedenheit des Menschen liefert, wäre es nicht so leicht, sich ohne irgendwelche Voraussetzung von der absoluten Gleichheit aller Menschen zu überzeugen. Nur vermittelt durch die Eigentümlichkeit der eigenen Person und der eigenen Gemeinschaft könnte man den absoluten Wert des anderen und die Gleichheit aller Menschen nachvollziehen. Dabei wird der Mensch schon als differenzierter Mensch mit bestimmter Eigentümlichkeit vorgestellt und in solchem Maße ist die Moralität als absolut allgemeingültige Vorstellung von der Sittlichkeit als gewohntem normativem Rahmen bedingt.

Im Vergleich dazu könnte die kantische Ansicht eine andere Möglichkeit sein. Nach dem kantischen Maßstab hat oben erläuterte Einstellung zum absoluten Wert des anderen mit der wahren Moralität wenig zu tun. Die Moralität benötigt eigentlich keinen emotionalen Grund, für die bestimmte Person etwas Positives zu tun. Sondern es genügt die reine negative Intention, sich selbst und die anderen nicht subjektiv und beliebig zu behandeln. Wenn jemand als bestimmte Person mit bestimmter Eigenart wahrgenommen wird und gerade für diese Person etwas Gutes getan wird, könnte dieser Umgang unschätzbar nützlich und angenehm sein. Nach kantischer Ansicht kann jedoch solcher Umgang kein moralisches Vorbild sein, weil bei diesem Umgang die moralische Gesinnung von der bestimmten Person abhängt und die Moralität überhaupt nicht gesichert werden kann. Um überhaupt moralisch zu sein, braucht man also gar nicht die bestimmte Person mit bestimmter Eigenart zu kennen oder zu differenzieren. Vielmehr könnte man durch die Abstraktion von solcher Eigentümlichkeit von diesem Menschen unabhängig moralisch sein.

Wenn es um die Moralität geht, muss der Mensch zunächst ohne Differenz unbestimmt bleiben. Dieser unbestimmte Mensch ist doch derjenige, an dessen Stelle kein anderer Mensch oder Zweck gesetzt werden kann. Darin besteht das Wesen der kantischen Zweck-an-sich-Vorstellung. Nach dieser Vorstellung liegt der Grund dafür, dass der Mensch unersetzbar ist, nicht in der subjektiven Eigenartigkeit dieses oder jenes Menschen, sondern nur im Menschsein ohne Differenz. Nur wenn das einfache Menschsein als der Ausgangspunkt des moralischen Umgangs angesetzt wird, könnte jeder Mensch als absoluter Zweck betrachtet werden. Dabei bleibt der Mensch das einfachste Dasein selbst und zugleich das höchst abstrakte Wesen als Zweck an sich. Als solcher Mensch ist jeder absolut gleich und jeder hat einen unvergleichbaren Wert. Insofern lässt sich sagen, dass für Kant die Moralität im menschlichen Umgang nichts mehr verlangt als die beiden Elemente, d. h. den eigenen guten Willen und das menschliche Dasein selbst, ohne Unterschied zwischen diesem und jenem Menschen oder zwischen mir und anderen. Alle weiteren differenzierenden Faktoren können die Moralität nicht sichern.

Im Zusammenhang mit dieser an der Zweck-an-sich-Formel abzulesenden kantischen Ansicht kann man das Grundmotiv, dass Kant in seiner Moralphilosophie den strengen moralischen Maßstab anlegt, auch nachvollziehen. Kantischer Ansicht nach geht es bei der Moralität nicht um die Frage, unter welcher generellen Norm die Möglichkeit höchst wahrscheinlich wäre, dass die anderen Menschen auch ohne tadelnde Bemerkung tatsächlich solches moralisches Kriterium akzeptieren und einhalten würden. Sondern es kommt eher darauf an, mit welchem normativen Maßstab man völlig unberührt davon, dass tatsächlich kein anderer Mensch moralisch handelt, moralisch bleiben kann, sofern man moralisch sein will. Die Frage nach der Moralität bei Kant ist also nicht die Frage nach der moralischen Gegenseitigkeit im Sinne der Möglichkeit des gegenseitigen Normeinhaltens, sondern eher die Frage nach der moralischen Unabhängigkeit und Sicherheit.

In Bezug darauf liegt der kantischen Erörterung im zweiten Abschnitt der ‚Grundlegung zur Metaphysik der Sitten' die Frage nach der Möglichkeit dieser moralischen Unabhängigkeit und Sicherheit zugrunde. Dabei weisen die Allgemeinheitsformel und die Zweck-an-sich-Formel auf die Möglichkeit der moralischen Unabhängigkeit und Sicherheit hin. Vielleicht könnte die Unabhängigkeit beim alltäglichen moralischen Umgang unterschiedlich gedacht und praktiziert werden, d. h. die Unabhängigkeit von subjektiven Neigungen, Zwecken oder Interessen sowie die Unabhängigkeit vom anderen Menschen als Subjekt oder Objekt des moralischen Umgangs. Kant scheint der Ansicht zu sein, dass die wahre Moralität vom Menschen nicht nur die Unabhängigkeit von subjektiven Neigungen, Zwecken oder Interessen, sondern auch die Unabhängigkeit vom anderen Menschen verlangt. Die erstere Unabhängigkeit bezieht sich vor allem auf die Allgemeinheitsformel und die letztere eher auf die Zweck-an-sich-Formel, obwohl die beiden eigentlich zum moralisch gleichen Ergebnis führen können. Um sich über die Möglichkeit dieser moralischen Unabhängigkeit zu vergewissern, wollte Kant die Frage klären, wie diese beiden Formeln des kategorischen Imperativs wirklich gewollt werden können. Dies führt zur Erläuterung des Grundprinzips des kategorischen Imperativs, d. h. des Autonomiegedankens.

5) Der Grundansatz des Autonomieprinzips

a. Das Interesse und die moralische Nötigung

Nach der Erläuterung beider Formeln des kategorischen Imperativs macht Kant darauf aufmerksam, dass diese Prinzipien nur eine moralische Annahme sind. Die absolute Allgemeingültigkeit des kategorischen Imperativs garantiert nicht dafür, dass solcher Imperativ vorhanden ist und er tatsächlich allgemein gewollt werden kann, weil er kein von der Erfahrung abgeleiteter Begriff ist. Kant erläutert:

„Sie (die Imperativen) wurden aber nur als kategorisch angenommen, weil man dergleichen annehmen musste, wenn man den Begriff von Pflicht erklären wollte."[31]

Von daher ist für Kant die nächste Frage, ob und wie solche Formeln des kategorischen Imperativs zum eigenen Gebot für alle werden können. Das heißt, wie die rein moralische Motivierung möglich ist. Kantischer Ansicht nach liegt der Kernpunkt des kategorischen Imperativs vor allem in der „Lossagung von allem Interesse beim Wollen aus Pflicht."[32]

Weil die interessengebundene Gesinnung gewollt oder ungewollt die allgemeine Gesetzmäßigkeit und die Zweck-an-sich-Vorstellung als moralische Maßstäbe unhaltbar macht, versucht Kant, irgendeine Bestimmung oder Vorstellung festzustellen, die die Lossagung von allem Interesse ermöglicht. Solche festzustellende Bestimmung oder Vorstellung könnte indirekt beweisen, dass der kategorische Imperativ als moralischer Maßstab wirklich gewollt werden kann. Nach Kant drückt sich solche Bestimmung im Autonomieprinzip, d. h. in „der Idee des Willens eines jeden vernünftigen Wesens, als allgemeingesetzgebenden Willens", aus. In Bezug auf den Grundansatz des Autonomieprinzips könnte vor allem Kants kurze Äußerung Aufschluss geben:

„Denn wenn wir einen solchen (allgemein-gesetzgebenden Willen) denken, so kann, obgleich ein Wille, der unter Gesetzen steht, noch vermittelst eines Interesses an dieses Gesetz gebunden sein mag, dennoch ein Wille, der selbst zu oberst gesetzgebend ist, unmöglich so fern von irgend einem Interesse abhängen; denn ein solcher abhängender Wille würde selbst noch eines andern Gesetzes bedürfen, welches das Interesse seiner Selbstliebe auf die Bedingung einer Gültigkeit zum allgemeinen Gesetz einschränkte."[33]

Dies lässt zunächst den Eindruck aufkommen, dass dieser Erläuterung über die Interessenunabhängigkeit des selbstgesetzgebenden Willens eine bestimmte normative Annahme oder Zumutung zugrunde liegt. Dabei müsste man zunächst

---

31 IV, 431
32 IV, 431
33 IV, 432

mit allgemeinverständlichem Blick der kantischen Ansicht nachgehen. Im allgemeinverständlichen Sinne könnte man sagen, dass das größte Hindernis der Moralität nicht ist, dass der Mensch unmittelbar etwas Böses will.[34] Sondern es liegt eher darin, dass der Mensch trotz seines eigentlich guten Willens durch das bestimmte Interesse verwirrt und selbst betrogen wird. Durch das erregte Interesse als Triebfeder wird der Mensch nicht selten zu emotional oder zu berechnend, um moralisch zu handeln. Wenn die unmittelbar etwas Böses selbst wollende Gesinnung das größte Hindernis der Moralität wäre, könnte man vielleicht im seelischen(-religiösen) Heil oder im eisernen Zwang die Lösung dafür finden. Bei der Frage nach der menschlichen Moralität geht es aber nicht um das das Gute selbst verneinende Böse als Neigung an sich, sondern um das den guten Willen trübende Interesse. Vom moralischen Gesichtspunkt aus gesehen ist das Interesse viel schwerer zu beherrschen, weil das schon erregte Interesse vor dem überschwenglichen Heil oder Zwang auch verborgen bleiben kann. Im begrenzten Sinne könnten das Interesse und die gute Handlungsfolge zueinander parallel vorhanden sein. Der kantische Autonomiegedanke setzt sich an diesen Zwiespalt zwischen moralisch gutem Willen und Interesse als Neigung an.

Wenn man dieses Thema näher betrachtet, könnte man sagen, dass sich der moralisch gute Wille, mit dem eigenen Interesse konfrontiert, zur unendlichen Suche nach der allgemein regulierenden oberen Instanz bewegt. Der Mensch unterwirft sich wegen seines guten Willens, doch nicht ohne inneren Widerstand, dem interessenregulierenden Gesetze. Im bestimmten Sinne wird seine Moralität von solchem Gesetze abhängig. Übertrieben formuliert kann man nur von solchem Gesetze bedrückt moralisch bleiben. Dies könnte die negative Seite der moralischen Nötigung im Sinne der moralischen Heteronomie sein. Dem Ursprung nach geht die Gesetzesunterworfenheit aus der Interessenabhängigkeit hervor. Die Gesetzesunterworfenheit als moralisches Genötigtsein ist insofern die unvermeidliche Folgerung, als der Mensch weder auf das moralisch Gute noch auf das eigene Interesse verzichten will. Je mehr der Mensch moralisch sein will, um so stärker müsste er gezwungen werden.

Wenn man den kantischen Blick weiter verfolgt, liegt jedoch die wahre Schwierigkeit solcher moralischen Nötigung weniger in der ohnmächtigen Gesetzesabhängigkeit selbst, sondern führt eher auf solche unausrottbare Interessenabhängigkeit zurück, dass der durch die moralische Nötigung (moralischen Zwang) erfolgten Interesseneinschränkung selbst ein bestimmtes Interesse als Motiv zugrunde liegen könnte. Bei Kant geht also die allgemeinverständliche Unzufriedenheit mit der ‚Moralität aus Nötigung‘ auf die Unzufriedenheit mit der ‚Moralität aus Interesse‘ oder dem ‚moralisch Genötigtwerden aus Interesse‘ über.

34 Vgl. Zum Thema ‚das Böse in der menschlichen Natur‘: VI, 19-53

Kantischer Ansicht nach wird die wahre Moralität durch die genötigte oder freiwillige Interesseneinschränkung selbst noch nicht erreicht. Wenn die Moralität die Folge solcher Interessenmäßigung wäre, könnte solche Moralität eher am Sozialvertrag schließenden oder Rechtsgesetze zustimmenden nüchternen Willen deutlich erkannt werden. Die Moralität braucht aber etwas mehr oder etwas Tieferes. Sie verlangt hauptsächlich die Interesseneinschränkung ohne Interesse, d. h. das reine Wollen ohne Interesse. Insofern hängt die Moralität kaum von der Größe der Interesseneinschränkung oder der moralischen Nötigung ab. Wenn jemand immer vom bestimmten verborgenen Interesse her die schwere moralische Pflicht gern übernimmt und eine tadellos gute Folge hervorbringt, kann seine Handlung für vorbildhaft geschickt oder klug gehalten werden. Auf der Motivationsebene ist jedoch solche Haltung nur der tückischen pflichtmäßigen Handlung vergleichbar. Das eigentliche Hindernis der Moralität liegt also weder in der Gefühls- oder Motivlosigkeit des ‚Wollens aus Pflicht' noch in der quantitativen Unzulänglichkeit der Interesseneinschränkung und deren Ergebnisse, sondern in der emotionalen Schwankung beim ‚Wollen aus Interesse', d. h. in der moralischen Unsicherheit. Darin wurzelt die kantische strenge Forderung nach dem Abstrahieren von allem Interesse.

Die unbezweifelte Forderung nach der Interessenunabhängigkeit könnte jedoch den Eindruck der Zweideutigkeit aufkommen lassen, dass diese einerseits für die Grundbedingung der wahren Moralität zu halten ist, andererseits aber nur von der schon vollkommenen moralischen Gesinnung hervorgebracht werden kann. Diese Zweideutigkeit scheint die allgemein unumgängliche Schwierigkeit zu sein, die aus dem Versuch folgt, das von den subjektiven und empirischen Schranken herkommende Problem, d. h. das der Interessengebundenheit der moralischen Gesinnung, rein begrifflich und abstrakt zu lösen. Dies könnte zur einseitigen Erhebung des Willensmoments, d. h. der Grundidee des unbedingt guten Willens und dessen Überforderung führen.

Für das richtige Verständnis des kantischen Lösungsschrittes für dieses Problem ist die elementare Forderung nach dem Abstrahieren von allem Interesse inhaltlich näher zu betrachten. Das vollkommene Abstrahieren von allem Interesse bedeutet tatsächlich die unendliche Entfernung der menschlichen Natur und der Erfahrung selbst, indem das Interesse empirisch unauslöschbar und unerzwingbar ist. Wenn die Unauslöschbarkeit des Interesses die empirische Grenze der menschlichen Natur wäre, könnte die Unerzwingbarkeit des Interesses eher die eigene Grenze der moralischen Nötigung sein. Dabei wäre das Abstrahieren von allem Interesse eigentlich undenkbar, ohne die beiden Grenzen zu überschreiten. Das heißt, die innerhalb solcher Grenzen gebliebene moralische Gesinnung erliegt in der Tat der unendlichen Kette von Heteronomie, d. h. der Kette von Interessengebundenheit und unerfüllter moralischer Nötigung. Bei dieser

Schwierigkeit schlägt Kant ein moralisches Umdenken vor. Ein solches Umdenken sollte und könnte eine derartige Lösung für das Abstrahieren von allem Interesse sein, die angesichts der Interessengebundenheit des Menschen weder irgendwelche empirische Gegennatur des Menschen noch die moralisch härtere Nötigung aufruft. Kant findet diese Lösung im Autonomiegedanken.[35]

b. Der kantische Autonomiegedanke

Der kantische Autonomiegedanke geht von der Einsicht aus, dass für den vereinzelten Menschen das eigene, doch allgemeingültige Interesse überhaupt nicht denkbar ist. Von der moralischen allgemeinen Ebene herab gesehen gibt es also ein derartiges Interesse überhaupt nicht, das keine Einschränkung auf Allgemeinheit braucht. Im Hinblick darauf ist die Möglichkeit des Abstrahierens von allem Interesse in der Tat nichts anderes als die Möglichkeit der Einschränkung des Einzelinteresses auf Allgemeinheit. Diese Einschränkung auf Allgemeinheit beinhaltet viel mehr als die Interesseneinschränkung auf eine allgemein akzeptierbare Summe. Sie bedeutet hauptsächlich die Verallgemeinerung des eigenen Handlungsmotivs. Für Kant gibt es eigentlich beide Möglichkeiten, dass ein Interesse überhaupt in die moralische Maxime aufgenommen werden kann. Zum einen in dem Falle, dass ein bestimmtes Interesse selbst als das naturzweckmäßige allgemeingültige Interesse gilt. Jede Art privates Interesse ist also von vornherein auszuschließen und nur das für alle allgemein geltende naturzweckmäßige objektive Interesse aufzunehmen. Zum anderen durch das subjektive Umdenken. Bei diesem Fall ist die Frage nach der Möglichkeit der Interesseneinschränkung auf Allgemeinheit in die Frage umzuformulieren, wie der einzelne Mensch die moralische Allgemeinheit oder das objektive Interesse tatsächlich zur eigenen Sache machen kann. Als Beantwortung wollte Kant statt der empirischen Verzweiflung, dass der Mensch um so beliebiger und interessensüchtiger werden kann, je weniger er moralisch gezwungen ist, eher den Grund zur Überzeugung schaffen, dass der Mensch sich durch den Autonomiegedanken, d.h. die Selbstgesetzgeber-Vorstellung, vielmehr ungehemmt die moralische Allgemeinheit zu eigen machen kann.

c. Das Merkmal des selbstgesetzgebenden Willens

Zum besseren Verständnis des kantischen Autonomiegedankens ist das Merkmal des selbstgesetzgebenden Willens näher zu betrachten. Dies könnte deutlich ma-

35 Vgl. Der Begriff der Autonomie als Antwort auf die Frage nach der moralischen Nötigung: Kaulbach, a.a.O., S. 47, 48, 60, 83

chen, woran es dem nicht-autonomen Willen fehlt und was sich der nicht-autonome Mensch überhaupt nicht leisten kann.

Wie schon ausgedrückt, ist der autonome Wille oder der selbstgesetzgebende Wille vor allem ein derartiger Wille, der die moralische Allgemeinheit schon zur eigenen Angelegenheit macht. Als gesetzgebender Wille wird er durch kein höheres Gesetz gezwungen und als der allgemeine Gesetz-geben-wollende Wille, d. h. die Allgemeinheit sich aneignender Wille, folgt er nicht mehr seinem eigenen Interesse. Daher bedarf er keines weiteren interesseneinschränkenden Gesetzes. Die Autonomie bedeutet also die Grundbedingung für die Unabhängigkeit von Interesse und Nötigung zugleich.

Dabei liegt der Schwerpunkt dieses Autonomiegedankens nicht in der Aussage, dass jemand dann autonom werden könnte, wenn er irgendwie von seinem Interesse abstrahieren würde. Der Autonomiegedanke deutet eher darauf hin, dass jemand ungezwungen von all seinem Interesse abstrahieren könnte, wenn er ebenso autonom wie ein Selbstgesetzgeber wäre. Das heißt, erst durch die Autonomie könnte man sich unabhängig von seiner eigenen Natur oder Erfahrung der moralischen Allgemeinheit zuwenden und damit die moralische Maxime wählen. In diesem Sinne ist der Autonomiegedanke die Grundbedingung der Moralität.

Was den Grund der Autonomie selbst angeht, so steht sie nicht unter irgendeiner weiteren Vorbedingung oder Voraussetzung. Sie stützt sich nicht auf die menschliche Natur oder Erfahrung. Die Autonomievorstellung weist darauf hin, dass der Mensch sich selber die Grundbedingung der Moralität schaffen kann, ohne irgendeinen empirischen Grund oder eine weitere obere Instanz aufzurufen. Insofern ist das Autonomsein für einen voraussetzungslosen moralischen Befähigungsakt oder eine intelligible Tat zu halten. Bei Kant zeichnet sich also der autonome Wille oder Selbstgesetzgeber dadurch aus, dass er sich den Auftakt zur moralischen Allgemeinheit geben ‚kann', weil er es ‚soll', um überhaupt moralisch zu sein. Insofern könnte sich an diesem Autonomiegedanken die allgemeinverständliche moralische Forderung ablesen, dass man irgendwann irgendwie die unendliche (hypothetische oder kausale) Kette von empirisch vorbedingtem Umstand und davon beeinflusstem Handlungsvorhaben unterbrechen und nur mit dem eigenen moralischen Willensmoment anfangen muss, um überhaupt moralisch zu sein. Erst dann könnte man die eigene Befangenheit mit moralisch allgemeinem Blick ansehen. Anders formuliert könnte man sich erst dann für die moralische Allgemeinheit überhaupt interessieren. Für Kant ist solcher Selbstanstoß zur ganzen Umwandlung nichts anderes als der Autonomiegedanke oder die Selbstgesetzgebervorstellung. Angesichts dieses kantischen Autonomiegedankens kann man kritisch danach fragen, ob er nicht eine Übermoralisierung des Menschen bedeutet oder zumindest den Menschen dazu auffordert. Aus solcher kritischen Einsicht können sich die Versuche ergeben, statt der immer nur den moralischen Willen hervorrufenden Autonomie als Sollensprinzips an der moralneutralen Autonomie oder am authentischen Wollen anzusetzen und daraus ein Prinzip des nicht immer moralischen und dennoch freien Willens hervorzubringen.[36]

Als eine indirekte Antwort auf solche kritische Fragestellung und dergleichen Versuche kann Höffes kurze Bemerkung über den Sinn der kantischen Autonomie dienen:

„Moralität als Autonomie heißt, sich seine Bedürfnisse und gesellschaftlichen Abhängigkeiten eingestehen, sie sogar bejahen und sie doch nicht als letzten Bestimmungsgrund des Lebens zuzulassen. Autonomie bedeutet, mehr als ein bloßes Bedürfnis- und Gesellschaftswesen zu sein und in dem Mehr – hier liegt Kants Provokation – zu seinem eigentlichen Selbst zu finden, dem moralischen Wesen, der reinen praktischen Vernunft."[37]

6) Das Reich der Zwecke

a. Der Begriff eines Reichs der Zwecke

Die Autonomievorstellung kann jedem Menschen den unbefangenen moralischen Blick schaffen. Von dieser nicht-empirischen Vorstellung her sind alle Menschen gleich zueinander und keiner hat mehr einen Grund dazu, sich selbst eine Ausnahme oder irgendeine persönliche Ausrede zu gestatten. In diesem Sinne erläutert Kant, dass jedes vernünftige Wesen „sich durch alle Maximen seines Willens als allgemein gesetzgebend betrachten muß, um aus diesem Gesichtspunkte sich selbst und seine Handlungen zu beurteilen."[38] Diese Überlegung über den Sinn der Autonomievorstellung geht weiter in den Begriff eines Reichs der Zwecke über.[39] Der Schritt zu diesem Begriff erscheint zunächst nicht ohne weiteres verständlich. Er lässt den Eindruck aufkommen, dass der rein apriorische Gedankengang in die zweckgebundene empirische zwischenmenschliche Welt abgleitet, um sich die eigene Notwendigkeit eher empirisch zu sichern. In Bezug darauf ist die Frage danach zu stellen, welcher Bedeutungszusammenhang zwischen dem Begriff eines Reichs der Zwecke und den beiden Formeln des kategorischen Imperativs, d. h. der Allgemeinheitsformel und der Zweck-an-sich-Formel, besteht.

---

36 G. Prauss, Kant über Freiheit als Autonomie, Frankfurt 1983

37 O. Höffe, a.a.O., S. 200

38 IV, 433

39 Bei der Anwendung dieses Begriffs kommt die Formel hervor: „Demnach muß ein jedes vernünftige Wesen so handeln, als ob es durch seine Maximen jederzeit ein gesetzgebendes Glied im allgemeinen Reiche der Zwecke wäre." IV, 438

Bei dieser Frage kann man damit beginnen, sich den allgemeinen Sinn des moralischen Handelns konkret vorzustellen. Ein moralisches Handeln setzt im allgemeinen das direkte oder indirekte Verhältnis zu anderen Menschen und sich selbst voraus. Die Moralität des einzelnen Menschen ist in der Tat in seinem Verhalten zu anderen und sich selbst vorhanden und darin wird sie sichtbar. Im Hinblick darauf kann man zunächst sagen, dass die menschliche Moralität undenkbar wäre, ohne das Verhältnis zu anderen und sich selbst in bestimmter Weise in Betracht zu ziehen. Zugleich kann man jedoch nicht bestreiten, dass die unbedingte Moralität eigentlich die Frage nach der reinen Gesinnung ist. Angesichts dieses beiderseitigen Charakters des moralischen Handelns scheint es nicht trivial zu sein, die kantische Ansicht über das Wesen der moralischen Verhältnisse und die Bedeutung des anderen Menschen für die eigene Moralität richtig zu erfassen. Auch aus kantischer Perspektive ist die Tatsache selbst wenig bestritten, dass jedes moralische Handeln das ununterbrochene Verhältnis zu anderen und sich selbst beinhaltet und sogar das moralisch Unbedingte schließlich im menschlichen Verhalten zu anderen und sich selbst dargestellt wird. Dieses Verhältnis bedeutet aber nicht die gegenseitige Reaktion, z.B. die von eigenem Kalkül oder Erwartung von dem Anderen ausgehende, gegenseitig ausgeglichene Handlungsweise. Das moralische Verhältnis muss idealerweise das Verhältnis von schon verallgemeinerten Personen sein. Dies verlangt, dass beim moralischen Handeln die empirische Welt zunächst als rein normative Tatsache zu erfahren ist. Wenn jemand vorhat moralisch zu handeln, ist sein empirisches Umfeld im ganzen als rein normativer Rahmen für das moralische Verhalten zu betrachten. Dies heißt, man muss beim moralischen Handeln jeden anderen Menschen in die eigene moralische Überlegung mit einbeziehen. Wenn es um die Moralität geht, ist also nicht nur die betroffene Person, sondern jeder unbestimmte Andere auch als normative Tatsache oder Instanz der moralischen Allgemeinheit in Betracht zu ziehen. Das moralische Handeln muss eigentlich von diesem normativen Verhältnis zu jedem unbestimmten anderen Menschen ausgehen. Im kantischen Begriff des Reichs der Zwecke spiegelt sich dieser rein normative Ausgangspunkt wider. Danach gilt jeder Mensch im moralischen Verhältnis als ein die Prinzipien des kategorischen Imperativs in sich begreifendes Wesen, d. h. als ein allgemein gesetzgebender autonomer Zweck an sich. Von daher kann jeder Mensch die eigene moralische Pflicht auf ein gegenseitiges Verhältnis stützen. Das heißt, man kann vom Gesichtspunkt ‚jedes Menschen als Zwecks an sich‘ aus die Pflicht zur moralischen Allgemeinheit übernehmen. Darauf weist Kants folgende Erläuterung hin:

„Die Vernunft bezieht also jede Maxime des Willens als allgemein gesetzgebend auf jeden anderen Willen und auch auf jede Handlung gegen sich selbst und dies zwar nicht um irgend eines andern praktischen Bewegungsgrundes oder künftigen Vorteils willen, sondern aus der Idee der Würde eines vernünftigen Wesens, das keinem Gesetze gehorcht als dem, das es zugleich selbst gibt.“[40]

Was den Zusammenhang von Reich-der-Zwecke-Vorstellung und den ersten beiden Formeln des kategorischen Imperativs angeht, erläutert Kant, dass durch diese Reich-der-Zwecke-Vorstellung die vollständige Bestimmung aller Maximen, d. h. die vollständige Verallgemeinerung aller Maximen erreicht werden kann. Das Reich der Zwecke ist also als eine die ersten beiden Formeln systematisch zur Geltung bringende Vorstellung zu betrachten. Dabei lässt sich die Reich-der-Zwecke-Vorstellung tatsächlich so denken, dass diesem Reich der Zwecke das Autonomieprinzip und die beiden Formeln als gemeinschaftliche objektive Gesetze dienen. Die Reich-der-Zwecke-Vorstellung selbst deutet auf eine intelligible Gemeinschaft als Ideal hin, das sich erst aus den ersten beiden Formeln des kategorischen Imperativs entwickelt und seinerseits diese Prinzipien fördern könnte, indem es ein rein moralisches Beziehungsfeld von allgemeinen vernünftigen Wesen vorstellbar macht.[41] In diesem Sinne bezeichnet Kant diese Vorstellung als einen dem Begriff eines jeden vernünftigen Wesens anhängenden fruchtbaren Begriff. Kant stellt aber diese Vorstellung nicht auf die gleiche Linie mit den ersten beiden Formeln des kategorischen Imperativs. Bei Kant bedeutet das Reich der Zwecke eher die von den beiden Formeln, d. h. der Allgemeinheitsformel und der Zweck-an-sich-Formel, ausgehende, nur darauf gestützt denkbare moralische Rahmenvorstellung.

b. Das Wesen der moralischen Verhältnisse und die Bedeutung des anderen Menschen für die eigene Moralität

Man kann an der Reich-der-Zwecke-Vorstellung die kantische Ansicht über das Wesen der moralischen Verhältnisse und die Bedeutung des anderen Menschen für die eigene Moralität mittelbar ablesen.[42] Wie schon bemerkt, liegt der Kern

---

40 IV, 434

41 Kaulbach deutet die systematische Einheit des Reichs der Zwecke als ‚das Ideal der Verwirklichung des von der praktischen Vernunft ausgesprochenen Imperativs über die Verhältnisse zwischen Personen und Sachen in der Gestalt einer moralisch-rechtlichen Natur‘
F. Kaulbach, a.a.O., S. 97

42 „..., imgleichen, daß dieses (jedes vernünftige Wesen – Verfasser) seine Würde (Prärogativ) vor allen bloßen Naturwesen es mit sich bringe, seine Maximen jederzeit aus dem Gesichtspunkte seiner selbst, zugleich aber auch jedes andern vernünftigen als gesetzgebenden Wesens (die darum auch Personen heißen) nehmen zu müssen.“ IV, 438; „Allein obgleich das vernünftige Wesen darauf nicht rechnen kann, daß, wenn es auch gleich diese Maxime selbst pünktlich befolgte, darum jedes andere eben derselben treu sein würde, imgleichen daß das Reich der Natur und die

der Moralität bei Kant in der Allgemeinheit als Maßstab und der Gesinnung als deren Träger. Insofern geht das moralische Verhältnis zueinander davon aus, dass jede betroffene Person die moralische Allgemeinheit in sich tragen kann. Daraus lässt sich folgern, dass, sofern es dem einzelnen Menschen noch an moralisch verallgemeinerter Gesinnung fehlt, sein Verhältnis zu anderen Menschen als solche keine Lösung für den moralischen Mangel sein kann. Wenn jemand moralisch sein möchte, könnte vielleicht das menschliche Verhältnis zueinander ihm etwas moralisch Wesentliches zu erkennen geben und in diesem Sinne auf die moralische Gesinnung positiv einwirken. Im Grunde genommen könnte aber ein solches Verhältnis selbst etwas moralisch fehlendes dauernd nicht ersetzen. Für Kant ist also das menschliche Verhältnis als empirische Gegebenheit moralisch wenig bedeutend. Kant gibt vielmehr auf das Verhältnis zu jedem anderen Menschen als normative Tatsache acht. Darauf weist seine Reich-der-Zwecke-Vorstellung mittelbar hin. Diese Vorstellung begreift den Gesichtspunkt ‚jedes anderen Menschen' in sich. Wenn es um die Moralität geht, muss jeder andere Mensch als rein normative Tatsache in Betracht gezogen werden. Im Grunde genommen ist dies nichts anderes als die kantische Forderung, dass jedes moralische Handeln vom Gesichtspunkt der Allgemeinheit begleitet werden muss. In diesem Sinne bezeichnet Kaulbach das Reich der Zwecke als die durch die Einnahme eines Standpunktes des ‚gemeinsamen Selbst' oder Selbstgesetzgebers mögliche Vorstellung von der inneren moralischen Gesellschaft.[43] In Bezug darauf kann man die kritische Bemerkung machen, dass die kantische Moralphilosophie die zwischenmenschliche Seite der Moralität zu wenig und zu abstrakt beachtet. Um diese Bemerkung prüfend zu betrachten, kann man an der Vorstellung vom ‚jeden anderen Menschen' ansetzen. Im allgemeinen kann sich ‚jeder andere Mensch' als moralischer Bezugspunkt und als moralische Instanz zugleich verstehen. Wenn die Vorstellung ‚jeder Mensch' als normative Tatsache wie bei Kant gilt, deutet diese Vorstellung auf das höchste Allgemeine und das moralisch schwer zu Erreichende hin. Wenn diese Vorstellung hingegen auf der empirischen Ebene angenommen wird, kann sie eher das empirisch gemeinsame Mindeste oder das moralisch leicht zu Erreichende hervorbringen, dem jeder auch nur durch subjektive und empirische Überlegung zustimmen kann. Das heißt, wenn ‚jeder andere Mensch' zum moralischen Bezugspunkt genommen wird, bedeutet

zweckmäßige Anordnung desselben mit ihm, als einem schicklichen Gliede, zu einem durch es selbst möglichen Reiche der Zwecke zusammenstimmen, d.i. seine Erwartung der Glückseligkeit begünstigen werde, so bleibt doch jenes Gesetz: handle nach Maximen eines allgemein gesetzgebenden Gliedes zu einem bloß möglichen Reiche der Zwecke, in seiner vollen Kraft, weil es kategorisch gebietend ist." IV, 438

43 F. Kaulbach, a.a.O., S. 86, 87, 95

diese Vorstellung entweder rein apriorische, unbedingte Allgemeingültigkeit oder allgemeinverständlich zumutbare empirische Gemeinsamkeit. Angesichts der ersteren Vorstellung könnte man sagen, dass der Mensch überhaupt nicht moralisch werden kann, wenn seine eigene Gesinnung vom Gesichtspunkt jedes anderen aus noch nicht verallgemeinert ist. Bei der letzteren könnte man hingegen bemerken, dass sich der Mensch ohne Bezug auf die anderen Menschen moralisch nicht sicher fühlen kann.

Aus dieser Überlegung geht die kantische Ansicht deutlicher hervor, dass der moralische Maßstab nicht der andere Mensch selbst, sondern eher die sich in eigener Gesinnung zutragende Allgemeinheit ist. Für die Moralität bedeutet also der empirische andere Mensch zwar ein hoch zu achtendes, doch niemals entscheidendes Wesen.[44] Im Hinblick darauf scheint die oben genannte kritische Bemerkung gegen Kant nicht ganz zutreffend zu sein, weil die Vorstellung von moralischem Verhältnis und anderem Menschen, die wenig empirischen Charakter trägt, zumindest eine plausible Antwort auf die Schwierigkeit ist, dass der Gesichtspunkt der moralischen Allgemeinheit und Unabhängigkeit um so schwerer (oder tatsächlich um so unnötiger) beizubehalten ist, je empirischer und konkreter die anderen Menschen beachtet werden.

7) Der Ansatzpunkt: Der Bedeutungszusammenhang zwischen Autonomie und Gewissen

Wie oben erläutert, lautet die Grundfrage des zweiten Abschnitts, ob es einen Pflichtbegriff überhaupt geben kann, der weder empirisch noch leer ist. Diese Frage geht in zueinander parallel verlaufende Fragen über, ob es eigentlich eine Gesetzesvorstellung gibt, die eine solche Pflicht hervorbringt, und ob sich tatsächlich ein Vermögen im Menschen befindet, solcher Gesetzes- und Pflichtvorstellung Folge zu leisten. Bei der ersteren Frage kommen der kategorische Imperativ und seine Formeln heraus, und die letztere Frage läuft auf die Autonomievorstellung hinaus. Aufgrund dieser objektiven Prinzipien des kategorischen Imperativs und der subjektiven Autonomievorstellung wird die Moralität definiert als „das Verhältnis der Handlungen zur Autonomie des Willens, das ist zur möglichen allgemeinen Gesetzgebung durch die Maximen desselben.“[45]

Angesichts dieser Definition lässt sich sagen, dass bei Kant die üblichen moralischen Vorstellungen wie Gesetze, Pflicht, Sollen schließlich im Autonomiebegriff untergebracht werden können. Kantischem Ausdruck nach ist

44 IV, 439
45 IV, 439

„Die Abhängigkeit eines nicht schlechterdings guten Willens vom Prinzip der Autonomie (die moralische Nötigung) ist Verbindlichkeit. Diese kann also auf ein heiliges Wesen nicht gezogen werden. Die objektive Notwendigkeit einer Handlung aus Verbindlichkeit heißt Pflicht.“[46]

Dies macht die kantische Ansicht sichtbar, dass die moralische Nötigung wesentlich auf die Autonomie des Menschen zurückführt und diese höchst subjektive Einstellung allein die objektivste und sicherste moralische Grundlage ist.[47] Bei Kant sind also der kategorische Imperativ und die Autonomie das Höchste, was ein moralisches Bewusstsein überhaupt erreichen kann. In diesem Zusammenhang ist die Achtung für Gesetz und Pflicht im ersten Abschnitt nichts anderes als die Achtung für den autonomen Willen. Diese moralische Achtung könnte auch zur moralischen Selbstachtung jedes Menschen führen, weil die Autonomie als Fähigkeit oder Bereitschaft zur moralischen Allgemeinheit jedem Menschen zu unterstellen ist. Diese kantische Umdeutung der Achtung für das Gesetz in Achtung für sich selbst macht es deutlich, dass etwas im Subjekt liegendes der wesentliche Punkt der Moralität ist. Die Suche nach dem moralisch Guten bedeutet nicht die Suche nach dem tadellos gültigen moralischen Gegenstand. Die Moralität des Menschen lässt sich vor allem daran ablesen, welch eines von beiden Prinzipien, d.i. dem Prinzip der Moralität (Autonomie) und dem der Neigung (Heteronomie), der Mensch zur oberen Bedingung des anderen Prinzips macht[48], das heißt, welches welchem untergeordnet ist. Das moralisch Gute ist dabei im inneren Motiv des Menschen festzustellen. Insofern braucht man nur das die eigene Gesinnung begleitende Gewissen, um das eigene Motiv erkennend zu prüfen. Mit Gewissen könnte jeder Mensch zumindest das ‚eigene‘ Motiv finden, wenn er es nur will, zugleich aber nur erst, wenn er es will. Insofern hängt die Frage nach dem Autonomsein des eigenen Motivs mit der Frage nach dem Gewissen zusammen.[49] Im Hinblick darauf lässt sich sagen, dass die Achtung für sich selbst nicht nur die Achtung für den eigenen autonomen Willen, sondern auch die Achtung für das Gewissen bedeutet. So gesehen ist die Freiheit zum Gewissen bei Kant in dem Sinne für die Freiheit zur Autonomie und schließlich für die Freiheit zur Moralität zu halten, dass jede Art Zwang oder Abhängigkeit, die keinen Raum für

46 IV, 439

47 Kaulbach betont, dass sich der Begriff der Autonomie in mehrfacher Hinsicht als einheitsstiftend erweist. Das heißt die Einheit zwischen Gesetz und dem Adressaten des Gesetzes, die Identität des Wollens des Handelnden mit dem Sollen, die Einheit des Individuellen und des Allgemeinen und schließlich die Einheit zwischen dem empirischen und intelligiblen Charakter des Individuums: F. Kaulbach, a.a.O., S. 118-119

48 VI, 32-39

49 Zu diesem Thema: R. Spaemann a.a.O., SS. 73-84

die Selbstprüfung des eigenen Motivs auf dessen Autonomsein bleiben lässt, die moralische Selbstgestaltung des Menschen von vornherein unmöglich macht.

8) Der Übergang zum Begriff der transzendentalen Freiheit

Der kantischen Ansicht über die moralische Anlage des Menschen nach ist der Mensch von Natur weder gut noch böse.

„Was der Mensch im moralischen Sinne ist oder werden soll, gut oder böse, dazu muß er sich selbst machen oder gemacht haben. Beides muß eine Wirkung seiner freien Willkür sein; ...“[50]

Im Zusammenhang damit kann Kant äußern, dass der Mensch seinem intelligiblen Charakter als angeborener Anlage nach von Natur gut ist.[51] Der Mensch ist nur in dem Sinne von Natur gut, dass er ursprünglich die Fähigkeit hat, vom empirischen Ich zu abstrahieren und das moralische Gesetz als seine Maxime anzunehmen. Diese Fähigkeit zum moralischen Selbstanfang bedeutet die moralische Autonomie des Menschen. Im Hinblick darauf lässt sich einerseits sagen, dass bei Kant die ursprüngliche Möglichkeit der Autonomie oder die Intelligiblität des Menschen die Grundvoraussetzung für die Moralitätsthematisierung bildet. Auf die Voraussetzungen der ursprünglichen Möglichkeit der Autonomie oder der Intelligiblität gestützt, die zwar subjektiven, doch nicht-empirischen Charakter haben, können die Vorstellungen wie Pflicht, Gesetz, und unbedingt guter Wille überhaupt als moralisch vorstellbare Begriffe thematisiert werden. Andererseits: gerade da, wo man nach der Bedingung der Möglichkeit der Autonomie oder Intelligiblität selbst fragt, geht das Thema auf die transzendentale Idee der Freiheit über.

3. Der Übergang von der Metaphysik der Sitten zur Kritik der reinen praktischen Vernunft

1) Die transzendentale Freiheit als Bedingung der Möglichkeit des Moralischen

Im dritten Abschnitt der ‚Grundlegung zur Metaphysik der Sitten‘ ist die kantische Fragestellung von der Ebene des Moralisch-gut-seins auf dessen Begründungsebene verlagert. Dieser Schritt ist in dem Sinne unumgänglich, dass, nachdem der Bedeutungsinhalt des moralisch Guten und dessen richtiger Maßstab konsequent erläutert wird, die Frage doch ungeklärt bleibt, wie der menschliche Wille an das oberste sittliche Prinzip, das die Allgemeingültigkeit der

50 VI, 44
51 VII, 324

eigenen Maxime gebietet, notwendig gebunden ist. Das ist die Frage nach der Bedingung der Möglichkeit des kategorischen Imperativs. Dabei kann diese Frage weder durch das begriffsanalytische Vorgehen noch durch irgendeine empirische Überlegung beantwortet werden. Diese Frage ist nämlich von synthetischer und apriorischer Art.

Als erster Schritt für die Beantwortung derartiger Frage weist Kant auf den Begriffszusammenhang zwischen der Freiheit des Willens und dem Prinzip der Sittlichkeit hin. Kantischer Erläuterung nach beinhaltet der Wille im allgemeinen irgendeine Intention oder Zwecksetzung. Insofern deutet er schon auf eine Art Kausalität oder Gesetzesvorstellung hin. Im Vergleich dazu ist die Freiheit die Unbestimmtheit durch fremde Ursachen oder Kausalität aus sich selbst. Daher ist die Vorstellung der Freiheit des Willens nichts anderes als die Eigenschaft, sich selbst ein Gesetz zu sein, d.i. die Autonomie.

Im Hinblick darauf kann die Frage nach der Möglichkeit des kategorischen Imperativs dann lösbar sein, wenn diese Freiheit des Willens vorausgesetzt ist. Kant erläutert:

„Ein jedes Wesen, das nicht anders als unter der Idee der Freiheit handeln kann, ist eben darum in praktischer Rücksicht wirklich frei, d.i. es gelten für dasselbe alle Gesetze, die mit der Freiheit unzertrennlich verbunden sind, eben so als ob sein Wille auch an sich selbst und in der theoretischen Philosophie gültig für frei erklärt würde.“[52]

Darunter ist nicht die allgemeinübliche Freiheitsvorstellung verstanden, dass, weil wir wirklich frei sind, d.i. wir alles tun können, wir uns auch für das moralisch Gute entscheiden können. Die kantische Erläuterung richtet sich eher darauf, dass, weil wir uns für das moralisch Gute entscheiden sollen, wir die eigene praktische Freiheit annehmen können. In diesem Sinne kann die eigene Moralität des Menschen ein Grund zur Annahme der Freiheit oder ein Erkenntnismotiv der Freiheit sein.

Was die Frage nach der Denkmöglichkeit der vorauszusetzenden Freiheit selbst angeht, ist sie bei Kant zunächst als Wissensfrage gestellt. Das heißt, die Vorstellung der Freiheit ist zunächst von der Seite der menschlichen theoretischen Erkenntniserfahrung aus kritisch betrachtet. Kantischer Erläuterung nach kommt die Freiheitsvorstellung ursprünglich von der über die Erfahrungsgrenze hinausgehenden Spekulation der Vernunft her. Die Vernunft bringt wegen ihres Bedürfnisses, ihre Erkenntnis als allgemein und notwendig zu vervollständigen, empirisch unerkennbare Vernunftbegriffe und Vernunftschlüsse hervor. Insbesondere in Bezug auf die Vorstellung von den objektiven Bedingungen der Welterscheinungen überhaupt führt die Vernunft unvermeidlich den Widerstreit

52 IV, 448

zwischen entgegengesetzten Grundsätzen herbei. Einer davon ist der Widerstreit zwischen Freiheit und Notwendigkeit, d.i. der Widerstreit zwischen der Notwendigkeit des ersten Anfangs einer Reihe von Erscheinungen und der Notwendigkeit der naturgesetzmäßigen Einheit einer Reihe von Erscheinungen. Dieser Widerstreit, der sich eigentlich bei der Erklärung der Weltbegebenheiten und der menschlichen Handlung ergibt, ist in dem Sinne lösbar, dass die beiden Grundsätze miteinander widerspruchslos vereinbar sind, wenn nur die Grenzlinie zwischen der empirischen Sache (Erscheinung) und der überempirischen Sache (Ding an sich) beachtet wird und das Prinzip der Kausalität auf zwei Seiten, d.i. als die Naturkausalität in der Sinnenwelt auf der einen Seite und als die Kausalität aus Freiheit in der intelligiblen Welt auf der anderen Seite, betrachtet wird. Kantischer Ansicht nach kann durch diesen kritischen Gedankengang über den Ursprung der Freiheitsvorstellung und deren Denkmöglichkeit der Freiheitsvorstellung als transzendentaler Idee der Vernunft ein angemessener Platz gegeben werden.

2) Die transzendentale Idee der Freiheit und das moralische Gesetz

In theoretischer Hinsicht liegt die ursprüngliche Schwierigkeit der menschlichen Erkenntnisse darin, dass der Begriff ‚das unbedingt Notwendige' innerhalb der Erfahrung nicht begreiflich ist und der kausale Zusammenhang zwischen Ursache und Wirkung oder zwischen Bedingung und Bedingtem außerhalb der Erfahrung nicht erklärbar ist. Auf der Ebene der praktischen Erkenntnis besteht die Grundschwierigkeit darin, dass die Vorstellung vom ‚moralisch unbedingt Notwendigen' selbst außerhalb der Erfahrung liegt und der Zusammenhang zwischen unbedingt notwendigem praktischem Gesetz (als oberster Bedingung) und sinnlich affiziertem Willen oder das Verhältnis von reinem unbedingtem Wollen und immer empirisch bedingtem Wollen nicht einsehbar ist. Im Grunde genommen geht aus dieser Uneinsehbarkeit die Frage nach der moralischen Begründung hervor, warum das moralische Gesetz verbindlich ist. Dies ist nichts anderes als die kantische Frage, wie der kategorische Imperativ überhaupt möglich ist. Kantischer Ansicht nach wird gerade da, wo der Bruch zwischen moralisch unbedingt Notwendigem als Vernunftursache und empirisch bedingtem Willen als Wirkung in der Erscheinung theoretisch unerklärlich verbleibt, das Intelligible, d. h. die Idee der Freiheit, in praktischer Absicht postuliert. Dabei schließt sich der Begriff der Freiheit, der eigentlich von der Spekulation der reinen Vernunft herkommt und theoretisch die Möglichkeit der Auflösung der Antinomie der Vernunft bedeutet, an den Standpunkt der Moralität an und damit kann er praktische Bedeutung haben. Während der Begriff der Freiheit vom theoretischen Gesichtspunkt aus als regulative Idee betrachtet werden muss und seinerseits die

Grenze der Erfahrungserkenntnisse unverkennbar macht, ermöglicht er es in praktischer Hinsicht der Vernunft, einen von der empirischen Welt völlig unabhängigen eigenen Handlungsraum und eine eigene Handlungsreihe zu konstruieren.

Die folgende Erläuterung weist darauf hin:

„ ... (ich) ...andererseits aber der spekulativen Vernunft den für sie leeren Platz offen erhalte, nämlich das Intelligibele, um das Unbedingte dahin zu versetzen. Ich konnte aber diesen Gedanken nicht realisieren, d.i. ihn nicht in Erkenntnis eines so handelnden Wesens auch nur bloß seiner Möglichkeit nach verwandeln. Diesen leeren Platz füllt nun reine praktische Vernunft durch ein bestimmtes Gesetz der Kausalität in einer intelligibelen Welt (durch Freiheit), nämlich das moralische Gesetz, aus. Hiedurch wächst nun zwar der spekulativen Vernunft in Ansehung ihrer Einsicht nichts zu, aber doch in Ansehung der Sicherung ihres problematischen Begriffs der Freiheit, welchem hier objektive und, obgleich nur praktische, dennoch unbezweifelte Realität verschafft wird."[53]

Diese Erläuterung macht vor allem sichtbar, wo sich die Idee der Freiheit an das moralische Gesetz anschließt. Dabei drückt sich das moralische Gesetz im Sollen aus. Das Sollen selbst ist dabei als eine Form zu betrachten, in der die Notwendigkeit der Kausalität aus Freiheit, d.i. die Notwendigkeit der Vernunftursache, von der empirisch bedingten menschlichen Seite aus erfasst ist. Anders formuliert ist das Sollen die nicht immer geschehende Notwendigkeit der Kausalität aus Freiheit. In Bezug darauf könnte die transzendentale Idee der Freiheit das ‚denk'mögliche oder postulierbare Minimum sein, das als Annahme der menschlichen Vernunft die Vorstellung vom unbedingt Notwendigen in der intelligiblen Welt erst möglich macht. Das von der empirisch beschränkten menschlichen Seite aus tatsächlich ‚erkennbare' Maximum an diesem unbedingt Notwendigen der intelligiblen Welt ist jedoch nur das moralische Gesetz als Sollen. In Bezug darauf erläutert Kant:

„Freiheit ist aber auch die einzige unter allen Ideen der spekulativen Vernunft, wovon wir die Möglichkeit a priori wissen, ohne sie doch einzusehen, weil sie die Bedingung des moralischen Gesetzes ist, welches wir wissen."[54]

Damit wird die oft angeführte kantische Anmerkung verständlich,

„daß die Freiheit allerdings die ratio essendi des moralischen Gesetzes, das moralische Gesetz aber die ratio cognoscendi der Freiheit sei."[55]

---

53 V, 49
54 V, 4
55 V, 4

3) Die transzendentale Idee der Freiheit als Bedingung der Möglichkeit des kategorischen Imperativs und die moralische Anmaßung des Menschen

Durch diesen wesentlichen Zusammenhang zwischen transzendentaler Idee der Freiheit und moralischem Gesetz ist auch die Frage nach der Möglichkeit des kategorischen Imperativs zu beantworten. Durch die Idee der Freiheit kann man sich in eine ganz andere Ordnung der Dinge hineindenken. Damit ergibt sich zwischen unergreifbarem reinem Wollen und empirischem Wollen der Raum für das kategorische Sollen als Moralität. Kant sagt:

„Und so sind kategorische Imperativen möglich, dadurch daß die Idee der Freiheit mich zu einem Gliede einer intelligiblen Welt macht.“[56]

Im Grunde genommen führen diese kantischen Lösungsschritte im Ganzen auf das Postulat in praktischer Absicht zurück. Das heißt, die Idee der Freiheit ist ein zum moralischen Standpunkt nützlicher und deswegen erlaubter Begriff, von dem aus man sich als empirieunabhängiges autonomes Wesen betrachten und demzufolge das moralische Sollen zur eigenen Maxime machen kann. Dies deutet schon an, dass solcher moralischen Befähigung durch die Idee der Freiheit die eigene Grenze zugrunde liegt. Insofern kann man an der kantischen Charakterisierung der Freiheit als ‚Postulat in praktischer Absicht‘ und seiner überzeugten Ausführung über den wesentlichen Zusammenhang zwischen der Idee der Freiheit und dem moralischen Gesetz mittelbar den warnenden Hinweis auf die die eigene Grenze überschreitende moralische Anmaßung der Menschen ablesen. Solche Anmaßung kann einerseits im Versuch zur inhaltlichen Bestimmung des unbedingten moralischen Gesetzes und andererseits in der empirischen Auslegung des Begriffs der Freiheit liegen.

Was das erstere Problem angeht, geht Kant davon aus, dass die menschliche Vernunft von der intelligiblen Ursache und intelligiblen Welt als solche nichts wissen kann. Die Vernunft kann nur in praktischer Hinsicht durch das in Sollen ausgedrückte moralische Gesetz diese intelligible Welt annehmen. Das moralische Gesetz als Sollen ist also das einzige, durch das die Vernunft hinsichtlich der Beschaffenheit der intelligiblen Welt überhaupt etwas erkennen kann. Dabei kann die menschliche Vernunft in diesem moralischen Gesetz selbst nur die Form, d. h. die unbedingte Allgemeingültigkeit, feststellen und nur diese unbedingte Allgemeingültigkeit zum Prinzip der Maximenbildung machen. Jeder weitere Versuch, über die Form der Allgemeinheit der Maxime des Willens, d. h. die Autonomie des Willens, hinaus die intelligible Welt und deren unbedingt notwendiges Gesetz inhaltlich zu bestimmen und daraus ein Objekt als Beweggrund herzunehmen, ist nichts anderes als die anmaßende Versinnlichung der In-

---

56 IV, 454

telligiblität selbst und führt mittelbar nur zur Heteronomie des Willens. Die kantische moralische Grundansicht, dass nur die formale Bestimmung des obersten Prinzips der Moralität möglich und erlaubt ist, hängt in dieser Weise mit seiner Kritik der praktischen Vernunft zusammen.

Parallel zu dieser Anmaßung könnte es auch eine moralische Anmaßung geben. Kantischer Ansicht nach neigt der Mensch oft dazu, den Begriff der Freiheit in die empirische Welt herunterzubringen und zur Grundlage für das Alles-tun-können zu machen. Nach dieser Freiheitsvorstellung wäre jemand frei, wenn er irgendwelche Naturgründe zuerst durch seine eigene Vorstellung verinnerlicht und durch diese verinnerlichten Naturgründe weiter zum Handeln veranlasst wird. Insofern drückt diese Freiheitsvorstellung die psychologische Freiheit, d.i. die psychologische Ungestörtheit bei der Motivbildung und Handlung, aus. Während die kantische transzendentale Freiheit im Sinne der Naturunabhängigkeit oder des Vermögens des Selbstanfangs die Voraussetzung für das Moralisch-gut-sein-können ist, richtet sich diese psychologische Freiheit eher auf das empirische Alles-tun-können oder auf die freie Wirkung als auf die freie Ursache. Unter so einer Freiheitsvorstellung kann das moralische Sollen keine besondere Bedeutung haben, weil diese Freiheitsvorstellung mit schon empirisch bedingtem Wollen anfängt und nur danach fragt, ob die schon vorhandenen empirischen Gründe ungestört als eigenes Motiv verinnerlicht und weiter getrieben werden können. Vereinfacht verglichen setzt sich der kantische Begriff der transzendentalen Freiheit in praktischer Hinsicht jeder Art Heteronomie im Sinne subjektiver empirischer Abhängigkeit entgegen und deshalb wird auch das ‚empirische Ich' als moralisch zu überwindender Faktor betrachtet. Die psychologische Freiheitsvorstellung hält dagegen jede Art Nötigung einschließlich moralischer Nötigung im Sinne der kantischen moralischen Autonomie für unannehmbar. Bei diesem Punkt kann die psychologische Freiheitsvorstellung und die damit verbundene übliche Vorstellung, dass man alles tun kann und unter Umständen die Moralität auch nur als eine Teilfolge aus diesem Vermögen hervorbringen kann, eine moralische Anmaßung sein. In Bezug darauf wäre aber auch die kritische Gegenfrage zu stellen, ob nicht mit der kantischen Freiheitsvorstellung die Freiheit, moralisch oder nicht moralisch zu sein, im großen und ganzen verloren geht, indem die von Kant angesprochene Freiheitsvorstellung niemals die Freiheit der Willkür im Sinne der gewöhnlichen Ja-Nein-Freiheit berücksichtigt.[57] Sofern die kantische Freiheitsvorstellung die moralneutrale Freiheit, nur als die freie Wirkung oder die Freiheit der Willkür und Affekte aufgefasst, von vornherein aus-

57 E. Tugendhat, a.a.O., S. 160
Vgl. Über den psychologischen und praktischen Freiheitsbegriff und die unterscheidende Bestimmung von Charakter und Temperament: H. Heimsoeth, Freiheit und Charakter, in: G. Prauss (Hg.), a.a.O., S. 292-309

schließt und nur die Freiheit der ‚Vernunft' von der eigentlichen moralischen Notwendigkeit her hervorruft, ist seine Freiheitsvorstellung vielmehr für eine Verengung der eigentlichen Freiheit des Menschen oder für einen moralisch motivierten Hochmut zu halten. Diese kritische Bemerkung verdeutlicht zumindest mittelbar, dass der innere Zusammenhang von Freiheit, Vernunft und Moralität eine für die ganze kantische Konzeption der praktischen Philosophie unerlässliche Voraussetzung ist. Für Kant bedeutet die transzendentale Idee der Freiheit das in praktischer Hinsicht für die Moralität postulierte gedankliche Minimum. Die Charakterisierung dieser Idee als eines ‚Postulats in praktischer Absicht' wäre das letzte, womit man überhaupt diese Idee verständlich machen kann. Diese zwar knappe doch genügende Freiheitsvorstellung kann durch kein derartiges ersetzt werden, das sich jeder Mensch unterschiedlich vorstellt und je nach den Umständen unterschiedlich realisiert wie die komparative psychologische Freiheitsvorstellung. Die kantische Idee der Freiheit ist schon ‚vor und über' solcher empirischen Freiheitsvorstellung vorhanden. Sie bedeutet also die für jeden Menschen ohne Unterschied geltende apriorische Grundlage dafür, dass sich der Mensch durch die „absolute Realität der Erscheinungen"[58] nicht verwirren und praktisch etwas Moralisches vornehmen kann. In dieser Hinsicht ist die Ansicht, die von der ‚Freiheit ohne moralischen Zusammenhang' ausgeht und die psychologische Freiheit im Sinne ungestörter Naturbestimmtheit für die einzige menschliche Freiheit hält, eine Art von moralischer Anmaßung, die den Ursprung der Idee der Freiheit wenig beachtet. Im Hinblick auf diese ganze Analyse liegt das größere Hindernis des moralischen Handelns weder in der Unmöglichkeit der materiellen Bestimmung des moralisch Unbedingten noch in der Unhintergehbarkeit der Idee der Freiheit selbst, sondern eher in der den Grund dieser Schwierigkeiten wenig beachtenden moralischen Anmaßung des Menschen.

Kapitel II. Die Theorie des Rechts und die Autonomie des Menschen im Recht

1. Der einleitende Gedanke

1) Die Frage nach dem kritischen Charakter der kantischen Rechtslehre

Erst nach dieser schrittweise geführten Erörterung über den Ursprung und die Formeln des Moralprinzips und dessen Bedingung der Möglichkeit überhaupt kann das Thema auf das Recht übergehen. Wenn man mit Blick auf die kantische kritische Moralphilosophie seine Rechtsphilosophie weiter untersuchen will,

58 III, 365

wäre es schwer, die Richtung und den Umfang der Untersuchung angemessen zu bestimmen. Dies liegt zunächst daran, dass die kantische Rechtsphilosophie als ein Teil der praktischen Philosophie mit seiner transzendentalen Vernunftkritik in irgendeinem Zusammenhang stehen kann. Noch dazu kann man sich über die innersystematische Frage nach dem Verhältnis von Rechtslehre und Ethik als Tugendlehre nicht einfach hinwegsetzen, sofern zu seiner rechtsphilosophischen Hauptschrift ‚metaphysische Anfangsgründe der Rechtslehre' die Schrift über ‚metaphysische Anfangsgründe der Tugendlehre' parallel läuft. Darüber hinaus muss auch wegen der Empiriebezüglichkeit des Rechts im allgemeinen die Anwendbarkeit dieser Metaphysik des Rechts auf die Erfahrung in Betracht gezogen werden. Die Schwierigkeit rührt also vom vieldimensionalen Charakter der kantischen Rechtslehre einerseits und von der thematischen Verschiedenheit der Begründung des Rechts, dessen Ausgrenzung und Anwendung andererseits her. Die Vorrede der Metaphysik der Sitten weist auf diese Sachlage hin:

„Auf die Kritik der praktischen Vernunft sollte das System, die Metaphysik der Sitten, folgen, welches in metaphysische Anfangsgründe der Rechtslehre und in eben solche für die Tugendlehre zerfällt,... Die Rechtslehre als der erste Teil der Sittenlehre ist nun das, wovon ein aus der Vernunft hervorgehendes System verlangt wird, welches man die Metaphysik des Rechts nennen könnte. Da aber der Begriff des Rechts als ein reiner, jedoch auf die Praxis (Anwendung auf in der Erfahrung vorkommende Fälle) gestellter Begriff ist, mithin ein metaphysisches System desselben in seiner Einteilung auch auf die empirische Mannigfaltigkeit jener Fälle Rücksicht nehmen müßte, um die Einteilung vollständig zu machen, ..., Vollständigkeit der Einteilung des Empirischen aber unmöglich ist, ...: so wird der für den ersten Teil der Metaphysik der Sitten allein schickliche Ausdruck sein metaphysische Anfangsgründe der Rechtslehre: ... :nämlich das Recht, was zum a priori entworfenen System gehört, in den Text, die Rechte aber, welche auf besondere Erfahrungsfälle bezogen werden, in zum Teil weitläuftige Anmerkungen zu bringen: weil sonst das, was hier Metaphysik ist, von dem, was empirische Rechtspraxis ist, nicht wohl unterschieden werden könnte."[59]

Hier ist der Zusammenhang zwischen der Vernunftkritik, der Metaphysik des Rechts und der Rechtspraxis und demzufolge der Themenkomplex der Rechtslehre zu finden. Gleichwohl ist der systematische Zusammenhang so allgemein formuliert, dass dies für das Verständnis der Rechtslehre eher eine grundlegende Frage als eine konkrete Antwort aufwirft. Wie der Titel ‚Metaphysische Anfangsgründe der Rechtslehre' schon andeutet, ist die kantische Rechtslehre nicht eine Theorie des positiven Rechts, sondern eine Theorie von den apriorischen

---

59 VI, 205

Rechtsprinzipien als Systemteil in seinem ganzen Programm der praktischen Philosophie. In Bezug darauf lässt sich nicht selten beobachten, dass die Untersuchung der Rechtslehre vielmehr der systembezüglichen Frage als den rechtsimmanenten einzelnen Themen nachzugehen tendiert. Dabei bildet vor allem der Zusammenhang zwischen der Vernunftkritik und der Rechtslehre als Rechtsmetaphysik ein umstrittenes Thema. Das ist die Frage nach dem kritischen Charakter der Rechtslehre oder die Frage, ob die Rechtslehre den Systemprinzipien innerhalb der kantischen kritischen Philosophie genügt.[60] In dieser Frage ist eigentlich ein Moment der unauslöschbaren Streitigkeit enthalten. Die Frage nach dem Zusammenhang zwischen theoretischer Philosophie, Moralphilosophie und Rechtsphilosophie bei Kant hängt nämlich einerseits mit der konkreten Interpretation der kantischen „Kritik" und andererseits mit der Frage zusammen, auf welchem unter diesen drei Theoriestücken der Schwerpunkt liegt. Für die Beantwortung der Frage nach dem Charakter der Rechtslehre ist also die Interpretation der Vernunftkritik von Kant und die Bewertung seiner gesamten philosophischen Leistung entscheidend. Es führt dazu, dass nicht der Inhalt der Rechtslehre selbst, sondern vielmehr das Verständnis der kantischen transzendentalen kritischen Methode als Zugang zu diesem Thema betrachtet wird. Aus diesem Zusammenhang ergeben sich die unterschiedlichen, oft entgegengesetzten Interpretationen. Ihre Argumente verdienen bei vorliegender Arbeit insofern Aufmerksamkeit, als für den Versuch der vorliegenden Arbeit, im Hinblick auf den Übergang vom unbedingt guten Willen zur bürgerlichen Gesetzgebung den Zusammenhang von Moral und Recht und ihre je eigene Leistungsmöglichkeit zu untersuchen, ein Überblick über die verschiedenen Interpretationen des Zusammenhangs von Vernunftkritik und Rechtsmetaphysik eine Voraussetzung und Zäsur zugleich sein kann.

Zuerst ist eine Interpretationstendenz zu finden, die nicht nur den kritischen Charakter der kantischen Rechtslehre verneint, sondern auch die Rechtslehre selbst negativ einschätzt. Diese Deutung ist vom Neukantianismus geprägt. Der Neukantianismus lässt wegen seines anti-idealistischen Impulses bei der Wiederentdeckung Kants die kritische Begründung einer neuen Metaphysik auf der Grundlage der praktischen Vernunft in den Hintergrund treten. „Kant wird vornehmlich von der Kritik der reinen Vernunft und hier von der „Analytik" her verstanden, während die „spekulativeren" Gesichtspunkte der „Dialektik" zugunsten der erkenntnis- und wissenschaftstheoretischen Fragestellung verdrängt werden."[61]

60 Über die Bedeutung des kritischen Charakters der Rechtslehre: G.-W. Küsters, Kants Rechtsphilosophie, Darmstadt 1988, S. 6

61 O. Höffe, Immanuel Kant, München 1988, S. 293

Diese Haupttendenz des Neukantianismus deutet schon auf dessen Ansicht über die kantische Rechtlehre hin, dass die kantische ‚Rechts'philosophie der transzendentalen kritischen Methode, die der ‚theoretischen' Philosophie entnommen ist, nicht entspricht. Für die neukantianische Interpretation ist der unkritische Charakter der Rechtslehre ein genügender Grund für die negative Einschätzung der Rechtslehre selbst. Diese Ansicht ist vor allem von H. Cohen vertreten worden. Zuerst ist Cohens eigene rechtsphilosophische Konzeption kurz anzuführen, um seine Ansicht über die kantische Rechtslehre zu verdeutlichen.

„Wir wollen nun aber nicht sowohl von dem Naturrecht und der Rechtsphilosophie hier ausgehen, sondern von der Ethik. Die Ethik aber soll uns nicht zum Naturrecht zurückführen, sondern zur positiven Rechtswissenschaft... Hier gilt es, dies ins Auge zu fassen, daß durch die Hinweisung der Ethik auf die Rechtswissenschaft das gesuchte Analogon eines theoretischen Faktums gefunden wird. So wird die Ethik von ihrer exklusiven Bezogenheit auf Religion, Psychologie und auf inexakte Sammelwissenschaften freigemacht; und die Möglichkeit einer erkenntnismäßigen Gewißheit wächst ihr damit zu. Die moralische Gewißheit erlangt theoretischen Wert."[62]

Cohens Einsicht nach muss sich die Ethik selbst als Rechtsphilosophie durchführen und die Rechtswissenschaft bedarf solcher Ethik zu ihrer eigenen Grundlegung. Mit seiner Konzeption der reinen Ethik hängt Cohens Interpretation von der kantischen praktischen Philosophie zusammen. Danach hat Kant in der Kritik der praktischen Vernunft keineswegs auf die Rechtswissenschaft Bezug genommen und sich an ihr orientiert. Er habe vielmehr das analoge Faktum einer Wissenschaft als ein Desiderat bezeichnet und dagegen nur das Analogon eines Faktums in Anspruch genommen. Daher ist der Unterschied entstanden, in dem das Recht in seinen metaphysischen Anfangsgründen der Rechtslehre der Ethik gegenüber befangen ist. Kant habe die Anwendung der transzendentalen Methode hier fallengelassen und die Deduktion der Ethik nicht an der Rechtswissenschaft vollzogen.[63] Cohen betont, weil Kant das Problem der Geisteswissenschaften nicht gestellt hat, darum habe er die Rechtswissenschaft nicht als das analoge Faktum einer Wissenschaft erkannt, auf das die transzendentale Methode sich zu richten hat, um sich als Ethik zu konstituieren und zu begründen. Erst dann hätte die Frage nach der Kritik an der Rechtswissenschaft von der Seite der praktischen Vernunft hervorgehen können.[64]

Wenn man Cohens eigenen rechtsphilosophischen Gedanken und seine Kantdeutung zusammen sieht, kann man feststellen, dass Cohen eine seiner eigenen philosophischen Konzeption passende praktische Philosophie bei Kant vermisst.

---

62 H. Cohen, Ethik des reinen Willens, Berlin 1921, S. 71-72

63 Ebd., S. 229

64 Ebd., S. 230

Daraus lässt sich sagen, je konsequenter Cohen versucht, die kantische praktische Philosophie neu zu interpretieren, desto weniger Raum bleibt für die kantische Rechtslehre selber übrig. Das heißt, die Akzentuierung auf die transzendentale kritische Methode und die eigene Konzeption führen zur negativen Einschätzung der Rechtslehre.

Dieser Ansicht steht Ritters Interpretation insofern entgegen, als Ritter die Relevanz des Rechtsgedankens für Kant hervorhebt, obwohl er nichts gegen den unkritischen Charakter der Rechtslehre einwendet. Seine Untersuchung geht zwar auch von der Frage aus, ob Kant das Recht nicht im Sinne des Kritizismus behandelt hat, aber er forscht nicht dem Einfluss vom kantischen Kritizismus auf die Rechtslehre, sondern der inneren Kohärenz des Rechtsgedankens selber nach. Dabei unternimmt er methodisch die entwicklungsgeschichtliche Forschung. Mit Hilfe von frühen Quellen untersucht er den kantischen Rechtsgedanken im Ganzen auf mehreren Zeitstufen. Daraus folgert er die stetige Kontinuität des kantischen Rechtsgedankens. Insofern könne von einem „Bruch" im kantischen Rechtsgedanken oder von der „kritischen" Rechtsphilosophie im Gegensatz zur „vorkritischen" nicht die Rede sein.[65] Bei seiner Begründung versucht Ritter, den Einfluss der vorkantischen Naturrechtslehren auf den kantischen Rechtsgedanken nachzuweisen. Danach „überwindet" Kant, anders als in der theoretischen Philosophie, in der Rechtsphilosophie nicht Rationalismus und Empirismus durch ein „kritisches" Naturrecht. In diesem Zusammenhang hält Ritter es für eine Verengung vom kantischen Rechtsgedanken, diesen mit der Metaphysik der Sitten zu identifizieren und nur von der Metaphysik der Sitten her zu betrachten.[66] In Ritters Untersuchung kann man feststellen, dass er nicht durch die Eigenständigkeit oder Unabhängigkeit der kantischen Rechtslehre von der Kritik selbst, sondern durch die genetische Abhängigkeit des kantischen Rechtsgedankens vom Naturrechtsgedanken den unkritischen Charakter der Rechtslehre geltend macht.[67] Brandts Einstellung nach liegt die Eigenartigkeit von Ritters Untersuchung darin, dass er erst unabhängig von seiner Hauptthese die Bezüge der kantischen Ideen zur Tradition des Naturrechts so sorgfältig herausarbeitet, dass man „nicht dem „schon" ein korrespondierendes „noch nicht", dem Hinweis auf eine inhaltliche Gleichheit früher und später Vorstellungen eine Differenz in der Begründung und Funktion des Gedankens entgegenhalten kann."[68]

---

65 C. Ritter, Der Rechtsgedanke Kants nach den frühen Quellen, Frankfurt 1971, S. 339
66 Ebd., S. 20
Gegen Ritters Kontinuitätsthese: R. Brandt, Rezension zu: C. Ritter: Der Rechtsgedanke Kants, in: Phil. Rdsch. 20
G.-W. Küsters, a.a.O., S. 37-41
67 Als Variante von Ritters Versuch:
H. Oberer, Zur Frühgeschichte der Kantischen Rechtslehre, in: KS 64, S. 100ff.
68 R. Brandt, a.a.O., S. 48

Im Gegensatz zu Ritters Versuch, die Identität und eigene Bedeutung des kantischen Rechtsgedankens zu bestätigen, interpretiert Ilting von Seiten der theoretischen Philosophie aus kritisch die kantische Rechtsphilosophie. Er bestreitet zwar nicht den Beitrag der kantischen Ethik und Rechtsphilosophie zur rechtsphilosophischen Geschichte, stellt aber kritisch die Frage, worin der rechtsphilosophische Fortschritt zu erkennen ist und wann er stattgefunden hat. Iltings Ansicht nach stützt sich die kantische praktische Philosophie im Ganzen auf eine vorkritische Metaphysik und deshalb verdient sie nicht, als kritische Ethik und Rechtsphilosophie angesprochen zu werden. Um dies zu begründen, geht Ilting vor allem von der Erklärung des Wortes „kritisch" aus. Seiner Definition nach wäre die kantische Ethik und Rechtsphilosophie nur dann „kritisch", wenn sich in ihr spezifische Lehren und Methoden gefunden hätten, die Kant erst in seiner kritischen Zeit entwickelt hat. Also ist die Frage nach dem kritischen Charakter der Ethik und Rechtsphilosophie von Kant nichts anderes als die Frage, ob es in der kritischen Periode nach 1771 für seine Ethik und Rechtsphilosophie wesentliche praktische Lehren gibt.[69] Weil Ilting nicht nur die Frage nach dem kritischen Charakter der kantischen Rechtsphilosophie, sondern auch die Frage nach der kritischen Begründung der Ethik überhaupt beantwortet, verdient seine Interpretation besondere Aufmerksamkeit.

Ilting untersucht vor allem die kantische Grundlegung der Ethik im Hinblick auf den naturalistischen Fehlschluss. Es geht um die Frage, ob Kant in seiner Theorie der Moral die Unterscheidung theoretischer und praktischer Sätze zulässig gezogen hat. Um dies zu klären, unterscheidet Ilting die Frage nach dem Ursprung und Grund der moralischen Verpflichtung, ‚warum ich so und nicht anders handeln soll', einerseits und die Frage nach den Bedingungen der Möglichkeit von Verpflichtung, ‚wie ich so handeln kann', oder ‚wie Verpflichtung möglich ist', andererseits. Während die erstere Frage das Problem der Metaethik ist, geht es in der letzteren um die Natur des Menschen als eines moralischen Wesens, d. h. um das Problem der moralischen Anthropologie. Von dieser Unterscheidung aus analysiert Ilting die ethische Konzeption von Kant. Nach Ilting deutet Kant in der ‚Grundlegung zur Metaphysik der Sitten' durch die Frage

69 K.-H. Ilting, Gibt es eine kritische Ethik und Rechtsphilosophie Kants?, in: Archiv für Geschichte der Philosophie, 63. Jg., S. 327. In Bezug auf diese Titelfrage hält Ilting die kantische Deutung der Sittlichkeit als Autonomie für eine in der kritischen Zeit spezifische Lehre und nimmt diese Autonomielehre zum Anhaltspunkt. Dies stützt sich darauf, dass der Begriff der Autonomie in der ersten Auflage der Kritik der reinen Vernunft fehlt und in den siebziger Jahren die Bedeutung dieses Begriffs noch nicht zu erkennen ist. Im weiteren Schritt stellt Ilting jedoch fest, dass Kant dieser Autonomielehre keine kritische Begründung im Sinne einer transzendentalphilosophischen Grundlegung gibt, obwohl er doch selbst in den achtziger Jahren eine solche Grundlegung versucht.

› wie ist ein kategorischer Imperativ möglich? ‹ den kategorischen Imperativ als einen synthetischen Satz a priori. Danach stellt das kategorische Sollen einen synthetischen Satz a priori dadurch vor, dass über den sinnlich affizierten Willen noch die Idee des zur Verstandeswelt gehörigen, reinen Willens hinzukommt. Auf diese Deutung eines synthetischen praktischen Satzes a priori als des kategorischen Imperativs folgt die kantische Kernfrage, wie ein die moralische Verpflichtung auferlegender, synthetischer praktischer Satz a priori möglich ist.

Nach Ilting ist es die kantische Absicht dieser Fragestellung, durch den Nachweis, dass ein praktisch-synthetischer Satz a priori möglich ist, die Tatsächlichkeit des kategorischen Imperativs oder die Existenz moralischer Verpflichtung als eine Tatsache festzusetzen. In diesem Versuch erblickt Ilting den naturalistischen Fehlschluss.[70] Demnach ist es für Kant unvermeidbar, den synthetischen praktischen Satz a priori auf ein Faktum der Vernunft zurückzuführen, das weder begründet noch erklärt werden kann. Gegenüber der kantischen Konzeption, die schließlich auf das Faktum der Vernunft hinausläuft, hebt Ilting hervor, „daß sich Kant bei seinen Analysen zu sehr auf die Begriffe ‚Vernunft' und ‚Nötigung des Willens' konzentriert und nur selten oder gar nicht von einer freiwilligen Selbstbeschränkung und von Verantwortlichkeit gegenüber anderen beim moralisch motivierten Handeln spricht. ... Im Mittelpunkt seiner Betrachtungen steht daher immer wieder das Selbstbewußtsein von Individuen, die sich in ihren triebbedingten Neigungen durch ein Gebot gehemmt sehen, und nicht das Selbstverständnis von Individuen, die es in ihren Handlungen mit Personen zu tun haben und einander für ihre Handlungen verantwortlich sind, die ihre Handlungsmöglichkeiten daher freiwillig insofern beschränken, als sie jede Handlungsweise für unzulässig halten, die sie nicht gegenüber Betroffenen oder vor anderen rechtfertigen könnten."[71]

Ilting vertritt die Ansicht, dass die objektive Gültigkeit praktischer Sätze eher durch das Moment der wechselseitigen Anerkennung als durch das Faktum der Vernunft zu erhalten ist. In Bezug darauf stellt er dem kantischen Anspruch, die Wahrheit oder die Realität des Sittengesetzes zu beweisen, die eigene Frage entgegen, ob das Sittengesetz eine solche Grundnorm ist, im Hinblick auf welche man fordern darf, dass alle Normadressaten sie, unabhängig von ihrer individu-

---

70 Ilting hält nämlich den Versuch, die Wahrheit oder Realität des praktischen Satzes zu beweisen, für den Fehler, einen wesentlichen Unterschied zwischen dem Problem der Rechtfertigung der Norm (Problem der Grundlegung der Ethik) und dem Problem des Nachweises eines Sachverhalts (Problem der moralischen Anthropologie) sowie den Unterschied zwischen der Gültigkeit theoretischer und praktischer Sätze nicht genügend zu beachten.
K.-H. Ilting, Der naturalistische Fehlschluß bei Kant, in: Riedel (Hg.), Rehabilitierung der praktischen Philosophie, Bd. 1.

71 Ders., Gibt es eine kritische Ethik und Rechtsphilosophie Kants?, a.a.O., S. 344

ellen Willkür und Interessenlage, als gemeinsame Grundnorm anerkennen sollten.[72] Danach läuft das Problem einer universalen Verpflichtung durch das moralische Gesetz auf die Frage hinaus, „ob wir mit Recht annehmen, daß jedes Individuum, das zur Anerkennung des Moralgesetzes aufgerufen wird, ‹durch die Tat› erklärt hat, es wolle als Mitglied jener Gemeinschaft von Vernunftwesen angesehen werden, deren Grundnorm das Moralgesetz ist."[73]

Von Iltings Kantdeutung und eigener Konzeption aus versteht sich mittelbar seine negative Bewertung des kritischen Charakters der kantischen praktischen Philosophie. Wenn unter einer kritischen Ethik „eine Rechtfertigung der Verbindlichkeit des kategorischen Imperativs aus konstitutiven Leistungen des transzendentalen Subjekts" verstanden ist, ist festzustellen, dass es eine kritische Ethik und Rechtsphilosophie bei Kant nicht gibt.

Angesichts dieser unterschiedlichen Kantinterpretationen und Bewertungen der Rechtslehre könnte man sagen, dass sie erst abgesehen von der möglichen Kritik an der Kontraproduktivität der Fragestellung nach dem kritischen Charakter der Rechtslehre selbst und an der mangelnden sachlichen Forschung der Systemleistung der Rechtslehre zumindest „die Abhängigkeit des ‚Verständnisses' der Rechtslehre von einem Vernunftbegriff" deutlich machen.[74]

Insofern wäre der weitere Anspruch unvermeidbar und berechtigt, auf Grundlage dieser verschiedenen Beiträge, die im Umstand des generellen Desinteresses an der kantischen Rechtslehre mühsam geleistet sind, dem systematischen Gehalt der Rechtslehre selbst im Hinblick auf die immanente Vernünftigkeit des Rechts sachlich nachzugehen.

Einer erneuten Zuwendung zur eigenen Bedeutung der Rechtslehre und der mehr sachlichen Argumentation entsprechend unternimmt vor allem Kersting eine gründliche Interpretation der kantischen Rechtslehre und damit die „umfassende philosophische Rehabilitierung der kantischen Rechtsphilosophie".[75] Dabei geht die abstrakte Fragestellung nach dem kritischen Charakter der kantischen Rechtslehre in die rechtsimmanente konkrete Frage nach dem geltungstheoretischen Verhältnis von Recht und Moral über. Dies formuliert sich als die Frage, inwiefern und in welcher Weise die objektive Gültigkeit und unbedingte Verbindlichkeit des Rechtsgesetzes die kritische moralphilosophische Begründung braucht und worin das Rechtsgesetz seine Eigenständigkeit hat.

Kerstings Analyse nach kann die praktisch-positive, transzendentale Freiheit, die sich in Kants kritischen moralphilosophischen Schriften ‚Grundlegung zur Metaphysik der Sitten' und ‚Kritik der praktischen Vernunft' entfaltet, zwar we-

---

72 Ders., Der naturalistische Fehlschluß bei Kant, a.a.O., S. 128-129

73 Ebd., S. 129

74 G.-W. Küsters, a.a.O., S. 26

75 W. Kersting, Wohlgeordnete Freiheit, Frankfurt 1993, S. 89

der ‚Entstehungs'voraussetzung des rechtlichen Handelns noch ‚Verwirklichungs'voraussetzung des Rechtsgesetzes sein, aber sie bildet eine unabdingbare ‚Geltungs'voraussetzung des Rechtsprinzips.[76] Das heißt, unabhängig von der Realbedingung der rechtlichen Gesetzgebung oder des rechtlichen Handelns kann das Rechtsgesetz, ohne die praktisch-positive Freiheit und die Autonomie des Willens vorauszusetzen, seine unbedingte Notwendigkeit und Verbindlichkeit nicht begründen. Ein solchermaßen moralphilosophisch begründetes Rechtsgesetz, das nicht als pragmatische Verstandesregel, sondern als ein notwendiges apriorisches Vernunftgesetz gilt, verlangt aber nicht nach dem ‚aus Pflicht'-Motiv als Ausführungsgrund.[77]

Dabei weisen die Momente der Äußerlichkeit, der Gesinnungsindifferenz und der Erzwingbarkeit des Rechts, die zunächst als ein starkes Argument für die Geltungsunabhängigkeit des Rechts von der moralischen Konzeption erscheinen, schlicht nur auf die Eigenständigkeit des Rechtsgesetzes hin. Solche eigenständige Leistung des Rechtsgesetzes schwächt überhaupt nicht die Geltungsabhängigkeit des Rechts von der moralischen Konzeption, weil im Grunde genommen der rechtliche Zwang nicht durch die physische Möglichkeit von Zwangshandlungen, sondern von dem Pflichtcharakter seines Gegenstandes her, d. h. durch die ‚moralische' Möglichkeit von Zwangshandlungen, begründet ist.[78] Das Thema von rechtlichem Zwang oder Legalität der Handlung ist insofern nicht als die Heteronomie des Rechts oder als ein moralischer Mangel der rechtlichen Handlungen zu verstehen. Im Hinblick darauf lässt sich sagen, dass Kerstings Interpretation über das Rechtsgesetz überhaupt nicht von der Frage, woran es dem Begriff des äußeren Zwangs sowie der juridischen Vernunftgesetzgebung fehlt, sondern vielmehr von der Frage ausgeht, was die juridische Vernunftgesetzgebung im Vergleich zur ethischen Gesetzgebung mehr oder besser leisten kann, d. h. worin sie ihre eigene Vernünftigkeit hat. Kersting betrachtet von den rechtsimmanenten Gesichtspunkten aus die Frage nach dem kritischen Charakter der Rechtslehre und macht durch die sachliche Interpretation vom Doppelcharakter des Rechtsgesetzes nicht nur den Zusammenhang zwischen der kritischen Moralphilosophie und der Begründung des Rechts, sondern auch die eigenständige Funktion des Rechts deutlich. Insofern kann sich seine Deutung der kantischen Rechtslehre als eine sachliche Umdeutung und gemäßigte Beantwortung der Frage nach dem kritischen Charakter derselben verstehen.

---

76 Ebd., S. 90, 114-115, 141-142

77 Ebd., S. 19

78 Ebd., S. 135-136;
G.-W. Küsters, a.a.O., S. 69

2) Der thematische Zusammenhang der kantischen Rechtslehre

Wenn man diese unterschiedlichen Deutungen der kantischen Rechtslehre berücksichtigend die Eigentümlichkeit der kantischen Rechtsphilosophie besser verstehen will, könnte man beide Themenrichtungen als Umweg nehmen. Das eine ist das in der ‚Grundlegung zur Metaphysik der Sitten' und der ‚Kritik der praktischen Vernunft' entfaltete Thema eines unbedingt guten Willens und Moralgesetzes und das andere das Thema der Sittlichkeit im hegelschen Sinne. Vereinfacht formuliert können durch das Thema des unbedingt guten Willens und Moralgesetzes der nicht-empirische formale Ursprung und der moralische Zusammenhang der kantischen Rechtsvorstellung aufgezeigt werden, während das Thema der hegelschen Sittlichkeit es ermöglicht, vom Gesichtspunkt der Entwicklung des Rechtsbewusstseins aus das allgemeinverständliche Vorfeld und die Übergänge der Rechtsvorstellung zu verstehen. Das erstere weist auf den apriorischen Begründungszusammenhang von Recht und Moral hin, das letztere eher auf den thematischen Zusammenhang und die Abgrenzung von Recht und Ethik. Diese beiden Themen können insofern mittelbar ‚Vorher' und ‚Nachher' der kantischen Rechtsvorstellung verständlich machen.

2. Das Moralgesetz und das Rechtsgesetz: in Bezug auf die ‚Grundlegung zur Metaphysik der Sitten' und die ‚Kritik der praktischen Vernunft'

Die Frage nach dem Erklärungszusammenhang zwischen unbedingt gutem Willen und dem Moralgesetz in der ‚Grundlegung zur Metaphysik der Sitten' und der ‚Kritik der praktischen Vernunft' und dem Rechtsgesetz in den ‚Metaphysische[n] Anfangsgründe[n] der Rechtslehre' lässt zunächst den Eindruck aufkommen, dass das eine zur Aufhellung des anderen wenig beiträgt. Vom rechtlichen Standpunkt aus können der gute Wille und das Moralgesetz im einzelnen Menschen ein unfeststellbares und zu persönliches Moment sein. Vom moralischen Standpunkt des einzelnen aus gilt das Rechtsgesetz als die generell und allgemein funktionierende, zu oberflächliche Norm. Den kantischen Schriften ‚Grundlegung zur Metaphysik der Sitten' und ‚Kritik der praktischen Vernunft' liegt ein introvertiertes moralisches Nachdenken ohne den empirischen Gegenstandsbezug zugrunde, während seine Rechtslehre eher die auf die äußere Welt gerichtete äußerliche Normativität zum Thema hat. Im Hinblick darauf scheint die Eingangsfrage nach dem Zusammenhang zwischen Moralgesetz und Rechtsgesetz um so schwerer zu beantworten zu sein. Der Lösungsschritt kann dabei mit der Betrachtung der kantischen moralphilosophischen Grundansicht anfangen.

Im Mittelpunkt der kantischen Philosophie steht der Mensch mit Vernunft. Er macht erkennend und handelnd die eigene Erfahrung in dieser Welt. Dabei ist die menschliche Erfahrung im allgemeinen von beiden Seiten her, d. h. von seiner reinen Subjektivität und von den äußeren Dingen, bedingt. Die Erfahrung als empirische Erkenntnis überhaupt kann erst dadurch möglich sein, dass die menschliche Vernunft durch ihre reine Subjektivität die äußeren Dinge nach eigener Art erfasst. Die reine Subjektivität kann nur in Ansehung der möglichen Erfahrung empirisch real sein. Sie hat vor allem darin ihre Eigentümlichkeit, dass sie auch da verbleibt und die eigene Welt der transzendentalen Ideen konstruiert, wo die mögliche Erfahrung endet, d. h. wo die äußeren Dinge als Gegenstand der möglichen Erfahrung nicht mehr da sind. Diese transzendentalen Ideen bedeuten zwar den Höhepunkt der theoretischen Spekulation der Vernunft, aber zugleich geben sie als regulative Ideen die Grenze solcher Spekulation zu erkennen. Dies veranlasst den ‚Menschen mit Vernunft' zur Einnahme des praktischen Standpunktes. Dadurch ergibt sich ein neues Feld, das sich weder der empirischen Naturkausalität noch der überschwenglichen transzendenten Spekulation beugt. In Bezug darauf erläutert Kant:

„Wenn wir aber eben dieselben Handlungen in Beziehung auf die Vernunft erwägen und zwar nicht die spekulative, um jene ihrem Ursprunge nach zu erklären, sondern ganz allein, so fern Vernunft die Ursache ist, sie selbst zu erzeugen; mit einem Worte, vergleichen wir sie mit dieser in praktischer Absicht, so finden wir eine ganz andere Regel und Ordnung, als die Naturordnung ist."[79]

Dieses Feld gehört in dem Sinne nicht zur Naturkausalität, dass die bedingende Ursache jedes Geschehens in diesem Felde nicht in der vorhandenen Naturordnung, sondern in der eigenen vernünftigen Kraft liegt. Dieses Feld ist jedoch kein Gegenstand der theoretischen Spekulation, weil der Mensch sich in diesem Felde nicht für die lückenlose Erklärung der Welterscheinung und deren Ursprungs, sondern für deren Erzeugung selbst aus eigenem Willen interessiert. Dieses Feld geht also aus der transzendentalen Idee der Freiheit hervor und begreift das praktische im Ganzen in sich. Kant drückt aus:

„Praktisch ist alles, was durch Freiheit möglich ist."[80]

Die Freiheit ist ihrem Ursprung nach zunächst ein rein subjektives Denkprodukt der menschlichen Vernunft. Sie kann in Ansehung der empirischen Erkenntnisse „nur" eine Idee, d. h. ein subjektives Problem ohne Auflösung sein. Sie ist jedoch in dem Sinne kein subjektiv-willkürliches, dass sie unvermeidlich der menschlichen Vernunft anhängt und nach dem kritischen Bemerken dieser Idee nicht aufhört zu sein. Auf dieser spekulativen Ebene kommt die Wirklichkeit die-

79 III, 373
80 III, 520

ser Idee der Freiheit nicht in Frage. Diese Idee kann erst in Ansehung der menschlichen Willensbestimmung und Handlung die konstitutive ursprüngliche Bedingung des Vermögens bilden, sich „unabhängig von der Nötigung durch sinnliche Antriebe von selbst zu bestimmen" und moralisch zu handeln.[81] Dabei ist die Form, durch die die transzendentale Idee der Freiheit von der menschlichen Vernunft wahrgenommen werden kann, das Sollen. Das heißt, durch das Sollen ‹Ich hätte anders handeln müssen› kann jeder Mensch erst erkennen, dass am Anfang der Reihe seiner eigenen Willensbestimmung und Handlung die Freiheit ‹Ich hätte anders handeln können› steht. In diesem Sinne ist das Sollen der Erkennensgrund der Freiheit. Objektiv ausgedrückt ist die Moralität als Sollen der Postulierensgrund der Freiheit. Der folgende Satz weist auf das Wesen des Zusammenhangs zwischen Freiheit und Sollen hin:

„Er urteilt also, daß er etwas kann, darum weil er sich bewußt ist, daß er es soll, und erkennt in sich die Freiheit, die ihm sonst ohne das moralische Gesetz unbekannt geblieben wäre."[82]

Dieser Ansicht nach kann also die menschliche Selbstreflexion ‚die transzendentale Idee der Freiheit' zum Bruch mit der Naturkausalität und der transzendenten Spekulation führen und durch diesen apriorischen Schritt erst das praktische Feld hervorbringen, für das das Sollensgesetz gilt. Der Grundidee nach gehört das Rechtliche bei Kant zu diesem Felde. Dies wäre mittelbar der Grund, warum für das Verstehen der kantischen Rechtslehre der Versuch erforderlich ist, das Spekulativ-theoretische, das Moralische, und das Rechtliche an ein und demselben Strang aufzuziehen.

3. Die kantische Rechtslehre

1) Der Ausgangspunkt der Rechtslehre

Ein wesentlicher Angelpunkt der kantischen Rechtslehre ist die Frage, wovon das Rechtliche überhaupt ausgeht. Bei Kant sind die transzendentale Idee der Freiheit und das Sollen als die Grundbedingung oder Geltungsvoraussetzung für das Normative zu verstehen. Erst von den beiden Vorstellungen aus entfaltet sich ein Gebiet, in dem der menschliche Wille Subjekt und Objekt zugleich ist. Dieses Gebiet kann in dem Sinne als praktische Sittenwelt vorgestellt werden, dass es in diesem Gebiet vor allem um das vernünftige Bestimmen und Bewirken des menschlichen Willens geht. Wenn der gute Wille als Gesinnung des einzelnen Menschen der Kernpunkt der ‚Sittenwelt in Mir' ist, hat die ‚Sittenwelt außer

81 III, 364
82 V, 30

Mir' hauptsächlich das äußere Freiheitsverhältnis zwischen den einzelnen Menschen zum Ausgangspunkt. Die Sittenwelt, deren Bedingung der Möglichkeit gemeinsam auf die apriorische Ideenwelt des Menschen im Sinne eines Faktums der Vernunft zurückzuführen ist, hat die unbedingt verbindlichen, doch der Ausführungs- oder Befolgungsweise nach unterschiedlichen Gesetzgebungen, d. h. die ethische und die juridische Gesetzgebung.

Die beiden Gesetzgebungen haben denselben Gegenstand, d. h. den vernünftig zu bestimmenden menschlichen Willen oder den Freiheitsgebrauch des Willens. Jedoch unterscheiden sich ihre normativen Richtungen voneinander. Die juridische Gesetzgebung beachtet wenig, was mit der Triebfeder des betroffenen Menschen geschieht. Mit der nüchternen Befolgung ohne ‚aus Pflicht'-Motiv kann die juridische Gesetzgebung zurechtkommen. Es geht also um das Formale und Äußerliche des Willens, d. h. ob die Freiheit des Handelnden im äußeren Verhältnis gegenseitig formal und allgemein eingeschränkt wird. Die ethische Gesetzgebung interessiert sich hingegen auch für das innere Motiv der Pflichterfüllenden Handlungen, d. h. ob ein Wille die bestimmten Pflichten selbst zur eigenen Triebfeder macht.

Juridische und ethische Gesetzgebung unterscheiden sich nicht durch den Grad der Allgemeinheit oder Verbindlichkeit ihrer Gesetze. Sie unterscheiden sich auch nicht durch den Inhalt der Pflichten. Nur durch die Befolgungsweise, dass die Gesetze selbst der Bestimmungsgrund der Handlungen sein müssen, kann sich die ethische Gesetzgebung von der juridischen unterscheiden. Insofern kann jeder gesetz- oder pflichtmäßigen Handlung schon Legalität zugesprochen werden. Moralität ist aber nur derjenigen Handlung zuzusprechen, die ausschließlich wegen der Allgemeinheit der Gesetze oder um der Pflicht selbst willen getan wird.[83]

Im Hinblick darauf sind Gemeinsamkeit und Unterschiedlichkeit von Rechtsgesetz und Moralgesetz festzustellen. Als Gesetze des Freiheitsgebrauchs haben beide in gleichem Maße die Form der Allgemeinheit als den Maßstab für die objektiv notwendige Handlung. Das Rechtsgesetz fordert den Handelnden zur formalen Gesetzmäßigkeit der Handlung oder zum allgemeinen Gebrauch der äußeren Freiheit auf, während das Moralgesetz als kategorischer Imperativ vom Handelnden die Vorstellung von der formalen Gesetzmäßigkeit der Handlung selbst als Motiv der Ausführung der Handlung verlangt.

2) Der Begriff des Rechts und das allgemeine Rechtsprinzip

Das Rechtsgesetz hat den äußeren Freiheitsgebrauch im Sinne des zwischenmenschlichen äußeren Willkürverhältnisses zum Gegenstand. Dabei hat dieses

83 VI, 214

Willkürverhältnis mehrere Merkmale.[84] Das Willkürverhältnis ist zunächst als „das äußere und zwar praktische Verhältnis einer Person gegen eine andere“ zu bezeichnen, „sofern ihre Handlungen als Facta aufeinander (unmittelbar oder mittelbar) Einfluß haben können.“[85] Das vom Recht zu regelnde Verhältnis heißt nicht das reine innere Verhältnis einer Person zu sich selbst, sondern das „äußere“ „zwischenmenschliche“ Verhältnis. Des weiteren hat dieses Verhältnis das Verhältnis der Willkür auf die Willkür des anderen zum Wesen. Kantischer Erläuterung nach heißt die Willkür ein Begehrungsvermögen, das „mit dem Bewußtsein des Vermögens seiner Handlung zur Hervorbringung des Objekts verbunden ist.“[86] Im Vergleich zur eines eigenen Zieles und Handlungsvermögens bewussten Willkür ist der Wunsch etwas Mangelhaftes. Das Rechtsverhältnis muss nicht das Verhältnis von unpraktizierbaren Wunschvorstellungen bleiben, sondern eher das Verhältnis von den geäußerten und praktizierbaren Willenserklärungen sein. Darüber hinaus wird beim Rechtsverhältnis nur die Form des beiderseitigen Willkürverhältnisses berücksichtigt, „sofern sie bloß als frei betrachtet wird.“[87] Beim zwischenmenschlichen Verhältnis kann jeder in sich die eigene hypothetische Zweck-Mittel-Abwägung anstellen und dabei bleiben. Der persönliche Umstand, zu welchem Zweck oder aus welchem Motiv eine Person in das Rechtsverhältnis zu einer anderen Person tritt, besitzt jedoch für das Rechtsverhältnis selbst wenig Relevanz. Aus diesem Merkmal geht der Begriff des Rechts hervor, „Das Recht ist also der Inbegriff der Bedingungen, unter denen die Willkür des einen mit der Willkür des andern nach einem allgemeinen Gesetze der Freiheit zusammen vereinigt werden kann.“[88] Imperativisch gewendet kann sich dieser Begriff des Rechts als ein allgemeines Rechtsprinzip formulieren, „Handle äußerlich so, daß der freie Gebrauch deiner Willkür mit der Freiheit von jedermann nach einem allgemeinen Gesetze zusammen bestehen könne.“[89]

An diesem Begriff des Rechts und dem allgemeinen Rechtsprinzip lässt sich das Wesen des Rechts ablesen. Der Begriff des Rechts hat zum einen die Freiheit als jedem, kraft seiner Menschheit zustehenden ursprünglichen Anspruch und zum anderen die ursprüngliche Bezüglichkeit des Menschen auf jeden anderen zu seiner Grundlage. Von dieser inneren angeborenen Freiheit von jedem und der ursprünglichen Bezüglichkeit von jedem rührt die Notwendigkeit der allgemeinen wechselseitigen Freiheitseinschränkung her. Aus dieser Notwendigkeit der allgemeinen Freiheitseinschränkung geht das Recht hervor. Der Begriff des Rechts

---

84 B. Ludwig, Kants Rechtslehre, Hamburg 1988, S. 93
85 VI, 230
86 VI, 213
87 VI, 230
88 VI, 230
89 VI, 231

als Bedingung der Möglichkeit der äußeren Freiheit trägt insofern weder empirischen noch materiellen Charakter. Er kann sich niemals aus der Empirie folgern lassen, und er selbst enthält keine materielle Bestimmung. Er bringt nur ein apriorisches Vernunftpostulat hervor, das die formale allgemeine Einschränkung der äußeren Freiheit zum Wesen hat. Vor allem Hegel kritisiert diesen kantischen Rechtsbegriff. Hegel sieht in der kantischen Bestimmung des Rechts einerseits die ‚negative' Beschränkung der Freiheit oder Willkür und andererseits die ‚positive' allgemeine Übereinstimmung der Willkür des einen mit der Willkür des anderen. Er kritisiert, dass dieses positive Vernunftgesetz der allgemeinen Freiheitsübereinstimmung auf die formelle Identität und den Satz des Widerspruchs hinausläuft und in der Tat nur ein besonderer einzelner Wille die substantielle Grundlage dieses Gesetzes bildet. Gegenüber diesem einzelnen Willen komme das Recht nur als eine von außen auferlegte formelle Allgemeinheit oder als ein formal beschränkendes Sollen heraus.[90] Hegel hält zurecht den Gegensatz von einzelnem subjektivem Willen und äußerem formellem Allgemeinem als Sollen für den Kern des kantischen Rechtsbegriffs. Seine Kritik gegen diesen unauflöslichen formalen Gegensatz geht dahin, dass er das Recht als ‚Dasein des freien Willens' vervollständigt. Zunächst von der Plausiblität des hegelschen eigenen Konzepts abgesehen macht seine Kritik den Hauptpunkt des kantischen Rechtsbegriffs deutlich.

Parallel zu dem apriorischen formalen Charakter als Sollen wird das Recht dadurch gekennzeichnet, dass das allgemein geltende, apriorische Rechtsgesetz vom Rechtssubjekt das volle Bewusstsein seiner Verbindlichkeit selbst als Befolgungsmotiv gar nicht verlangt. Die Allgemeinheit des Freiheitsverhältnisses, deren Bedingung der Möglichkeit das Recht ist, kann schon mit dem Zustand der zwischenmenschlich vom inneren Motiv unabhängig vereinigten äußeren Freiheit erreicht werden. Darin hat das Recht als motiv-gleichgültige regulierende Norm seine Wirksamkeit.

3) Das Wesen des Rechtsverhältnisses

Der kantische Begriff des Rechts und sein allgemeines Rechtsprinzip geben das Wesen des Rechtsverhältnisses zu erkennen. Im allgemeinen hängt das Entstehen eines rechtlichen Verhältnisses hauptsächlich davon ab, ob eine Person die Erwartung des anderen tatsächlich zu erfüllen imstande ist. Dabei wäre die zu erfüllende Erwartung gegenständlicher als die innige Wunschvorstellung und sachlicher als die persönlich vorgenommene Absicht. Die erwartete Erfüllung

90 G.W.F.Hegel, Werke7, Grundlinien der Philosophie des Rechts(RPh), Werkausgabe im Suhrkamp Verlag, Frankfurt 1986, §29

schließt kein unmittelbares Pflichtbewusstsein als Triebfeder ein. Das heißt, das Rechtsgesetz kann von den betroffenen Personen nicht verlangen, das Rechtsprinzip selbst zur eigenen Maxime zu machen. In dieser Hinsicht ist das Rechtsgesetz weniger anspruchsvoll als die Moral. Daraus ist aber nicht zu folgern, dass das Rechtsgesetz weniger vernünftig als die Moral ist. In bestimmter Hinsicht kann das Rechtsgesetz zwar weniger anspruchsvoll als die Moral sein, aber auf eigene vernünftige Art kann es ebenso den betroffenen Personen den individuellen Platz schaffen wie die Moral.

In Bezug darauf ist die Bedeutung des individuellen Ortes beim moralischen und rechtlichen Verhältnis kurz zu klären. Beim moralischen Verhältnis ist ein individueller Ort ein Ort für das Gewissen, d. h. ein Ort, wo die eigene Gesinnung nur von innen her angesprochen werden kann. Im Vergleich dazu bedeutet der individuelle Ort beim rechtlichen Verhältnis eher einen Ort für die unberücksichtigt gebliebenen verschiedenen Triebfeder, d. h. einen Ort, wo die eigene Triebfeder von außen her nicht angesprochen zu werden braucht. Näher betrachtet strebt die Moral eigentlich nach dem unbedingt reinen Gewissen. Dabei kann die Grenzenlosigkeit oder Unendlichkeit des Gewissens als begleitendes moralisches Bewusstsein über die Unmöglichkeit oder Unerreichbarkeit der moralischen Vollkommenheit eher zur Unverbindlichkeit der Moral führen. Das Rechtsgesetz richtet sich dagegen auf das verbindliche äußere Verhältnis. Dabei ist das Rechtsverhältnis durch die Gleichgültigkeit gegen ein jeweiliges Motiv gekennzeichnet. Das reine Pflichtbewusstsein selbst kann tatsächlich nur eines von mehreren gewichtigeren Motiven sein, die die Menschen zur wechselseitigen Einschränkung der äußeren Freiheit bewegen. Der Verschiedenheit und Besonderheit der inneren Triebfeder einschließlich des reinen Pflichtbewusstseins steht die Allgemeingültigkeit des äußeren Zwangs gegenüber. Von der Einzelheit des Motivs abstrahierend kann der äußere Zwang die Rechtsverhältnisse bei allgemein reguliertem Zustand erhalten. Das Rechtsverhältnis hängt also nicht von der gewissenhaften Überlegung des einzelnen, sondern eher von der nüchternen Vorstellung der Möglichkeit des allgemeinen wechselseitigen Zwangs ab.

Um den Charakter des rechtlichen Zwangs besser zu verstehen, wäre es sinnvoll, das menschliche Verhältnis in moralischer und rechtlicher Rücksicht unterscheidend zu betrachten. Beim moralischen Verhältnis geht es um die Selbstreflexion und Selbsterwartung in einer Person, während die Menschen beim rechtlichen Verhältnis eher an die Erwartung des anderen gebunden sind. Beim ersteren sind die anderen Menschen zwar in die eigene moralische Überlegung mit einbezogen, doch bleiben sie in dem Sinne das abstrakte andere, dass die eigene moralische Überlegung des Menschen ursprünglich mit der konkreten Bestimmtheit des anderen wenig zu tun hat. Im Vergleich dazu kann die Vorstellung vom anderen Menschen beim rechtlichen Verhältnis in dem Sinne viel bestimmter und konkreter sein, dass jeder Rechtsfrage normalerweise schon das reale konkrete Verhältnis zur bestimmten anderen Person vorliegt. Die moralische Überlegung reduziert sich also auf die Frage nach dem eigenen Motiv und der eigenen Gesinnung, während solche innige Angelegenheit im rechtlichen Verhältnis gegenseitig unberücksichtigt geblieben ist. Sofern die Innerlichkeit der Betroffenen beim rechtlichen Verhältnis überhaupt nicht in Frage kommt, könnte es wenig Grund dazu geben, dass jemand aufgrund seines inneren Zustandes oder Motivs seine Eigentümlichkeit einseitig behauptet und sich selbst von einer anderen Rechtsperson streng unterscheidet. Im Hinblick darauf sind die Menschen im rechtlichen Verhältnis gegenseitig nüchtern und voreinander gleich. Im rechtlichen Verhältnis kann also das Andere ohne große Schwierigkeit als identisch mit dem Ich betrachtet werden. In Bezug darauf lässt sich sagen, dass der Sinn für die Gleichheit jedes Menschen beim moralischen Verhältnis ursprünglich von der Zweck-an-sich-Vorstellung, d. h. von der von äußerer Bestimmtheit oder Zweckdienlichkeit des Menschen abstrahierenden Achtung, herkommt. Um diese Gleichheitsvorstellung zu erhalten, ist vom Betroffenen hauptsächlich die moralische Selbstspannung verlangt. Die Gleichheitsvorstellung im rechtlichen Verhältnis geht dagegen aus dem gegenseitigen Abstrahieren von innerer Bestimmtheit oder dem Motiv hervor. Solcher Abstand von der Innerlichkeit und die daher kommende Gleichheitsvorstellung kann in der Tat durch die rechtliche Spannung, die auf der Möglichkeit des gegenseitigen äußeren Zwangs beruht, ohne Verwirrung gehalten werden.

4) Die Bedeutung des rechtlichen Zwangs

Mit Blick auf diese Eigentümlichkeit des rechtlichen Verhältnisses ist die Bedeutung des rechtlichen Zwangs bei Kant näher zu erläutern. Dem allgemeinen normativen Gefühl nach spiegelt der Zwangsbedarf einer Norm mittelbar die fehlende, deshalb zu ergänzende Wirksamkeit dieser Norm wider. Insofern kann der Zwangsbedarf die Schwäche einer Norm sein. Normalerweise kann eine Norm zunächst durch das Element der normativen Einsicht der Normadressaten die freiwillige Befolgung zustande bringen. Erst da, wo dieses Element nicht mehr wirksam ist, wäre der äußere Zwang eine denkbare Alternative. Das Zwangselement des Rechts kann also zunächst ein Indiz für die normative Schwäche des Rechts sein. Näher betrachtet kann man jedoch nicht einfach sagen, dass der rechtliche Zwang deshalb erforderlich ist, weil es dem Recht am für freiwillige Anerkennung und Befolgung erforderlichen normativen Inhalt noch fehlt. In rechtsneutraler Hinsicht könnte man vielmehr sagen, dass das Recht das ‚äußere' Freiheitsverhältnis als äußerlich aufzwingbaren eigenen Gegenstand durch dementsprechende Mittel, d. h. äußeren Zwang, allgemein und wirksam reguliert. Das Zwangselement kann in dem Sinne zur Regulierung des Rechtsverhältnisses beitragen, dass der Zwang jede betroffene Person auch nur zum ‚Einhalten ohne inneren Anlass' bewegt.

In Anbetracht dieser Eigenschaft des Zwangs kommt die Frage danach auf, ob das Zwangselement beim kantischen Rechtsbegriff einfach nur die funktionale Ergänzung des Rechts oder aber das Wesen der Allgemeingültigkeit des Rechts ausmacht. Die Schwierigkeit dieser Frage liegt darin, dass das apriorische allgemeine Rechtsgesetz aus der praktischen Vernunft, „Handle äußerlich so, daß der freie Gebrauch deiner Willkür mit der Freiheit von jedermann nach einem allgemeinen Gesetze zusammen bestehen könne,“[91] dem heteronomen physischen Moment des motiv-gleichgültigen äußeren Zwangs zu widersprechen scheint, obwohl Kant formuliert, dass Recht und Befugnis zu zwingen dasselbe bedeuten.[92] Bei dieser Frage muss man zunächst die moralische Möglichkeit oder Begründung des rechtlichen Zwangs einerseits und die Anwendungsweise des rechtlichen Zwangs andererseits voneinander unterscheiden.

Die Begründung des rechtlichen Zwangs ist auf die ‚Freiheit nach allgemeinen Gesetzen‘ zurückzuführen. Wie schon angeführt, kann das Recht durch die allgemeine Einschränkung der äußeren Freiheit aller das allgemeine äußere Freiheitsverhältnis ermöglichen. In diesem Sinne ist das Recht als die Bedingung der Möglichkeit der allgemeinen Freiheit moralisch notwendig. Dabei ist der Zwang, der eigentlich ein Hindernis des Freiheitsgebrauchs bedeutet, insofern erlaubt, als er nur das Unrecht gegen das allgemeine rechtliche Freiheitsverhältnis abwehrt. Der Zwang als Wiederherstellung der ungestörten allgemeinen Freiheit ist damit vernunftrechtlich gerechtfertigt. Auf der Begründungsebene widersprechen also die Freiheit nach einem allgemeinen Gesetze und der rechtliche Zwang einander nicht. Was die Anwendungsweise angeht, fordert das allgemeine Rechtsgesetz den Rechtsadressaten motiv-gleichgültig nur zum äußeren Einhalten auf, und die rechtsspezifische Aufforderungsweise ist der Zwang. Sofern die Verbindlichkeit des allgemeinen Rechtsgesetzes selbst als Motiv des Rechtshandelns vom Rechtssubjekt oder –adressaten nicht verlangt ist, und das Recht eigentlich nur etwas in Handlungen Äußerliches zum Objekt hat, kann der Zwang eher das allgemeingültige äußere Motiv zur Befolgung des Rechts sein. Das Recht bedeutet in dem Sinne für die Rechtssubjekte und -adressaten die Befugnis zu zwingen, dass die Rechtssubjekte und – adressaten durch den rechtlichen Zwang zum äußeren Rechtshandeln gebracht werden können, ohne von der Verbindlichkeit des allgemeinen Rechtsgesetzes oder der Allgemeingültigkeit des allgemeinen Freiheitsrechts innerlich motiviert zu werden. Die Möglichkeit des äußeren Zwangs

91 VI, 231
92 VI, 232

entspricht also der motiv-gleichgültigen Legalitätsaufforderung des Rechts und der Äußerlichkeit des Gegenstandes des Rechts. Das Recht ist, von seiner moralischen Begründung und normativen Bedeutung abgesehen, seiner strikten Verwirklichungsweise nach als die Befugnis zu zwingen zu definieren. Insofern wäre die Auffassung zu einfach, das Zwangselement nur als funktionale Ergänzung einer mangelhaften Norm oder als negative Nebenfolge einer heteronomen Norm zu bezeichnen. Sondern der Zwang ist für das vernunftrechtlich begründete, wesentliche Element des Rechts zu halten. Dem strikten Begriff des Rechts nach wird das Rechtshandeln weder um der Verbindlichkeit des Rechts im Sinne der Legalitätsaufforderung des Rechts noch um der allgemeinen äußeren Freiheitsordnung willen, sondern einfach um der Vermeidung des Zwangs willen hervorgebracht. Dem strikten Rechtsbegriff fehlt es also an Rechtsgesinnung oder normativer Subjektivität im ganzen. In dieser Hinsicht funktioniert das Rechtsgesetz nicht aufgrund der Notwendigkeit der allgemeinen äußeren Freiheit, sondern eher aufgrund der Möglichkeit des rechtlichen Zwangs. Auf der Wirkungsebene kann insofern das Rechtsgesetz von seinem Zwang her selbst von einem Volk von Teufeln oder Egoisten eingehalten werden, während auf der Begründungsebene das Rechtsgesetz überhaupt von der Möglichkeit der apriorischen allgemeinen Gesetzgebung der reinen praktischen Vernunft her gelten kann und nur der vernünftige Wille Subjekt und Adressat eines solchen Rechtsgesetzes sein kann.

5) Die Eigentümlichkeit des kantischen Rechtsbegriffs

Kantischem Rechtsverständnis nach zeichnet sich das Recht einerseits durch seine apriorische Begründung und andererseits durch seine motiv-gleichgültige, zwanghafte Verpflichtungsweise aus. Dies wirft die Frage nach dem Verhältnis von Moralgesetz und Rechtsgesetz auf. Die Hauptfrage heißt, ob die kantische Rechtslehre den Begriff der positiven Freiheit und damit den der Autonomie voraussetzt. Bei dieser Diskussion plädieren nicht wenige Kant-Interpreten die Unabhängigkeitsthese.[93] Die Vertreter der Unabhängigkeitsthese unterscheiden zunächst zwischen dem Begriff der positiv-praktischen Freiheit und dem der negativ-empirischen Freiheit und bestehen darauf, dass das Recht nur den negativ-empirischen Begriff der Freiheit voraussetzt und damit die kantische Rechtslehre vom Begriff der positiv-praktischen Freiheit und der Autonomie in seiner Moralphilosophie nicht abhängt. Dabei kann sich die umstrittene Frage darauf reduzie-

93 W. Kersting, a.a.O., S. 136 – 142; B. Ludwig, a.a.O., S. 100 Anmerkung; J. Ebbinghaus, Kant und das 20. Jahrhundert, in: ders., Gesammelte Aufsätze, Vorträge und Reden, Darmstadt 1968; ders., Kants Rechtslehre und die Rechtsphilosophie des Neukantianismus, in: G. Prauss(Hg.), a.a.O., S. 322 - 336

ren, worauf sich die rechtliche Verbindlichkeit gründet. Die Vertreter der Unabhängigkeitsthese widersprechen zwar nicht der kantischen Ansicht, dass der positive Begriff der Freiheit den Geltungsgrund der moralisch-praktischen Gesetze bildet und die Autonomie des Willens das alleinige Prinzip der moralischen Gesetze und der ihnen gemäßen Pflichten ist. Aber sie beziehen die transzendentale Freiheit und Autonomie des Willens nur auf Moralität und Ethik als die auf Moralität gerichtete Gesetzgebung und schließen daraus zu schnell die Unabhängigkeit des Rechts von der transzendentalen Freiheit und Autonomie des Willens als konstitutiver Bedingung der Moralität. Angesichts dieser Deutung ist die Unterscheidung zwischen Geltungsvoraussetzung oder Verbindlichkeitsgrund des Rechts einerseits und Entstehungs– oder Verwirklichungsvoraussetzung der rechtlichen Handlung andererseits vorzuschlagen.[94] Sofern das Recht selbst unabhängig von Ausführungsgrund und Ausführungsweise der rechtlichen Handlung als ein unbedingt verbindliches notwendiges Gesetz gilt, kann es nur durch die Voraussetzung der positiven Freiheit und Autonomie des Willens, d. h. durch die Möglichkeit der praktischen Freiheit, seine objektive Gültigkeit und damit die moralische Möglichkeit des Rechtszwangs begründen. Erst dann ist auf die Eigentümlichkeit des Rechts oder die Differenz zwischen Moralgesetz und Rechtsgesetz im Hinblick auf ihre Verpflichtungsweise richtig hinzuweisen. Die Eigentümlichkeit des Rechtsgesetzes, dass es ein Prinzip für die moralische Beurteilung von ‚äußeren', erzwingbaren Handlungen ist und bei der gesetzmäßigen Handlung die Vorstellung der Gesetzmäßigkeit der Handlung selbst als Ausführungsgrund überhaupt nicht verlangt ist, steht auf der anderen Ebene als der der Begründung und gerät insofern nicht in Widerspruch zur Abhängigkeit des Rechts von der transzendentalen Freiheit als dessen Geltungsvoraussetzung.

Im Hinblick darauf scheint das Hauptanliegen des kantischen Rechtsverständnisses weniger zu sein, im Hinblick auf den Unterschied zwischen negativer und positiver Freiheit Recht und Moral streng voneinander zu unterscheiden. Viel grundlegender und deshalb entscheidender wäre das Reinigen des apriorischen Rechtsprinzips von der Empirie und das Unterscheiden zwischen Sollen und Sein. Das Gegenfeld des Rechts ist von seinem Ursprung her nicht sowohl das Feld der Moral als vielmehr das nicht-sittliche Feld, z.B. das Feld von Natur, Erfahrung oder Sein. Das Rechtsprinzip selbst hat also seiner Bedingung der Möglichkeit nach mit etwas schon Seiendem, Erfahrungsmäßigem oder Empirischem wenig zu tun. Das Recht als eine Art von Sollen gehört ursprünglich zur gleichen Reihe wie Moral, d. h. zur Reihe der transzendentalen Freiheit. Nur auf nicht-empirische Weise verpflichtet das Recht den menschlichen Willen zur gesetzmäßigen Handlung.

---

94 W. Kersting, a.a.O., S. 141

Insofern kann die Empiriebezüglichkeit des Rechts der Apriorität und Allgemeinheit des Rechtsprinzips nicht vorhergehen. Die folgende Aussage Kants macht dies bemerkbar.

„... eine Metaphysik der Sitten kann nicht auf Anthropologie gegründet, aber doch auf sie angewandt werden.“[95]

Die Unentbehrlichkeit der empirischen Anwendung oder Ergänzung und deren Unreinheit zugleich sind also die von Recht und Moral gemeinsam zu tragende Last.

An dieser ganzen Charakterisierung des Rechts lässt sich die kantische Grundabsicht ‚Sittlichkeit ohne Ausnahme‘ erkennen. Das Rechtsprinzip muss zunächst das rücksichtslose reinste sein, das sich nachher in jedem empirischen Unterschied und vielen Ausnahmen umsehen kann. Die Apriorität und Allgemeinheit des Rechtsprinzips ist also für Kant eine unwiderrufliche Forderung.

4. Die Eigentümlichkeit der kantischen Rechtslehre im Vergleich zur hegelschen Rechtsphilosophie

1) Der einleitende Gedanke

Um auf der vorherigen Darstellung basierend die Eigentümlichkeit des kantischen Rechtsgedankens einsichtiger zu machen, kann versucht werden, die kantische rechtsphilosophische Ansicht mit der hegelschen zu vergleichen. Der unter Berücksichtigung des Verhältnisses von Recht, Moralität und Sittlichkeit angestellte Vergleich könnte vor allem zur späteren Klärung über den allgemeinen Sinn, die inhaltliche Tragweite und Grenze der kantischen Menschenrechtsvorstellung verhelfen, die mit seiner Auffassung von Staat, Recht, und Individuum zusammenhängt.

Gegenüber der Rechtsphilosophie von Kant und Hegel ist die kritische Ansicht üblich, dass Kant zwischen dem extremen Moralismus und dem Rechtspositivismus pendelt, und Hegel durch sein Anerkennungsmoment in der Tat die Rechtfertigung der herrschenden Macht mit sich bringt. Die vergleichende Untersuchung verlangt jedoch vor allem, sich erst von dieser negativen Bewertung zu distanzieren und sich auf das praktische Begründen zu richten. Dadurch könnte man nicht nur die rechtsphilosophische Auffassung, sondern auch die umfassende anthropologische Ansicht von beiden Philosophen genügend erfahren.

Ein Einblick in die praktische Philosophie von Kant und Hegel lässt zunächst den Eindruck aufkommen, dass die kantische Moralphilosophie von der eigentli-

---

95 VI, 217

chen Allgemeinverständlichkeit des moralisch hohen Anspruchs ausgeht, während die hegelsche Rechtsphilosophie sich an die Ununterschiedenheit dessen, was jeder einzelne Mensch durch sein moralisches Bewusstsein einzigartig erfährt, ansetzt. Insofern lässt sich sagen, dass Kant seinem Motiv nach die Allgemeinverständlichkeit des reinen unbedingten Moralprinzips aufzuzeigen versucht, während Hegel sich eher um die Theoretisierung des vereinzelten, sittlich Allgemeinverständlichen oder die Objektivierung der sittlichen Selbsterfahrung jedes einzelnen bemüht.

Wenn man mit diesem Blick die rechtsphilosophische Ansicht von beiden vergleichen will, kann man feststellen, dass dieser Versuch verschiedene Themenrichtungen haben kann und deshalb der wesentliche Ansatzpunkt schwer zu bestimmen ist. Doch scheint zunächst den rechtsphilosophischen Ansichten von beiden thematisch die Freiheit, der sich der ‚Mensch mit Vernunft' immer wieder und immer klarer bewusst wird, und das Allgemeine, nach dem der einzelne Mensch unermüdlich strebt, zugrunde zu liegen. Um diese Freiheit und das Allgemeine drehen sich die Moral, das Recht und der Staat, die die Menschen mit Mühe schaffen und denen sie sich nicht ohne Widerwille unterwerfen. Was das ursprüngliche Vorhaben angeht, wollte Kant in die übliche Meinung nicht einwilligen, dass die Moral die Beschränkung der menschlichen Freiheit ist. Und Hegel wollte vor allem das alte Vorurteil korrigieren, dass das Recht nur die Beschränkung der menschlichen Freiheit ist.

Mit Bezug auf dieses Vorhaben von beiden kann die Freiheitsvorstellung unterschiedlich eingeführt werden. Für Kant ist der Mensch ein sinnliches und intelligibles Wesen zugleich. Die Freiheit ist trotz ihrer Unergründbarkeit von diesem doppelseitigen Wesen in praktischer Hinsicht ‚postuliert' oder ‚vorausgesetzt'. Von der menschlichen Grenze her kann diese Freiheit in der Tat nur durch das Moralgesetz als Sollen erkannt werden. Im Vergleich dazu trägt der hegelsche Mensch in sich das Moment der Besonderheit und das der Allgemeinheit zugleich. Die Freiheit ist eher die durch diese Momente des menschlichen Bewusstseins und Willens hindurch ‚zu verwirklichende' Freiheit. Nur damit kann die menschliche Realität selbst vernünftig werden. Die Sphäre solcher verwirklichten Freiheit ist nichts anderes als die Sphäre des allgemeinen Staatsrechts.

Ins Verhältnis von Individuellem und Allgemeingültigem umformuliert steht für Kant dem empirischen subjektiven Willen des einzelnen die reine allgemeine Form gegenüber. Auf diese Form, die etwas Individuelles und Materielles abstrahierend die einzelne Willenshandlung verallgemeinern kann, gründen sich die Notwendigkeit der Moral und des Rechts. Hegel stellt dagegen dem formellen endlichen Willen des Individuums den allgemeinen Zweck gegenüber. Nur das geltende Recht (oder die Sitte) kann solcher allgemeine Zweck sein, dessen substantiellen Inhalt das Individuum denkend und wissend in sich betätigt.[96]

Im Hinblick darauf ist der Sinn und Wert des Individuums bei Kant und Hegel auch unterschiedlich zu formulieren. Für Kant ist jeder Mensch nur als ‚Zweck an sich unter der transzendentalen Idee der Freiheit' unterschiedslos achtungswürdig. Dabei stehen der möglichen moralischen Gesinnung des einzelnen als eines Zwecks an sich die unbedingte Idee der Freiheit und das Sollen gegenüber. Für das unbeschränkt geltende Sollen hat die konkrete Lebenssituation des einzelnen wenig Bedeutung. Vom absoluten Sollen herab kann nämlich die individuelle Unumgänglichkeit oder die situationsgebundene Zufälligkeit des einzelnen übersehen werden. Doch zum Schluss trägt das Individuum ausnahmslos an allen eigenen Absichten und Handlungen als moralischen Folgen moralische Schuld. Das Individuum kann also gegen die absolut abstrahierende Macht der transzendentalen Freiheitsidee und des Sollens ohnmächtig sein.

Nach Hegel sind die Individuen nicht nur das einfache Mittel, sondern „auch Selbstzwecke dem Inhalte des Zwecks nach".[97] Weil die Menschen in der Tat schon immer von der bestimmten Art von Recht, Moral und Sitte mit Bezug auf den absoluten Weltgeist umgeben sind, können sie immer nur bezüglich der konkreten Zwecke von Recht, Moral und Sitte frei und vernünftig sein. Insofern tragen sie nur am ihrer individuellen Freiheit angehörigen konkreten Guten und Bösen moralische Schuld. Für den einzelnen hat das Ge- oder Misslingen des eigenen Lebens zwar einen unendlichen Wert und eine besondere Berechtigung.[98] Vom vernünftigen Weltgeist herab gesehen haben aber die Verhältnisse eines beschränkten Lebens wenig Bedeutung. Nicht als moralisch Schuldiger gegen das absolute Sollen wie bei Kant, sondern eher als einzelnes Mittel zum absoluten Weltgeist oder zum Vernunftzweck kann also das Individuum bei Hegel ohnmächtig sein.

Erst von diesem einleitenden Gedanken ausgehend ist der rechtlichen Ansicht von Kant und Hegel nachzugehen.

2) Das kantische Privatrecht im Vergleich zum hegelschen abstrakten Recht

Für Kant sind das Recht und die Moral die vom Standpunkt der transzendentalen Idee der Freiheit aus koexistierenden Normbereiche, deren gemeinsame Sache die Bestimmung des Willens nach dem allgemeinen Gesetze der Freiheit ist. Die

---

96 G.W.F.Hegel, Die Vernunft in der Geschichte, J.Hoffmeister(Hg.), Hamburg 1955, S. 95

97 Ebd., S. 106

98 Ebd., S. 107-109

als Recht geltenden normativen Sätze müssen hauptsächlich das Verhältnis zwischen einzelnen Personen generell und allgemein auf das vereinbarte äußere Freiheitsverhältnis einschränken. Solche Rechtssätze sind dabei der Inbegriff der Bedingung der Möglichkeit der Vereinbarung des äußeren Freiheitsgebrauchs. Sie sind vom empirieunabhängig apriorisch geltenden notwendigen Charakter her als allgemeines Vernunftrechtsgesetz zu bezeichnen. Der Bereich des Privatrechts bei Kant kann nur erst dann zum Dasein berechtigt werden, wenn er solcher Grundnorm des Vernunftrechts überhaupt nicht widerspricht. Nur der Grundnorm entsprechend kann das Privatrecht als eine allgemeingültige Vorschrift für das freie Verhältnis von äußerem Meinem und Deinem gelten und durch die öffentliche Gesetzgebung weiter gesichert werden.

Im Vergleich dazu versucht Hegel dem Recht einen Platz im umfangreichen System zuzuweisen. Nach Hegel wird die kantische Ansicht, dass das Wesen des Rechts in der allgemeinen Einschränkung der äußeren Freiheit liegt, dem komplexen Verhältnis des Rechts zu den widersprüchlichen Momenten des menschlichen Willens nicht gerecht. Über die ohne Empiriebezug deduzierten Rechtssätze a priori hinaus begreift das Recht bei Hegel das im zwischenmenschlichen Verhältnis immer klarer ins Bewusstsein gedrungene menschliche Bedürfnis nach dem Besitz und der wechselseitigen Anerkennung sowie die inmitten davon unvermeidbar hervortretende menschliche Untat auch als die eigenen Momente in sich. Solche Momente des Rechts haben je nach der Stufe des menschlichen Bewusstseins eine eigene Berechtigung, eine bestimmte Tragfähigkeit und Grenze. Durch die jeweilige Grenze veranlasst kann das Recht immer objektiver und wirklicher werden. Von der Seite des menschlichen Subjekts aus gesehen, wird der freie Spielraum eines Menschen um so größer, je klarer er sich der eigenen Umstände einschließlich der eigenen normativen Kompetenz bewusst sein kann. Gekürzt gesprochen kann das Recht als die Objektivierung des menschlichen Willens in der Tat der menschlichen Freiheit dienen.

Um diese Ansicht von Kant und Hegel näher zu betrachten, kann man mit dem Begriff der Person anfangen. Die Person bei Kant wird in der Metaphysik der Sitten generell und allgemein definiert:

„ Person ist dasjenige Subjekt, dessen Handlungen einer Zurechnung fähig sind. Die moralische Persönlichkeit ist also nichts anders, als die Freiheit eines vernünftigen Wesens unter moralischen Gesetzen ..., woraus dann folgt, daß eine Person keinen anderen Gesetzen als denen, die sie ... sich selbst gibt, unterworfen ist.“[99] Der Begriff der Person bei Hegel variiert hingegen unterschiedlich mit Bezug auf die Entwicklung des menschlichen Bewusstseins. Hegelscher Erläuterung nach wird am Anfang der menschliche Wille von sich selbst nur abstrakt begrif-

99 VI, 223

fen. Als abstrakt in sich seiender erkennt er in seiner Bestimmung noch keinen Unterschied oder Gegensatz. Dieser inhaltslose, unmittelbar daseiende einzelne Wille heißt die Person. In dieser Person ist der Mensch schlechthin für sich. Der Mensch nimmt sich zunächst als ein raum-zeitlich bestimmter wahr. Innerhalb dieser Endlichkeit spürt er jedoch seine reine Selbstbezogenheit. Deshalb kann er sich selbst auch nur in begrenztem Maße als ein unendliches allgemeines Wesen begreifen.[100] Erst da, wo der Mensch über das Bewusstsein von sich als unmittelbarem konkretem Ich hinaus das reine abstrakte Selbstbewusstsein hat, fängt die Persönlichkeit an. Aufgrund der Persönlichkeit kann der Mensch überhaupt rechtsfähig sein. Die Persönlichkeit ist die Grundlage des abstrakten formellen Rechtsverhältnisses. Insofern heißt das erste Gebot des abstrakten formellen Rechts, „Sei eine Person und respektiere die anderen als Personen."[101] Im Zustand der abstrakten Persönlichkeit ist der Mensch nur von seiner Fähigkeit ‚Etwas zu haben' besessen und er bleibt zunächst gegen die eigenen differenzierten Interessen, Absichten oder Bedürfnisse gleichgültig. Beim abstrakten Recht geht es also noch nicht um den besonderen Inhalt des Willens oder den besonderen Bestimmungsgrund desselben. Das abstrakte Recht bedeutet für den Einzelnen zunächst die abstrakte Möglichkeit, eine Erlaubnis oder Befugnis.[102] Es gebietet nur „das Negative, die Persönlichkeit und das daraus Folgende nicht zu verletzen."[103] Bei Hegel fängt also das Rechtsverhältnis mit dem rohen Willen zum Besitz an. Unter Besitz ist das abstrakte Meinige ohne Verhältnis zum Anderen verstanden. Solcher Besitz ist nicht nur möglich, sondern er ist ein notwendiges Moment bei der Entwicklung des Rechtsverhältnisses.

Mit diesem hegelschen Punkt ist der kantische Begriff des Rechts zu vergleichen. Das Recht bei Kant ist von Anfang an auf das Willkürverhältnis einer Person zur anderen gegründet.[104] Das Verhältnis einer Person zur Sache selbst ist eigentlich kein selbständiger Gegenstand des Rechts. Das Wesen des Sachenrechts liegt auch nicht im direkten Recht in einer Sache. Solches Recht in einer Sache setzt schon die verpflichtende Befugnis einer Person gegen alle anderen voraus. In diesem Sinne erläutert Kant:

„Das Recht in einer Sache ist ein Recht des Privatgebrauchs einer Sache, in deren (ursprünglichen, oder gestifteten) Gesamtbesitze ich mit allen andern bin. Denn das letztere ist die einzige Bedingung, unter der es allein möglich ist, daß ich jeden anderen Besitzer vom Privatgebrauch der Sache ausschließe (ius contra quemlibet huius rei possessorem), ... Durch einseitige Willkür kann ich keinen

100 G.W.F.Hegel, Werke7, RPh, §35
101 Ebd., §36
102 Ebd., §38
103 Ebd., §38
104 VI, 230

Andern verbinden, sich des Gebrauchs einer Sache zu enthalten, wozu er sonst keine Verbindlichkeit haben würde: also nur durch vereinigte Willkür Aller in einem Gesamtbesitz."[105]

Der Grund dieses Unterschiedes zwischen Kant und Hegel kann darin liegen, dass das Recht bei Kant schon die allgemeine normative Kraft beinhaltet und sich die Frage nach dem Recht hauptsächlich auf die Frage nach der allgemeinen Verbindlichkeit richtet. Der Rechtsbegriff bei Hegel geht dagegen vom einseitigen Willen ohne normative Kraft aus und die Rechtsfrage ist eher die Frage nach der Entwicklung dieses einseitigen Willens zum normativen allgemeinen Willen. Insofern kann Kant ausdrücken,

„Es ist aber klar, daß ein Mensch, der auf Erden ganz allein wäre, eigentlich kein äußeres Ding als das Seine haben oder erwerben könnte: weil zwischen ihm als Person und allen anderen äußeren Dingen als Sachen es gar kein Verhältnis der Verbindlichkeit gibt."[106]

Dies wäre für Hegel nicht so selbstverständlich. Die Persönlichkeit als Grundlage der Rechtsfähigkeit ist bei Hegel schon in der einfachen Neigung zur Sache vorhanden. Solcher einseitige, noch abstrakte Wille zum Besitz kann erst durch das Verhältnis zum Anderen immer konkreter und allgemeiner werden. Bei Kant liegt aber dem Willen zur Sache der vereinigte Wille aller in Form einer Idee zugrunde und jeder Besitz ist schon ein „normativ" verbindender Besitz. Gekürzt gesprochen ist für Hegel am Anfang nur der einfache einzelne Wille zum Haben da. Für Kant kann und muss hingegen am Anfang der Wille zum Gerechten oder der vereinigte Wille zum Gemeinbesitz vorhanden sein.

Was die nähere Bestimmung des Rechtsverhältnisses angeht, hat das Recht bei Kant nur das wechselseitige Willkürverhältnis zum Gegenstand. Es prüft nicht die Materie der Willkür, sondern nur die Form im wechselseitigen Verhältnis. Für Kant liegt die Bestimmung des ‚Rechtsverhältnisses' als ‚Willkür'verhältnisses daran, dass die bloßen Wünsche oder Bedürfnisse überhaupt nicht praktizierbar sind und solche subjektiven Vorstellungen des anderen Menschen sogar unerfahrbar und unerzwingbar sind. Des weiteren hat die Abstraktion von der Materie des Willens beim Rechtsverhältnis darin ihre Berechtigung, dass das Recht die Vereinigung der Menschen zur maximalen äußeren Freiheit zum Wesen hat. Um der Allgemeinheit der äußeren Freiheit oder der Allgemeinheit des diese Freiheit regelnden Rechts willen muss also von jeder Art Zweckinhalt oder subjektiver Motive abstrahiert und nur die allgemeine Form des Willkürverhältnisses berücksichtigt werden.

---

105 VI, 261
106 VI, 261

Für Hegel hat jedoch die Tatsache, dass beim Rechtsverhältnis zunächst das Bedürfnis, das besondere Interesse, der eigene Zweck oder die Absicht unberücksichtigt geblieben sind, mit der Unpraktizierbarkeit der Wunschvorstellung oder mit der Nichtverallgemeinerbarkeit des subjektiven Zwecks wenig zu tun. Dies liegt eher an der eigenen Grenze des einzelnen abstrakten Willens selbst. Das heißt, im Zustand des abstrakten Rechts und der abstrakten Persönlichkeit kann sich der Wille der eigenen Bedürfnisse, Interessen oder Absichten noch nicht klar bewusst sein. Der Wille bleibt im negativen, nicht-konkreten Verhältnis zu sich selbst und anderen. Er begreift das Recht zunächst als die allgemein-abstrakte Möglichkeit ‚vom anderen nicht verletzt zu werden'. Die Besonderheit des Willens ist also nicht wegen der Allgemeinheit des Rechts oder der äußeren Freiheit unberücksichtigt geblieben, sondern weil der Wille selbst am Anfang ‚noch nicht' differenziert und konkret ist. Vereinfacht gesprochen kommt beim hegelschen abstrakten Rechtsverhältnis die Besonderheit des Willens noch nicht in Frage, indem das anfängliche Rechtsverhältnis nicht so konkret ist wie die moralischen oder sittlichen Verhältnisse. Die differenzierte subjektive Besonderheit ist den betroffenen Menschen noch nicht klar bewusst. Bei Kant kann sich hingegen der einzelne Mensch schon bei jedem Rechtsverhältnis über die eigenen besonderen Interessen oder Absichten im klaren sein, doch nur um der allgemeinen äußeren Freiheit willen verlangt das Recht es von jedem Menschen, von solcher Besonderheit des Individuums zu abstrahieren. Insofern weist das Recht bei Kant auf die schon erreichte, von der Besonderheit abstrahierende Allgemeinheit oder schon vereinigte allgemeine äußere Freiheit hin, während bei Hegel das abstrakte Recht zunächst nur die noch nicht allgemeine, nur negative Möglichkeit oder die noch nicht klar bewusst gewordene Freiheit zu erkennen gibt. Hegelscher Deutung zufolge nimmt der Mensch erst dadurch den Kontakt mit der äußeren Welt auf, dass er als Person etwas besitzt, d. h. die äußerliche Sache einfach in seiner Gewalt hat. Solcher Besitzzustand ist zwar nur das einfache Verhältnis einer Person zur Sache. Aber damit kann der Mensch tatsächlich irgendwo außerhalb seines körperlichen Daseins einen freien Raum haben. Dabei kommen die anderen Menschen als konkretes ‚Mir Gegenüber' noch nicht in Betracht. Von oben herab gesehen sind also die Personen miteinander beziehungslos und durch die Tatsache, etwas zu besitzen, unterschiedslos gleich. Auf dieser Stufe der abstrakten Gleichheit der etwas besitzenden Personen können die Menschen gegen die besondere Seite des Besitzes, d. h. wer, was und wie viel besitzt, gleichgültig sein. Erst danach treten die Menschen um die äußere Sache herum zueinander ins Verhältnis und ihre abstrakten Willen können, aufeinander bezogen, bestimmter und differenzierter werden. Dabei geht es nicht mehr ums Dasein der äußeren Sache selbst oder den einseitigen Willen, sondern eher ums konkrete Dasein einer anderen Person oder um den gegenseitigen und zugleich gemeinsamen Willen. Dies ist die Stufe des Vertragsverhältnisses überhaupt.[107] Die notwendige Voraussetzung für solch ein konkretes Willkürverhältnis zum Anderen ist es, dass die Betroffenen sich selbst als etwas besitzende Person begreifen. Jedes Vertragsverhältnis muss von solcher Selbst- und gegenseitigen Anerkennung als Eigentümer begleitet werden. Tendenziell wird aber die Person durch das Vertragsverhältnis hindurch von der zufälligen besonderen Seite des eigenen Willens immer stärker besessen. Damit kann solcher immer beliebiger werdender besonderer Wille mit dem Recht an sich als dem objektiv Gerechten in Konflikt geraten. Dieser selbstwidersprüchliche Willenszustand macht das Unrecht aus.[108] Das Unrecht selbst als unerfüllte Anerkennung ist eines von den unentbehrlichen Momenten, vermittelst deren der eigene freie Wille dem Einzelnen immer klarer bewusst wird und deshalb auf lange Sicht immer objektiver und realer werden kann. Für Hegel kann die Moralität des einzelnen Menschen, die sich für Kant in Form des unbedingt guten Willens schon am Beginn jedes menschlichen Verhältnisses zu sich selbst und dem anderen befinden kann, erst aus solcher Selbsterfahrung über die abstrakten, oft widersprüchlichen Rechtsverhältnisse hervorgehen.

Zum besseren Verständnis dieses hegelschen abstrakten Rechts wäre es weiter nützlich, dem hegelschen abstrakten Recht die kantische Privatrechtsvorstellung gegenüberzustellen. Dem Privatrecht bei Kant kommt die Aufgabe zu, unter Voraussetzung des allgemeinen Rechtsbegriffs die Prinzipien der Rechte der Rechtssubjekte zu entwickeln. Dem Privatrecht geht zunächst das angeborene Recht voraus, das aus dem Begriff der positiv-praktischen Freiheit hervorgeht. Dieses angeborene Recht auf Freiheit ermöglicht den rechtmäßigen Ausschluss aller anderen von der Affizierung des inneren Meinen. Durch die Überführung des inneren Meinen ins rechtliche Meine im Sinne des angeborenen Freiheitsrechts kann die Notwendigkeit des äußeren Meinen selbst noch nicht bekräftigt werden.[109] In seiner Privatrechtslehre versucht Kant deshalb vor allem, die Bedingung der Möglichkeit des äußeren Meinen vernunftrechtlich zu klären. Diesem Versuch liegt seine Ansicht zugrunde, dass das Privatrechtsverhältnis hauptsächlich als Verhältnis von äußerem Mein und Dein dem allgemeinen Vernunftrechtsgesetz, „Handle äußerlich so, daß der freie Gebrauch deiner Willkür mit der Freiheit von jedermann nach einem allgemeinen Gesetze zusammen bestehen könne“, überhaupt nicht widerspricht.[110] Der Schwerpunkt seiner Privatrechtslehre liegt auf dem Postulat der praktischen Vernunft, dem Begriff des intelligiblen Besitzes und der Idee des apriori vereinigten Willens. Seine Deutung über die Möglichkeit

---

107 G.W.F.Hegel, Werke10, Enzyklopädie der philosophischen Wissenschaften(1830), Werkausgabe im Suhrkamp Verlag, Frankfurt 1986, §§ 493-495

108 Ebd., §§ 496-502

109 B. Ludwig, a.a.O., S. 104-106, 153

110 VI, 231

des Privatrechts geht von der Frage nach dem Vorfeld des äußeren Meinen aus. Wie oben erwähnt, gilt die angeborene Freiheit oder das innere Meine im äußeren Freiheitsverhältnis als Recht der Menschheit in der Person. Danach steht die Affizierung des eigenen Leibes oder der physischen Handhabung der mit diesem verbundenen äußeren Gegenstände schon als Störung der angeborenen Freiheit oder des inneren Meinen im Widerspruch mit dem Recht der Person nach dem Axiom des Rechts. Der Rechtstitel des empirischen Besitzes als physischer Inhabung der Gegenstände folgt insofern analytisch aus dem angeborenem Freiheitsrecht oder dem allgemeinen Rechtsgesetz. Von dieser Einsicht aus ist die Frage nach der Möglichkeit des äußeren Meinen zunächst als Frage danach zu verstehen, wie ein Gegenstand außer mir, mit dem ich physisch nicht verbunden bin, das Meine sein kann. Dabei geht die Möglichkeit, etwas Äußeres als das Meine zu haben, mit der Vorstellung einher, dass ich durch den physischen Besitz und Gebrauch des anderen lädiert werde, obwohl ich selbst nicht im physischen Besitz des Gegenstandes bin. Damit eine solche Vorstellung überhaupt möglich sein kann, ist irgendeine vom physischen Besitz unabhängige Besitzvorstellung nötig. Das ist der Begriff des intelligiblen Besitzes. Dieser Besitz als der Besitz ohne Inhabung oder bloß-rechtlicher Besitz geht über den unmittelbaren wirklichen Besitzzustand hinaus. Im Hinblick auf das Besitzverhältnis weist dieser Begriff darauf hin, dass die Vorstellung des intelligiblen Besitzes als bloß-rechtlicher Verbindung des Willens mit äußerem Gegenstand möglich sein muss, wenn überhaupt nicht nur Inneres, sondern ‚Äußeres' auch das Meine und Deine soll werden können. Erst dann kann sich die Möglichkeit des äußeren ‚Meinen' als bloß-rechtlichen Besitzes aus dem allgemeinen Vernunftrechtsgesetz und dem Postulat der praktischen Vernunft erklären. Das allgemeine Vernunftrechtsgesetz gibt nur das formale Gebot des Willkürgebrauchs. Danach muss der Gebrauch der Willkür mit der äußeren Freiheit von jedermann nach einem allgemeinen Gesetz zusammen bestehen können. Unter dieser formalen Bedingung ist jede Art von Willkürgebrauch, unabhängig von der Materie der Willkür, vorzunehmen. Insofern gibt es keinen Grund dazu, den dieser Bedingung entsprechenden Gebrauch irgendeines äußeren Gegenstandes zu verbieten oder darauf zu verzichten. Solch generelles Verbot oder Verzicht könnte dazu führen, die brauchbaren Gegenstände zur res nullius zu machen und deshalb das vereinigte Maß an äußerer Freiheit selbst zu vernichten.[111] Die Möglichkeit des Besitzes und Gebrauchs der

111 Angesichts dieses Vorgangs ist die Frage danach zu stellen, ob nicht das kantische Argument der Widersprüchlichkeit der rechtlichen Vernichtung der brauchbaren Gegenstände und damit das Argument für die Nutzung der Dinge einen teleologisch fundierten Zweck oder ein anthropologisch bestimmtes Selbsterhaltungsinteresse voraussetzt. Auf diese kritische Frage ist nur zu erwidern, dass das Wesen des kantischen Privatrechts in der ‚aus der maßgeblichen freiheitstheoretischen Perspektive

äußeren Gegenstände ist im Grunde genommen um der verallgemeinerbaren äußeren Freiheit willen erfordert. Anders ausgedrückt ist diese Möglichkeit als Möglichkeit des freien Willkürgebrauchs nach dem formalen allgemeinen Freiheitsgesetze schon vorhanden. Das rechtliche äußere Meine als Besitz einer Sache außer Mir benötigt über diese allgemeine Besitz- und Brauchbarkeit der Sache hinaus die Möglichkeit der Verpflichtung aller anderen, sich des Gebrauchs gewisser Gegenstände zu enthalten. Nur mit dieser Verpflichtungsmöglichkeit oder Ausschließungsmöglichkeit kann jemand äußere Sache als das rechtlich-Seine haben. Die Möglichkeit des äußeren Meinen ist insofern nichts anderes als die Möglichkeit der Befugnis, alle anderen zum Enthalten zu verpflichten. Diese Befugnis als Verpflichtungsmöglichkeit ergibt sich nicht aus dem Rechtsbegriff selbst oder dem allgemeinen Freiheitsgesetz. Sie bedeutet vielmehr die Möglichkeit der Einschränkung der allgemeinen Gültigkeit des Rechtsgesetzes oder die der Einschränkung der Willkür anderer.[112] Solche Befugnis kann sich nur aus dem Postulat der praktischen Vernunft ergeben, dass es Rechtspflicht sei, gegen andere so zu handeln, dass das äußere Brauchbare auch das Seine von irgend jemandem werden könne. Dabei ist dieses Postulat als ein diese Befugnis gebendes Erlaubnisgesetz zu bezeichnen. Die Möglichkeit des äußeren Meinen bei Kant lässt sich insofern aus dem Postulat der praktischen Vernunft als Erlaubnisgesetz erklären.[113] Im Hinblick auf die Eigentümlichkeit des äußeren Meinen als Befugnis zur Verpflichtung aller anderen kommt beim kantischen rechtlichen Besitz schon am Anfang die normative Kraft, die anderen auszuschließen, in Betracht, während beim hegelschen abstrakten Recht das Besitzergreifen zunächst als physische Tatsache vorkommt.[114] Der Besitz bei Hegel deutet nur darauf hin, dass der einfache zufällige Wille zum Besitz da ist. Die Besitzergreifung enthält noch nicht die vollkommene Erkennbarkeit für andere. Der zufällige einseitige Wille kann erst durch das eigene Zutun wie Formierung, Bezeichnung äußerlich immer erkennbarer werden. Mit der einfachen Besitznahme angefangen geht das Verhältnis zur Sache weiter bis zum Gebrauch und

---

notwendig selbstzweckhafte(n) Verfügungsfreiheit über Dinge‘ liegt. Deshalb kommt beim kantischen Rechtsverhältnis die inhaltliche Bestimmung oder empirische Bestimmung des Willkürgebrauchs wenig in Betracht.
W. Kersting, a.a.O., S. 243 - 244

112 Ebd., S. .249

113 Das Postulat selbst ist nicht mehr theoretisch erklärbar.: „Es darf auch niemand befremden, daß die theoretischen Prinzipien des äußeren Mein und Dein sich im Intelligibelen verlieren und kein erweitertes Erkenntnis vorstellen: weil der Begriff der Freiheit, auf dem sie beruhen, keiner theoretischen Deduktion seiner Möglichkeit fähig ist und nur aus dem praktischen Gesetze der Vernunft (dem kategorischen Imperativ), als einem Faktum derselben, geschlossen werden kann.“ VI, 252

114 G.W.F.Hegel, Werke7, RPh, §52

zur Veräußerung durch. Erst dadurch, dass der einseitige Wille von anderen Menschen erkannt wird und mit diesen ins positive Verhältnis tritt, kann der Wille als gemeinsamer und zugleich gegenseitiger Wille umgeformt werden. Die verbindende Kraft des Willensverhältnisses kommt erst dann in Betracht. Insofern geht es beim hegelschen Eigentumsrecht um die Frage, wie sich ein subjektiv zufälliger Wille ausdehnen und daraus sich die normative Kraft ergeben kann. Das kantische Eigentumsrecht geht hingegen von der Frage aus, wie eine Vorstellung „Besitz ohne Inhabung" möglich ist und wie eine Person die außerhalb des physischen Besitzes liegende Sache als das rechtlich anerkannte Seine haben kann. Dabei hängt die Möglichkeit des 'Besitzes ohne Inhabung' von der freiheitsrechtlichen Notwendigkeit des äußeren Meinen als Postulat ab. Das heißt, um das äußere Meine überhaupt als Rechte möglich zu machen, muss der Begriff des intelligiblen Besitzes, der vom physischen Zustand unabhängig ist, vorausgesetzt werden. In dieser Hinsicht ist der Begriff des intelligiblen Besitzes als die Bedingung der Möglichkeit des äußeren Meinen zu bezeichnen. Bei Kant geht also die Möglichkeit des äußeren Meinen aus dem Postulat der praktischen Vernunft und dem Begriff des intelligiblen Besitzes hervor. Wenn das Postulat der praktischen Vernunft das äußere ‚Meine' als den über den einseitigen Willen hinausgehenden, alle anderen verpflichtenden Besitz apriori ermöglicht, macht der Begriff des intelligiblen Besitzes als eines über die empirische Unmittelbarkeit des physischen Besitzes hinausgehenden Besitzes das ‚äußere' Meine begrifflich vorstellbar. Aufgrund dieser beiden Bedingungen ist das äußere Meine selbst als ein vom empirischen Zustand unabhängiges, apriorisch begründetes Freiheitsrecht zu betrachten.

Im Hinblick darauf bedeutet die Erklärung, dass ich einen äußeren Gegenstand meiner Willkür als das rechtlich anerkannte Meine haben kann, für mich, dass ich berechtigt bin, allen anderen die Verbindlichkeit aufzuerlegen, sich des Gebrauchs desselben zu enthalten. Wie oben erörtert, gibt der Rechtssatz des äußeren Meinen dem Rechtssubjekte die Befugnis, die Willkür aller anderen einzuschränken. Von einem solche Befugnis schaffenden Charakter her ist das Rechtsgesetz des äußeren Meinen als ein Erlaubnisgesetz zu bezeichnen.[115] Die Befugnis, alle anderen zu verpflichten, kann ihrem Rechtsgrund nach nicht von der einseitigen Bemächtigung, sondern nur von der anerkannten Berechtigung herkommen. Das äußere Meine, das diese Befugnis mit sich bringt, enthält insofern nicht nur das Verhältnis des Subjekts zum äußeren Gegenstand, sondern auch das Verhältnis zu allen anderen. Ohne das Verhältnis zu allen anderen vorauszudenken, wäre das äußere Meine als Befugnis, alle anderen ausschließend etwas in Besitz zu nehmen, nicht möglich. Dies heißt mittelbar, dass irgendeine

115 VI, 223

Vorstellung vom ursprünglichen Verhältnis des Subjekts zu allen anderen vorausliegen muss, um die ausschließende Befugnis des Subjekts zu begründen. Solche Vorstellung muss die allgemeine Verbindlichkeit und Reziprozität der Befugnis der Subjekte verschaffen können. Sie ist die Idee des apriori vereinigten Willens aller in einem Gemeinbesitz.[116]

In allgemeiner Hinsicht könnte diese Notwendigkeit und Möglichkeit des vereinigten Willens aller das Grundmotiv jeder Art von Sozialvertragstheorie sein. Auf die Vorstellung der vertraglichen Vereinbarung aller kann die Forderung gegründet werden, dass jeder Mensch beim Besitzverhältnis wechselseitig die Verbindlichkeit zur Enthaltung akzeptieren muss. In dieser allgemein annehmbaren Vorstellung ist jedoch folgende Schwierigkeit zu sehen. Einerseits kann nur der Zustand der vertraglichen Vereinbarung jeden Menschen zur Enthaltung verpflichten und das Besitzverhältnis sichern. Andererseits bedarf die vertragliche Vereinbarung selbst irgendeines positiven Vorgehens oder einer Maßnahme zur Entstehung. Dies führt zur Frage zurück, woher der Zustand der vertraglichen Vereinbarung aller kommt oder worin das anerkannte Besitzverhältnis seinen Ursprung hat. Diese Fragen können sich zunächst durch den Gedanken des Naturzustandes und des bürgerlichen Zustandes klären. Jeder Gedanke des Naturzustandes, abgesehen von seinem inhaltlichen Unterschied, macht die Vorbedingung der vertraglichen Vereinbarung und des anerkannten Besitzverhältnisses sichtbar, indem er aufzeigt, was im nur provisorisch angenommenen, unverbindlichen Willkürverhältnis schon vorhanden ist und woran es ihm noch fehlt. Angesichts der Charakterisierung des Naturzustandes und der Begründung für den Übergang zum bürgerlichen Zustand unterscheiden sich die neuzeitlichen Sozialvertragstheorien voneinander, obwohl sie gemeinsam vorhaben, durch die Vorstellung des Naturzustandes und des bürgerlichen Zustandes den Grund, die Bedingung und die Grenze der gesellschaftlichen Vereinbarung zu klären. In Bezug darauf hat die kantische Position darin ihre Eigenartigkeit, dass sie, ohne zwischen Naturzustand und bürgerlichem Zustand streng zu unterscheiden, für jedes Besitzverhältnis die apriorische allgemeine Vereinigung aller voraussetzt. Das heißt, die apriorische Idee des kollektiv-allgemeinen Willens aller, die der provisorischen Einwilligung und der positiven bürgerlichen Vereinbarung vorausgeht, kann schon jedem Besitzverhältnis einen Rechtsgrund geben.

---

116 Kersting, a.a.O., S. 227
Kersting nach konvergiert der kantische Begriff des Eigentumsrechts mit dem kontraktualistischen Begründungsmodell. Kant teile „die Überzeugung, daß ein unmittelbares Rechtsverhältnis zu Sachen unmöglich ist, daß ein Rechtsverhältnis nur ein interpersonales und daher auch die rechtliche Sachherrschaft nur in der Übereinkunft aller Beteiligten fundiert sein kann.“

Dieser kantische Gedanke lässt sich vor allem an seiner Deutung des Naturzustandes erkennen. Danach können die Menschen im Naturzustand wirklich, aber nur provisorisch etwas Äußeres haben. Jemand kann nach seinem Willen auf etwas Äußeres zugreifen und in Besitz nehmen. Dies enthält die Möglichkeit, die anderen davon abzuhalten. Die Besitznahme selbst kann zwar von dem einfachen Willen und der physischen Gewalt hervorgebracht werden. Der entstandene Zustand ist jedoch kein Zustand des physischen Konflikts, sondern ein provisorisch von jedem gegenseitig akzeptierter Zustand. In diesem provisorischen Zustand kann aber die Unsicherheit bleiben, die mit dem eventuell vorkommenden lästigen Eingriff in die private Sphäre und deshalb mit der Störung des Besitzes zu tun hat. Es geht insofern um die Notwendigkeit des Eingehens in einen sicheren Zustand. Im Hinblick darauf könnte der Besitz im Naturzustand so dargestellt werden, dass jeder willkürlich mit der eigenen Tatkraft die äußere Sache in Besitz nehmen kann und der Besitznehmer mit dem vorläufig ihm gebührten Vorrang weiter versuchen kann, solchen noch-nicht sicheren Besitzzustand zu befestigen. Im Naturzustand sind also das äußere Meine und die Befugnis, alle anderen in einen sicheren rechtlichen Zustand einzutreten zu nötigen, schon vorhanden. Insofern leidet das äußere Meine im bürgerlichen Zustand nicht unbedingt Abbruch, sondern es kann nur sicherer werden.

Während bei den meisten Sozialvertragstheorien, insbesondere bei Hobbes, der Naturzustand als ein abzuschaffender Zustand der Ungerechtigkeit gilt und zum bürgerlichen Zustand in scharfem Gegensatz steht, weist der kantische Naturzustand auf die auch nur provisorisch dem Recht gemäß entstandenen, nur noch sicherzustellenden Verhältnisse hin. Solcher Zustand ist nicht der Zustand der chaotischen Ungerechtigkeit, sondern der Zustand der Rechtlosigkeit im Sinne der Unsicherheit.[117] Diese auch nur vorläufige Kontinuität zwischen beiden Zuständen deutet mittelbar darauf hin, dass bei Kant schon im Besitzverhältnis des Naturzustandes der Rechtstitel des Besitzes in Betracht kommt. Das heißt, auch der provisorische Besitz ist begründungsbedürftig und dazu fähig. In diesem Zusammenhang wird von Kant die Frage nach der Möglichkeit der ursprünglichen Erwerbung als Kernfrage des Privatrechts gestellt.[118] Die kantische Erörterung über diese Frage geht davon aus, dass etwas Äußeres eigentlich nicht das ursprüngliche Meine sein kann, weil das ursprüngliche Meine Etwas ist, was, ohne von dem Seinen eines anderen abgeleitet zu werden, von Anfang an mir gehört. Nur etwas in mir Liegendes kann eigentlich das Meine sein, und jedes Äußere muss zuerst erworben werden, um das Meine zu sein. Der Akt der ursprünglichen Erwerbung bildet in dieser Hinsicht den Ursprung des äußeren Meinen. Dabei kann die Art, etwas Äußeres, ohne von dem Seinen eines anderen

117 VI, 312
118 B. Ludwig, a.a.O., S. 127-133

abgeleitet zu werden, als Meines zu erwerben, nur die einseitige Bemächtigung sein. Die vorläufige Befugnis des ersten Besitznehmers kommt von der Inhabung als physischem Akt her. Die Formel „wohl dem, der im Besitz ist" drückt die vom physischen Besitz abhängige rechtliche Präsumtion aus.[119] An diesem Punkt geht Kant jedoch einen Schritt weiter und stellt die Frage nach dem Rechtsgrund dieser einseitigen Bemächtigung. Kantischer Ansicht nach fehlt diesem ersten Bemächtigungsakt noch etwas, um allen anderen auch nur vorläufig die Verbindlichkeit aufzuerlegen. Der Begriff, den Kant um dieser Verbindlichkeit willen als Rechtsgrund der ursprünglichen physischen Erwerbung darstellt, ist die Idee des apriori vereinigten Willens aller.[120] Kant nach ist die erste mögliche Erwerbung einer Sache die Erwerbung des Bodens. Die Vorstellung der Bodenerwerbung führt zur Frage, aus welchem Grund und unter welcher Bedingung jemand als Erster diesen eigentlich herrenlosen Boden in Besitz nehmen kann. Kant ist der Ansicht, dass jeder unter der Idee des Gemeinbesitzes des Bodens sich als Teilnehmer an dieser angeborenen Gemeinschaft des Bodens vorstellen kann und nur als Erster unter den Angehörigen dieser Gemeinschaft einen Teil dieses Bodens in privaten Besitz nehmen darf. Obwohl der erste Besitz des Bodens in der Tat ein willkürlicher Akt ist, kann dieser Besitznehmer doch aufgrund der Idee des ursprünglichen Gesamtbesitzes allen anderen die Verbindlichkeit auferlegen. Mit dieser Idee des apriori vereinigten Willens beantwortet Kant also die Frage nach dem fehlenden Rechtsgrund des ersten Besitzes im Sinne der nicht vom Seinen eines anderen abgeleiteten, ursprünglichen Erwerbung vom Äußeren. Praktisch gesehen liegt dieser kantische Versuch an der Verzweiflung, dass ohne die Voraussetzung der apriorischen Vereinbarung aller der von jemandem genommene erste Besitz in der Tat als Besitznahme der ursprünglich herrenlosen äußeren Sache ein nicht-gerechtfertigter Besitz sein und dies zur Aberkennung jedes weiteren Besitzverhältnisses führen könnte. Die kantische Deutung über die Möglichkeit der ursprünglichen Erwerbung ist insofern für eine apriorische Lösung der Frage nach dem unbedingt gültigen Grund des Privatbesitzes überhaupt zu halten. Seine Lösung zeichnet sich durch die Intelligiblität und Apriorität des Rechtsgrundes aus. Die kantische Ansicht über die res nullius und das Arbeitseigentum macht diesen Punkt deutlich.

Nach Kant hat die ursprüngliche Erwerbung des Bodens als Urform des Sachenrechts weder mit der Möglichkeit der ‚res nullius' noch mit dem Arbeitseigentum zu tun. Die Erklärung, dass die ursprüngliche Erwerbung, die nicht vom anderen Willen abgeleitet wird, nur von dem auf die zeitliche Priorität gestützten Willensakt, d. h. von der prima occupatio, abhängt, führt niemals zur Annahme der res nullius als Rechtstitel. Indem die res nullius nichts anderes ist als ein Va-

---

119 VI, 257
120 VI, 263

kuum des Willkürverhältnisses, ist die von dieser res nullius ausgehende Bemächtigung nichts mehr als ein einseitiges Verhältnis eines Willens zur Sache. Vereinfacht gesehen tritt in diesem Fall die Sache selbst als ein Schein-Partner des Erwerbers hervor. Dies entspricht nicht der kantischen Vorstellung vom Privatrechtsverhältnis, nach der das Privatrechtsverhältnis nur als Verhältnis von Personen gedacht wird und von Anfang an immer schon alle anderen mit einbezieht. Dafür, dass die Sache ursprünglich erworben werden kann, ist also die Idee des apriori vereinigten Willens aller in einem Gemeinbesitz vorauszusetzen.[121] Aufgrund dieser Vorstellung kann die ursprüngliche physische Erwerbung über die physische Ergreifung der Sache und die heteronome Akzeptanz aller anderen hinaus eine „rechtlich“ geltende Erwerbung sein.

Konsequenterweise nimmt Kant auch die Möglichkeit des Arbeitseigentums nicht an. Auf die Frage danach, ob die Bearbeitung des Bodens zur Erwerbung desselben notwendig sei, antwortet er, dass die Bearbeitung selbst „kein Objekt eines unmittelbaren Besitzes“, sondern nur Akzidenz sein kann. Die Bearbeitung kann nur dann dem Subjekt zustehen, wenn die Substanz vorher als das Seine anerkannt ist. Die Bearbeitung selbst ist kein Rechtstitel der ersten Erwerber des Bodens. Sie kann nur ein äußeres Zeichen der Besitznehmung sein.[122]

---

121 Die Erläuterung von W. Kersting macht diesen Punkt deutlich: „Die ursprüngliche Erwerbung setzt nach Kant nicht dessen Herrenlosigkeit voraus. sondern deren Gegenteil; Gegenstand einer Erwerbung ist keine res nullius, sondern eine res omnium. Der Ersterwerber trifft auf keinen herrenlosen Gegenstand, sondern auf einen Boden, der im rechtlichen Besitz aller ist, daher in rechtlicher Hinsicht auf gar keinen Gegenstand, sondern auf die Gemeinschaft der in ihm als einem gemeinsamen Besitz vereinigten Besitzer bzw. Mitbesitzer. Der ursprüngliche Bodenerwerb gründet nach Kant in einem vorgängigen Besitz des zu erwerbenden Bodens sowohl durch den Okkupanten als auch durch alle anderen, also in einem ursprünglichen und gemeinsamen Besitz. Durch die Idee des Gesamtbesitzes wird die Erstbemächtigung als ursprüngliche Erwerbung und Beginn eines sachenrechtlichen Verhältnisses rechtlich interpretierbar: ... „
W. Kersting, Wohlgeordnete Freiheit, S. 271

122 VI, 265; W. Kersting, a.a.O., S. 226, 274-275:
Die kantische „Reduzierung der Arbeit auf eine reine Zeichenfunktion und damit einhergehende Neutralisierung der moralisch-ökonomischen Qualität der Arbeit“ ist viel kritisiert worden. Schopenhauer nach ist die kantische, „von aller wirtschaftlichen Bewährung entlasteten Okkupation als der Grundhandlung einer ursprünglichrechtlichen Bodenerwerbung gar eine unsittliche Parteinahme für das Faustrecht.“ Angesichts dieser Kritik ist nur zu erwähnen, dass die kantische Konzeption des Sachenrechts sich aus der Kritik gegen die Vorstellung des Besitzverhältnisses als eines Verhältnisses zur Sache selbst ergibt. Beim kantischen Sachenrechtsverhältnis als Verhältnis von Personen geht es um die Möglichkeit der Einigung aller auf die Befugnis von jemandem, jeden anderen vom Privatgebrauch der Sache auszuschließen. Insofern ist die kantische Konzeption gerade für eine Kritik am ‚Faustrecht‘ zu halten.

Was das kantische Argument gegen die res nullius und das Arbeitseigentum angeht, könnten sich die beiden Arten von Rechtstitel insofern nicht voneinander unterscheiden, als jede Art zum einseitigen empirischen Willkürakt als Rechtstitel des Besitzes aufruft und deshalb die Frage nach dem Grund der Verbindlichkeit aller anderen nicht beantworten kann. Vom apriori vereinigten Willen aus betrachtet macht die Okkupation aus einer res nullius einen noch zu begründenden Schein-Rechtstitel aus und die Bearbeitung kann höchstens nur eine Erscheinung des schon anerkannten Besitzverhältnisses sein. Die ursprüngliche Erwerbung als Ausgang des Eigentums, d. h. als Ausgang der weiteren positiven verträglichen Besitzverhältnisse, kommt also nicht vom empirischen Akt selbst, wie die Okkupation aus einer res nullius oder Arbeit, her. Die apriorische Idee des vereinigten Willens aller in einem Gemeinbesitz allein kann die ursprüngliche Erwerbung rechtfertigen.[123]

Dies macht den grundsätzlichen Unterschied zu Hegel aus. Für Hegel enthält das Eigentum im Sinne der Vorstufe des Vertrags ausschließlich das Verhältnis des Willens zur Sache, das sich jeweils in Besitznahme, Gebrauch und Veräußerung der Sache ausdrückt. Dabei sind die körperliche Ergreifung und die Formierung, die der kantischen Okkupation aus einer res nullius und der Bearbeitung entsprechen, die Weisen der Besitznahme, die sich immer mehr verallgemeinern muss und kann. Die beiden enthalten weder das zwischenmenschliche Verhältnis noch die normativ verbindende Kraft. Die Ergreifung und Bearbeitung kommen zunächst vom Bedürfnis oder Trieb her, den die Menschen von Natur aus haben. Für Hegel ist der Mensch zwar am Anfang des Eigentums- und Vertragsverhältnisses immer schon als Person mit Willen zum Besitz vorhanden. Das ihm zustehende Vorrecht kommt von seiner einfachen Persönlichkeit her und solches Vorrecht äußert sich in der Tat nur durch die äußere Sache. Insofern kann sich jede Art Eigentumsrecht bei Hegel eigentlich auf die „Rechte aus Persönlichkeit" und auf die „Rechte an die Sache" reduzieren.[124] Das hegelsche Eigentum fängt also schon mit dem einfachen bloßen menschlichen Dasein als Person und mit

123 Kersting, a.a.O., S. 272

124 Die hegelsche folgende kritische Bemerkung über die kantische Einteilung ins Sachenrecht, persönliche Recht, und auf dingliche Art persönliche Recht kann auch nur mittelbar diesen Punkt klar machen: „Hier erhellt schon so viel, daß nur die Persönlichkeit ein Recht an Sachen gibt und daher das persönliche Recht wesentlich Sachenrecht ist- Sache im allgemeinen Sinne als das der Freiheit überhaupt Äußerliche, wozu auch mein Körper, mein Leben gehört. Dies Sachenrecht ist das Recht der Persönlichkeit als solcher. ......
...... jede Art von Rechten kommt nur einer Person zu, und objektiv ist ein Recht aus dem Vertrage nicht Recht an eine Person, sondern nur an ein ihr Äußerliches oder etwas von ihr zu Veräußerndes, immer an eine Sache.": G.W.F.Hegel, Werke7, RPh, §40

der körperlichen Ergreifung der äußeren Sache an. Bei Kant wird hingegen schon in der ursprünglichen Erwerbung als Ausgang des Eigentums nach dem Grund der Befugnis des Erwerbers gegen alle anderen gesucht und die Lösung findet sich in der Gewissheit der Idee der apriorischen Vereinigung aller. Das kantische Privatrecht setzt insofern die immer schon normativ ausgeglichenen autonomen Menschen voraus, während das hegelsche abstrakte Recht zuerst von triebgebundenen Menschen ausgeht.

3) Moralität und Sittlichkeit bei Kant und Hegel

Der Vergleich der kantischen rechtsphilosophischen Ansicht mit der hegelschen kann weiter unter dem Gesichtspunkt des Verhältnisses von Moralität und Sittlichkeit vertieft werden. Dabei sind der Sinngehalt von Moralität und Sittlichkeit sowie ihr Zusammenhang eingehend zu erörtern, weil das Verständnis für dieses Thema bei der späteren Klärung der Frage nach dem Menschenrecht auf ‚sittliche' Autonomie bedeutend ist.

Kantischer Ansicht nach kann der Mensch unabhängig von seinem empirischen Dasein oder seiner subjektiven Erfahrung moralisch gut sein, wenn er will. Sofern der Wille die Verbindlichkeit aus der allgemeinen Gesetzgebung zugleich zur Triebfeder seiner Handlung hat, kann er moralischer Wille sein. Die Moralität besteht dabei in der Beziehung der Maxime des Willens auf die notwendige allgemeine Gesetzgebung. Moralität liegt im sich nur der notwendigen allgemeinen Gesetzgebung unterwerfenden Willen. Sie hängt also von der subjektiven guten Gesinnung im Sinne der allgemeingültigen Maxime des Willens ab. Für Hegel ist die Frage nach der Moralität vielseitiger als die nach der voraussetzungslos allgemeingültigen formalen Maximenbildung. Die moralische Gesinnung des Menschen fängt bei Hegel da an, wo ein das abstrakte Rechtsverhältnis hindurch gehender menschlicher Wille sich von diesem abstrakten Verhältnis trennt und sich zum eigenen Inneren wendet. Angesichts des als einzelner im eigenen Inneren gebliebenen Menschen kann von der Allgemeinheit der moralischen Gesinnung noch nicht die Rede sein. Die hegelsche Frage nach der Moralität richtet sich nicht an den ‚sich dem Sollen absolut unterwerfenden Willen' wie bei Kant, sondern eher an den ‚sich erst für das Sollen interessierenden Willen'. Nach Hegel kann der menschliche Wille zunächst vermittelst der äußeren Sache existieren. Sofern der einzelne Wille am erworbenen Eigentum das abstrakte Meinige und am geschlossenen Vertrag das gemeinsame Meinige erkennen kann, kann er unmittelbar und fraglos in diesem Willenszustand bleiben. Erst durch den anmaßenden unrechten Willen kommt solcher Zustand ins Schwanken. Der einzelne wird sich gegen den eigensinnigen, rechtlich anmaßenden Willen irgendwelchen Unterschieds oder Gegensatzes bewusst und durch dieses Gegensatzgefühl kann ihm der eigene wirkliche Wille als solcher zum Thema werden. Von solchem Zustand, wo der nur durch die Sache vermittelte, an sich fraglos daseiende Wille, vom anderen distanziert, sich selbst als etwas Unendliches oder Innerliches wahrnimmt und ausdrückt, geht die Moralität des Menschen aus. Dabei geht der Mensch von der Rechtsperson ins moralische Subjekt über und der Wille dieses Subjekts wird gegen die anderen oder die äußeren unzugänglich. Innerhalb solchen unzugänglichen individuellen Raums gibt jeder Mensch eigenwillig seinen Absichten und Handlungen die inhaltliche Bestimmung. Sein ganzes Dasein wird in solchem subjektiven Rahmen geführt und der extrem subjektive Wille steigert sich in das eigene innerliche Verhalten zu sich selbst hinein. Im Grunde genommen kann sich jedoch diese Innerlichkeit nur durch das Dasein des anderen Willens erhalten. Bei der positiven menschlichen Beziehung grenzt der eigene subjektive Wille von jemandem immer an den anderen subjektiven Willen, und seine eigene Subjektivität wird im wesentlichen durch den anderen Willen bestätigt. Durch dieses positive Verhältnis zu einer anderen Innerlichkeit dringt dem einzelnen langsam ins Bewusstsein, dass seine eigene Subjektivität nicht so verschieden von der des anderen ist. Das Streben nach Allgemeinheit oder Objektivität setzt insofern an dem Punkt ein, wo an der naiv und fraglos angenommenen Einzigartigkeit der eigenen Subjektivität gezweifelt wird. Der einzelne interessiert sich dabei immer stärker für die Identität meines und anderer Willens oder für die Verallgemeinerung der eigenen Subjektivität. Dazu parallel bleibt jedoch die Selbstidentität des einzelnen oder sein Ich-Gefühl durch den Gedanken erhalten, dass die Allgemeinheit selbst nur von sich herkommt und alles Objektive oder Allgemeine schließlich das ‚Meine' ist. Im Hinblick darauf ist die Moralität nichts anderes als der innere Prozess, in dem mir der Selbstwiderspruch ‚meiner' ‚allgemeinen' Subjektivität immer klarer bewusst wird oder die extreme Subjektivität des einzelnen sich immer mehr der Allgemeinheit annähert.[125]

Vom Gesichtspunkt der Entwicklung der menschlichen moralischen Gesinnung aus gesehen kann der einzelne Mensch zunächst vom Dasein der absolut eigensinnigen Handlung, d. h. davon besessen sein, dass die vorgebrachte eigene Handlung tatsächlich eine solche ist, zu der er den festen Vorsatz hat. Mit dieser formellen Seite der Willensausführung angefangen, bestimmt der einzelne Mensch weiter eigenwillig den Inhalt und inneren Wert der eigenen Handlung. Dabei geht es um die innerliche partikuläre, doch wahre Absicht der äußerlich objektiv daseienden Handlung. Das besondere Wohl und die Glückseligkeit des

125 Nach Hegel wird die zu erkennende Allgemeinheit oder die Objektivität vom subjektiven Willen am Anfang nur als Differenz, Forderung, oder absolutes Sollen wahrgenommen. G.W.F.Hegel, Werke7, RPh, §108

einzelnen macht dabei das Beste oder das Höchste dieser noch-nicht-allgemeinen persönlichen Absicht aus. Erst wenn der noch subjektiv schwankende Mensch die eigene Absicht weiter verallgemeinern will, kann das Gute dem einzelnen Gewissen zur eigenen Sache werden. In diesem Sinne bedeutet das Gute den höchsten Verallgemeinerungs- oder Objektivierungsversuch der moralischen Subjektivität.[126] Das Gute selbst deutet also auf etwas moralisch Substantielles oder Allgemeines hin. Es ist aber schwer, das Gute inhaltlich weiter zu bestimmen. In dem Falle, dass man das Gute auf das formale Gebot, die Pflicht um der Pflicht willen zu tun, reduziert, steht die inhaltliche Bestimmung des Guten tatsächlich dem einzelnen subjektiven Willen zu. Insofern ist das Gute nichts anderes als die unendliche Autonomie des moralischen Subjekts. Für Kant kann sich aus solcher Verpflichtungsweise allein die moralische Gewissheit ergeben. Kantischem Maßstab nach macht diese moralische Autonomie oder die moralische Selbstgewissheit das Höchste der menschlichen Moralität aus. Für Hegel ist aber das Gebot, sich und den Anderen gegenüber die Pflicht um der Pflicht willen zu tun, nur eine anscheinend positive Bestimmung des Guten. Die Bestimmung, Pflicht um der Pflicht willen zu tun, weist nur auf die absolut gebietende, inhaltslose Identität hin, und die positive Bestimmung, sich und den Anderen eigene Pflicht zu tun, drückt in der Tat nur ein noch zu konkretisierendes Prinzip des menschlichen Verhältnisses aus. Aus solcher formellen und abstrakten Bestimmung des Guten bleibt nur ‚mein Gewissen' oder ‚mein Gedanke' als die moralisch höchste Instanz übrig. Vom Standpunkt des Gewissens aus gesehen ist die subjektive Überzeugung von oder die Absicht zu irgendeiner moralischen Handlung das moralisch Wesentliche. Angesichts einer schon ausgeführten bestimmten Handlung und manchmal schlechter Handlungsfolge kann aber solche subjektive Überzeugung oder Absicht extrem zufällig und trivial sein. In dieser Hinsicht kann das Gewissen die subjektiv zugespitzte, nur noch schwankende moralische Instanz sein. Hegelschem Maßstab nach kann das Gute ohne die konkrete wirkliche Willensbestimmung und -kraft nur die leere Forderung bleiben und das Gewissen ohne Bezug auf das substantielle Gute zur extrem introvertierten Selbstbesessenheit führen. Die wahre Moralität ist bei Hegel also etwas, was über der Abstraktheit des Guten und der Formalität des Gewissens hinausliegt. Mit seinem Blick gesehen kann die Frage, „Was zu tun sei", mit der kantischen moralischen Selbstgewissheit nicht beantwortet werden. Das heißt, auf der extrem

---

126 Nach Hegel begreift doch die auf dieser Stufe gebliebene Moralität als die noch abstrakte formelle Forderung die Möglichkeit in sich, nicht allgemein zu sein. Das Böse ist in diesem Sinne keine heterogene Gesinnung gegen die Moralität, sondern entsteht aus der formellen extremen Subjektivität und macht nur die Kehrseite des Gewissens aus. Insofern weist das Böse eher auf die noch verfehlte moralische Allgemeinheit hin. G.W.F.Hegel, Werke7, RPh, §139

subjektiven formalen Ebene des Gewissens kann das Problem der moralisch objektiven Allgemeinheit noch nicht aufgelöst werden. Deswegen strebt Hegel weiter nach der wahren Objektivierung oder Verallgemeinerung des Gewissens. Bei Kant ist dagegen das Gewissen einwandfrei als das sicherste Medium der moralischen Allgemeinheit und deren Vollzug angenommen. Das Gewissen ist „ein Bewußtsein, das für sich selbst Pflicht ist.“[127] Das Gewissen ist im Grunde genommen nicht etwas, was der Mensch sich willkürlich macht, sondern etwas, was seinem Wesen einverleibt ist. Als ursprüngliche intellektuelle, moralische Anlage ist das Gewissen schon am Anfang der moralischen Entfaltung des Menschen vorhanden, während bei Hegel das Gewissen durch die abstrakte rechtliche Erfahrung und die subjektive moralische Betrachtung hindurch herauskommt und eher nur eine subjektiv zugespitzte Endphase der moralischen Selbstentfaltung darstellt. Von der ursprünglichen subjektiven Anlage her kann jeder Mensch bei Kant schon von Anfang an als Zweck an sich autonom und gleich sein. Bei Hegel kann dagegen jeder Mensch nur am Ende seiner moralischen Entfaltung als erreichter Selbstzweck allgemein gleich sein. Für Hegel kann also die Allgemeinheit und die Gleichheit der Menschen überhaupt nur im Kontext der Objektivation der moralischen Subjektivität erreicht werden. Im Grunde genommen ist zwar die Frage nach der Moralität bei Kant und Hegel ununterschieden auf das moralisch „Wahre“ oder „Eigentliche“ zurückgeführt. Die Verschiedenheit von beiden liegt aber darin, dass das kantische Streben vor allem auf die subjektive formale Selbstgewissheit oder Selbstidentität der moralischen Gesinnung gerichtet ist, das hegelsche hingegen eher auf die objektive substantielle Selbstentwicklung des moralischen Bewusstseins.

Im Hinblick darauf ist bei den Moralkonzepten von Kant und Hegel gemeinsam das reziproke Verhältnis festzustellen, zwischen der Notwendigkeit, die eigene moralische Subjektivität zu erkennen, um die Allgemeinheit oder Objektivität zu entdecken, und der Notwendigkeit, die Allgemeinheit zu kennen, um schließlich sich selbst erkennen zu können. Dabei begreift der hegelsche Weg zur Allgemeinheit nicht nur die vernünftige Selbstreflexion, sondern auch das empirische subjektive Moment wie Naturtrieb oder Selbstempfindung in sich. Deswegen enthält die von Hegel gestellte Frage danach, was die Menschen moralisch über sich selbst erkennen können, schon die Frage, was die Menschen moralisch über sich selbst erkennen wollen. Insofern machen Elemente wie Selbstbetrug oder Selbstverkennung die wesentlichen Momente aus, auf die die Menschen jeweils nach der Stufe der moralischen Selbstentwicklung stoßen. Kant stellt eher die Frage danach, was die Menschen moralisch über sich selbst erkennen müssen. Dabei sind Themen wie die Gebrechlichkeit und Unlauterkeit

127 VI, 185

der menschlichen Natur oder der tückische Charakter als die Frage nach dem ‚bösen Willen' behandelt.[128] Solche menschlichen subjektiven Hänge als angeborenes, doch im wesentlichen selbstverschuldetes radikales Böse sind nur vom Gesichtspunkt der moralischen Allgemeinheit aus, d. h. nur mit das moralische Gesetz befolgender Vernunft und Gewissen, zu überwiegen. Auf diesen Punkt beschränkt gesehen könnte das hegelsche moralische Selbstverständnis umfassender und naturmäßiger sein als das kantische moralische Selbstbewusstsein.

Was die Bedeutung der moralischen Subjektivität und Objektivität für das moralische Selbstverständnis angeht, besteht Kant auf dem Standpunkt des einzelnen Menschen, weil dieser seiner Ansicht nach auch mit vernünftiger Selbstreflexion den Standpunkt der Allgemeinheit erlangen kann. Hegel misst dagegen dem Standpunkt der Gemeinschaft größere Bedeutung für das moralische Selbstverständnis des Menschen zu. Mit hegelschem Blick gesehen achtet der kantische Standpunkt der subjektiven Einzelheit wenig auf die moralische Selbstentwicklung der Menschen als Gattungswesen oder die gegenseitige Abhängigkeit der Menschen als Sozialwesen und dies könnte eine Ausflucht vor der moralischen Wirklichkeit sein. Für Hegel kann die kantische subjektiv zugespitzte, selbstflüchtige Moralität nur eine unentbehrliche, doch vorübergehende Phase der wahren Selbstsuche sein, die schließlich in der praktischen Beziehung zu anderen Menschen und durch die Auseinandersetzung mit den objektiven Lebensgestalten zu erreichen ist. Insofern ist der Weg zur wahren moralischen Selbsterkenntnis nichts anderes als der Weg zur wahren Welterkenntnis oder zur allgemeinen Menschenerkenntnis. Deswegen kann und muss die hegelsche Fragestellung von der subjektiven Moralität des einzelnen auf die Frage nach der substantiellen Sittlichkeit übergehen.

Zwar bei Kant und Hegel ununterschieden, machen die Rechtlichkeit, die Moralität und die Sittlichkeit die wesentlichen Themen der praktischen Philosophie aus. Sinn und Bedeutung der Sittlichkeit werden aber von Hegel in ein neues Licht gerückt. Hegel wendet zunächst gegen Kant ein, dass dieser mit der Trennung von Legalität und Moralität das Recht auf die ‚äußere' Willkürhandlung beschränkt und diese als die einzige Form und Wirklichkeit des menschlichen ‚Handelns' begreift. Als Kehrseite werde das Sein der Subjektivität in allen menschlichen Beziehungen auf die Innerlichkeit beschränkt.[129] Durch diese strenge Trennung reduziert Kant die reine Subjektivität auf eine unbelegbare, eher ohnmächtige innere Sache, obwohl die Subjektivität eigentlich für Kant das Wesen der menschlichen Willenshandlung bedeutet. Nach Hegel besteht die

---

128 VI, 32-44

129 J. Ritter, Moralität und Sittlichkeit. Zu Hegels Auseinandersetzung mit der kantischen Ethik, in: M. Riedel (Hg.), Materialien zu Hegels Rechtsphilosophie, Bd. 2, Frankfurt 1975, S. 222

wahre Freiheit oder Sittlichkeit nicht in der getrennten Innerlichkeit, sondern in der Identität mit der Wirklichkeit der Individuen. Für Hegel ist die Aussage nicht so unverständlich, wer von der ‚Wirklichkeit' der menschlichen Moralität nicht reden wolle, solle auf die wahre Allgemeinheit oder die wahre Sittlichkeit auch verzichten. Von solchem Gesichtspunkt der Verwirklichung des reinen Willens aus werden von Hegel das Recht und der Staat aufgewertet, indem sie als ethische Institutionen das sittliche Leben grundlegend und umfangreich garantieren können. Genau in solchem Maße wird aber der Moral wenig Raum zugesprochen. Die Auseinandersetzung mit der eigenen Innerlichkeit ist nur als Tugend der Ausnahme vorhanden. Die Moralität kann für jeden Menschen eine unentbehrliche Gesinnung sein, aber sie wird in der Tat nur in Ausnahmesituationen verlangt und befolgt.

Im Vergleich dazu machen bei Kant die Sittlichkeit und Tugend, die für Hegel das durch die Institutionalisierung verwirklichte ‚Gute' und ‚Gewissen' bedeuten, kein selbständiges Thema aus, sondern ihre praktische Bedeutung hängt davon ab, dass die Moral aufgrund der absoluten Selbständigkeit und Berechtigung der subjektiven Innerlichkeit einen selbständigen Platz einnimmt.[130] Tugend heißt formal die in der festen Gesinnung gegründete Übereinstimmung des Willens mit jeder Pflicht oder das moralische Vermögen des Selbstzwangs.[131] In Bezug auf die Materie der Maxime kann nur die Tugendpflicht ein solcher Zweck sein, der zugleich Pflicht ist. Das ethische Zweckverhältnis des Menschen ist insofern nur durch das oberste Prinzip zu bestimmen, „Handle nach einer Maxime der Zwecke, die zu haben für jedermann ein allgemeines Gesetz sein kann."[132] Vom Standpunkt der reinen Moralität oder Tugendpflicht aus gesehen können das positive Recht und der Staat nur in dem Maße die Bedeutung haben, dass die beiden für die moralische Idee der Menschheit einen unentbehrlichen prozessualen Umweg ausmachen. Im Vergleich zur sittlichen (ethischen) Institution bei Hegel kann bei Kant die Moralität als Wille zum allgemeinen Guten schon die Menschen innerlich zum allgemeinen Wesen machen. Insofern steht der hegelschen ‚verwirklichten Sittlichkeit ohne Extreme' die kantische ‚reine Moralität ohne Ausnahme' gegenüber.

4) Das Recht und der Staat bei Kant und Hegel

Vom kantischen Standpunkt der reinen Moralität aus gesehen kann die hegelsche Aufhebung der reinen Moralität in die objektive Einrichtung die Verneinung der

130 „... so daß die menschliche Moralität in ihrer höchsten Stufe doch nichts mehr als Tugend sein kann; ..." VI, 383

131 VI, 395

132 VI, 395

moralischen Autonomie des Individuums sein. Das Wesen des Rechts liegt bei Kant nicht in der Aufhebung des einzelnen Willen durch die Institutionalisierung, sondern in der Aufrechterhaltung des einzelnen Willen durch die Verallgemeinerung. Das Recht ist nur insofern unvermeidlich und unentbehrlich, als es den einzelnen Willen als den verallgemeinerten freien Willen bleiben lässt. Aus der Notwendigkeit der allgemeinen äußeren Freiheit kann sich das Recht erklären. Um der allgemeinen äußeren Freiheit willen können sich also die Menschen miteinander zur bürgerlichen Gesetzgebung vereinigen. Die so hervorgebrachte allgemeine bürgerliche Gesetzgebung ist nicht so weit entfernt vom hegelschen Staatsrecht als verwirklichter Freiheit. Angesichts der Unvermeidlichkeit oder Unentbehrlichkeit des Rechts gibt es jedoch für Kant weniger Grund dazu, dass die Menschen auf die Hervorbringung der allgemeinen bürgerlichen Gesetzgebung stolz sein können und müssen. In der Unvermeidlichkeit des Rechts spiegelt sich eher die Not der Menschen, die allgemein vereinbare Summe äußerlicher Freiheit einander sichern zu müssen. Die Notwendigkeit des Rechts lässt sich subjektiv auf die Bedürftigkeit der äußeren Freiheit der Menschen, die Unvollkommenheit der menschlichen Wesen und die Unentbehrlichkeit der vereinigenden Einschränkung aller Menschen zurückführen. Insofern bildet das Recht bei Kant seinem Ursprung nach eher den Grund zur menschlichen Bescheidenheit. Hegel hält aber die kantische Rechtskonzeption für einen Rückfall in die ‚private' Allgemeinheit. Die hegelsche Hauptfrage ist nicht, ob und wie das Recht ursprünglich aus der apriorischen Idee der Freiheit hervorgeht und doch einem eigenen normativen Geltungsbereich hat, oder ob und wie das geltende Recht die Freiheit des einzelnen Menschen nicht beeinträchtigen kann, sondern ob und wie das Staatsrecht über das abstrakte private Recht und die individuelle Moralität hinausgehen und die menschliche Freiheit verwirklichen kann. Der Schwerpunkt verlagert sich also von der reinen Erhaltung des Sollens auf die Auflösung des Sollens in die Sittlichkeit als verwirklichte Freiheit. Für Hegel haben daher die Menschen genügend Grund dazu, auf das eigene Staatsrecht stolz zu sein, indem eine bestimmte Staatsverfassung die Manifestation eines Willens ist, der durch das abstrakte Privatrechtsverhältnis, den individuellen Moralitätszustand und das Leben in sittlichen Institutionen hindurch einen Endpunkt der menschlichen Freiheitsverhältnisse erreicht. Im Hinblick darauf lässt sich sagen, dass der hegelschen Rechtskonzeption seine große Zuversicht auf die menschliche Doppelnatur einzelnes und zugleich allgemeines Wesen zu sein zugrunde liegt, während die kantische Konzeption eher von der nüchternen Einsicht in die menschliche Doppelnatur als sensibles und zugleich intelligibles Wesen ausgeht.

Die Rechts- und Staatskonzeption von Kant und Hegel ist auch vom Gesichtspunkt der Gesellschaftsvertragstheorie aus miteinander zu vergleichen. Die Rechts- und Staatskonzeptionen von Kant und Hegel gehen gemeinsam von der

Auseinandersetzung mit der Gesellschaftsvertragstheorie aus. Der Schwerpunkt ihrer Kritik an dieser Theorie ist jedoch unterschiedlich. Von Kant wird vor allem am empirischen Charakter des Gesellschaftsvertrags Kritik geübt, obwohl die Vorstellung des Gesellschaftsvertrags selbst positiv angenommen wird. Kant nach erklärt sich der Akt der Staatsgründung nicht aus der empirischen Vereinbarung jedes einzelnen Willens, sondern aus der apriorischen Idee der Vereinbarung jedes einzelnen Willens. Dabei liegt einerseits der empirischen Tatsache die apriorische Idee voraus und andererseits dem Staat als Ganzem das Individuum als Teil. Der kantische Staat gründet sich also auf die apriorische Idee der freiwilligen Vereinbarung jedes einzelnen. Der hegelschen Kritik an der Gesellschaftsvertragstheorie geht es hingegen nicht um das empirische Nicht-Bestehen des Gesellschaftsvertrags oder die beschränkte Allgemeingültigkeit der empirischen Vereinbarung, sondern vom Gesichtspunkt der sittlichen Totalität aus wird am Gesellschaftsvertrag seine Inhaltslosigkeit kritisiert.[133] Durch den Gesellschaftsvertrag, ob empirisch oder apriorisch, kann sich zwar eine Gesellschaft von einzelnen subjektiven Willen bilden, aber solche Gesellschaft gilt nur als das zusammengesetzte Reich des voneinander beschränkten subjektiven Willens. Deswegen ist der zwar subjektiv gewisse, aber inhaltlich leere Gesellschaftsvertrag, einschließlich des kantischen, durch den Staat als substantielle sittliche Allgemeinheit zu ersetzen. Vereinfacht formuliert ist der Staat, der die Freiheit des einzelnen allgemein beschränkt und nur negativ schützt, die höchste Staatsform, die mit der kantischen Gesellschaftsvorstellung erreicht werden kann. Bei Hegel kann aber die Freiheit des einzelnen nur durch den Staat als sittliche Institution verwirklicht werden. Die Freiheit ist dann nicht mehr Postulat und das Recht nicht mehr die allgemeine Einschränkung der subjektiven Freiheit des einzelnen. Die Sphäre des Rechts kann die Sphäre der Freiheit sein. Während bei Kant die Spannung zwischen dem einzelnen und dem Staat als Ganzem immer bleibt und ein dem Staat gegenüberstehender einzelner Mensch den Hauptpunkt bildet, geht es bei Hegel um die sittliche Freiheit im Staat oder durch den Staat.

Dabei sind die unterschiedlichen Freiheits- und Staatsvorstellungen von Kant und Hegel auf den Unterschied der Art und Weise zurückzuführen, das Allgemeine zur eigenen Sache zu machen. Wenn man die Allgemeinheitsfrage von innen und dem einzelnen aus lösen will, d. h. wenn man den Platz des Individuums nicht verlassen will, kann man ohne Einspruch die kantische Vorstellung übernehmen. Wenn man aber sogar den einzelnen Standpunkt von außen und oben her aufheben will, neigt man eher zur hegelschen Vorstellung. Aus dieser Verschiedenheit kann man auch die unterschiedlichen Menschenrechtsvorstellungen

---

133 Über den hegelschen sittlichen Staat im Vergleich zu Kant: N. Bobbio, Hegel und die Naturrechtslehre, in: M. Riedel(Hg.), Materialien zu Hegels Rechtsphilosophie, Bd. 2, S. 81-108

entnehmen. Das Menschenrecht kann einerseits von der von der Vorstellung des positiven Rechts und Staats abgewendeten apriorischen Freiheitsidee des einzelnen Menschen herkommen. Andererseits aber gehört es zur über das Postulat des einzelnen Willens hinausgehenden, nur im Staat verwirklichten sittlichen Freiheit. Vorweggenommen gesagt scheint das Menschenrecht die von diesen beiden Positionen vermittelte Vorstellung zu sein.

5. Das öffentliche Recht und die Politik bei Kant

1) Die Theorie des Praktischen

Eigentlich liegt der kantischen praktischen Philosophie das Vorhaben zugrunde, eine die Moral und das Recht übergreifende Theorie des Praktischen aufzustellen. Dabei hat die Theorie überhaupt die Allgemeinheit zum Wesen. Kant sucht also nach den allgemeinen und deshalb unbeschränkt gültigen Prinzipien der Moral und des Rechts. Solche Suche kann zwar durch die Angabe der unbedingt gültigen Prinzipien der Moral und des Rechts erledigt werden. Die vollständig angegebene Theorie scheitert aber nicht selten an der Praxis oder an der Wirklichkeit. Dabei könnte der Mangel am ungestörten Ablauf der Theorie zu deren Durchführung die Schlussfolgerung erzwingen, dass die Eigentümlichkeit der Theorie überhaupt nicht in der Allgemeingültigkeit, sondern eher in der Unrealisierbarkeit oder Unausführbarkeit besteht. Damit kann sich das unermüdliche Bemühen um eine der Theorie angemessene Praxis nicht selten in die listige Suche nach der der Praxis angemessenen Theorie verkehren. Nach Kant entsteht aus dieser Schwierigkeit aber das Bedürfnis, für die menschliche Praxis, die tatsächlich nur selten der Theorie angemessen ausgeübt wird und deswegen etwas Bezwecktes auch nur selten erreicht, eine unzerbrechliche Garantie zu schaffen. Das ist nichts anderes als das Bedürfnis, die Menschengattung als ein sich dem höchsten Gut immer mehr annäherndes Wesen, d. h. als ein zum moralisch-Besseren fortschreitendes Wesen anzunehmen und dafür die notwendig wirkende Ursache anzugeben. Daher kommt die Wendung zur teleologischen Zweckmäßigkeit der Natur oder zur Naturvorsehung. Vom realen Standpunkt aus betrachtet kann nicht durch die Natur selbst, sondern nur durch diese Wendung der Menschen zur Natur erst der allgemeinen Theorie ihre Gültigkeit für die Praxis gesichert werden. Im Hinblick darauf bewegt sich das ganze kantische Interesse am Praktischen zwischen der Notwendigkeit der allgemeinen Theorie des Praktischen, die von der Seite der Menschen nur als unbedingtes Sollen erfasst und befolgt werden kann und muss, und der Notwendigkeit der Praxis oder der Notwendigkeit des höchsten Gutes, dessen Verwirklichung von der Seite der Natur als zweckmäßig vorgesehen und garantiert werden kann. Aus diesen Notwendigkeiten erklärt sich auch der kantische Übergang vom kategorischen Rechtsprinzip zur Rechtspraxis für den ewigen Frieden als höchstes Gut (oder höchsten Zweck) und zur Naturvorsehung als dessen Garantie. Im Hinblick darauf ist die Politik bei Kant als ausübende Rechtslehre vor allem als ein unentbehrlicher Schnittpunkt von Rechtstheorie und Rechtspraxis zu betrachten.[134]

2) Das Staatsrecht

a. Die Notwendigkeit des bürgerlichen rechtlichen Zustandes

In der kantischen Schrift „Über den Gemeinspruch: Das mag in der Theorie richtig sein, taugt aber nicht für die Praxis" ist die Notwendigkeit des rechtlichen Zustandes vom Gesichtspunkt der apriorischen Bedingung des menschlichen Zusammenlebens, d. h. des Gesellschaftsvertrags, aus erläutert.[135] Nach Kant ist jede Art von Vertrag oder Gesellschaft durch irgendeinen gemeinsamen, jedoch beliebigen Zweck bedingt. Im Vergleich dazu wäre eine menschliche Verbindung auch denkbar, die an sich selbst Zweck ist, den ein jeder haben ‚soll'. Einerseits wäre ein solches Verhältnis seinem Charakter nach anders als das natürliche menschliche Zusammenleben, weil die naturhafte Verbindung selbst kein Bezwecktes ist und insofern mit dem Sollensgebot, dass ein jeder eine solche Verbindung als ‚Zweck' haben soll, nichts zu tun hat. Andererseits könnte es auch nicht irgendeine Zweckgemeinschaft sein, weil das Dasein einer Zweckgemeinschaft selbst immer von einem bestimmten Zweck abhängt und deshalb für diese Gesellschaft der unbedingte Anspruch, dass jeder diese Gesellschaft selbst als Zweck haben soll, sinnlos ist. Insofern könnte die Verbindung, die für alle an sich Zweck und erste Pflicht ist, diejenige sein, die zwischen dem menschlichen naturhaften Dasein und der zweckbedingten künstlichen Verbindung steht. Das heißt diejenige, an der sich die menschliche Natur (als Natürlichkeit) und die menschliche Kultur als Künstlichkeit kreuzen. Nach Kant ist es die menschliche Verbindung zum bürgerlichen rechtlichen Zustand selbst.

Die Notwendigkeit dieses bürgerlichen rechtlichen Zustandes ist auch vom Gesichtspunkt der Freiheitshandlung des einzelnen Menschen aus zu erläutern. Wenn das menschliche Wesen das Bedürfnis hat, eigenem Wollen oder vorgestellten Zwecken nach seine Handlung zu bestimmen, setzt sein Streben prinzipiell die eigene äußere Freiheitssphäre voraus und braucht sie in praktischer Ab-

134 Als grundlegende Darstellung über den kantischen Begriff der Politik: V.Gerhardt, Ausübende Rechtslehre, in: G. Schönrich, Y. Kato (Hg.), Kant in der Diskussion der Moderne, Frankfurt 1996, S. 464 - 488

135 VIII, 289

sicht. Da die Menschen jedoch nicht allein sind, grenzt ihr freies Streben immer an dasselbe Streben des anderen Menschen. Zunächst abgesehen davon, dass die Menschen sich etwas zum gemeinsamen Ziel setzen und danach gemeinsam streben können, benötigt das freie Dasein der Menschen und ihre Zwecktätigkeit schon die gegenseitige Beschränkung der Sphäre der äußeren Freiheit, nach welchem Maßstab, in welchem Maß sie auch erfolgen mag. Bei solcher Beschränkung ist der Gegenstand des menschlichen Konflikts nicht das Maß der Beschränkung selbst, sondern eher die mangelnde Gegenseitigkeit und die Unsicherheit der Beschränkung. Die gegensätzlichen, doch gemeinsamen Interessen an der Reziprozität und Sicherheit können im Zustand des menschlichen Alleinlebens nicht als Frage vorkommen und im Zustand des naturtriebhaften Zusammenlebens noch nicht richtig befriedigt werden. So gesehen fordert das menschliche Zusammensein selbst den Zustand, in dem die äußere Freiheit aller allgemein beschränkt und gegenseitig gesichert werden kann. Die Eigentümlichkeit dieses Zustandes besteht darin, dass nur dieser Zustand jedem das allgemein beschränkte freie Dasein versichert und zugleich dieser Zustand selbst ein unwiderruflich Feststehendes ist. Das Dasein dieses Zustandes selbst ist weder etwas von irgendeinem anderen Zweck Abhängiges noch etwas erst aus der empirischen Vereinbarung Folgendes. Kant nach heißt dieser Zustand ein bürgerlicher rechtlicher Zustand durch die allgemeine Vereinigung der Willkür aller im Sinne des ursprünglichen Vertrags. Dieser rechtliche Zustand als Bedingung der Möglichkeit des gesicherten freien Daseins aller bedeutet die geregelte Staatlichkeit und kann deshalb für jeden einzelnen Menschen Zweck an sich und Pflicht an sich sein.

Im Hinblick darauf ist die Begründung der Notwendigkeit des rechtlichen Zustandes bei Kant näher zu betrachten. Zunächst ist die kritische Frage danach zu stellen, ob nicht die Notwendigkeit des rechtlichen Zustandes als vereinigter Vergesellschaftung oder Staatserrichtung bei Kant aus der empirischen Handlungsbedürftigkeit und empirischen Bezüglichkeit der Menschen hervorgeht, d. h. ob nicht die Notwendigkeit des rechtlichen Zustandes nur die Schlussfolgerung aus der Generalisierung der empirischen Vereinigungsnot der Menschen ist. Diese Frage ist auf die Frage nach der Bedeutung des kantischen vernunftrechtlichen Apriorismus für die Begründung des rechtlichen Zustandes zurückzuführen. Angesichts dieser Frage ist vor allem zu beachten, dass nicht die empirische Bezüglichkeit und mögliche Streitigkeit der Menschen, sondern die unbedingte apriorische Notwendigkeit der Freiheit zur Notwendigkeit des Rechts als Norm für die allgemeine Beschränkung der äußeren Freiheit führt. Der Vernunftbegriff des Rechts als Bedingung der Möglichkeit der allgemein beschränkten äußeren Freiheit aller begreift schon die Notwendigkeit der universalen Bezüglichkeit aller und die Notwendigkeit der Vereinigung aller in sich. Diese Notwendigkeit der universalen Bezüglichkeit und Vereinigung aller deutet auf die Notwendigkeit des rechtlichen Zustandes hin. Insofern ergibt sich aus dem apriorischen Begriff des Rechts die Notwendigkeit des rechtlichen Zustandes und in Rücksicht auf die Bedeutung für die Freiheit decken sich die beiden miteinander. Die Notwendigkeit des Rechts und rechtlichen Zustandes besteht also darin, dass die apriorisch notwendige Freiheit in ihrem äußeren Gebrauch nur durch die gesetzliche Verbindung aller möglich ist. Hingegen kann das Argument der empirischen Bezüglichkeit und möglichen Streitigkeit der Menschen den Schluss von der apriorischen Notwendigkeit der Freiheit auf die objektive Notwendigkeit des rechtlichen Zustandes weder begründen noch stören, sondern weist nur auf das Erfordernis der Lösung der Problematik der äußeren Freiheit überhaupt hin. Die kantische Begründung des rechtlichen Zustandes verfährt also ohne anthropologische und empirische Argumente, nur anhand des Begriffs der Freiheit und des Rechts.[136]

b. Die Eigentümlichkeit des bürgerlichen rechtlichen Zustandes

Nach Kant kann erst im bürgerlichen rechtlichen Zustand die äußere Freiheit aller als gesicherte allgemeine Freiheit möglich sein. Jeder hat die Befugnis zur Beschränkung anderer Freiheit und jeder ist zur Einschränkung der eigenen Freiheit verpflichtet. Diese verordnete allgemeine Beschränkung der Freiheit als Recht ist also etwas Beschränkendes und etwas Ermöglichendes zugleich. Sie zeigt etwas auf, zu dem jeder verpflichtet ist und das jedem deshalb gewährleistet ist. Darauf gerichtet formuliert Kant:

„Der Zweck nun, der in solchem äußern Verhältnis an sich selbst Pflicht und selbst die oberste formale Bedingung (conditio sine qua non) aller übrigen äußeren Pflicht ist, ist das Recht der Menschen unter öffentlichen Zwangsgesetzen, durch welche jedem das Seine bestimmt und gegen jedes Anderen Eingriff gesichert werden kann."[137]

---

136 VI, 307:
„Aus dem Privatrecht im natürlichen Zustande geht nun das Postulat des öffentlichen Rechts hervor: du sollst im Verhältnisse eines unvermeidlichen Nebeneinanderseins mit allen anderen, aus jenem heraus in einen rechtlichen Zustand, d.i. den einer austeilenden Gerechtigkeit, übergehen. – Der Grund davon läßt sich analytisch aus dem Begriffe des Rechts im äußeren Verhältnis im Gegensatz der Gewalt (violentia) entwickeln."; B. Ludwig, a.a.O., S. 157:
„Die Rechtmäßigkeit des Anspruchs und die Unmöglichkeit seiner Realisierung im status naturalis führen so zum „Postulat des öffentlichen Rechts": Der Begriff eines Vernunftrechts, so wie ihn das Privatrecht entwickelte, enthält jenes Postulat analytisch. „

137 VIII, 289

Dieses ‚Recht der Menschen unter öffentlichen Zwangsgesetzen' als die allgemein versicherte äußere Freiheit aller enthält kein inhaltliches Kriterium, sondern weist nur auf die Art und Weise der Beschränkung der Freiheit oder auf die Form dieser beschränkten allgemeinen Freiheit hin.

Wenn man den bürgerlichen rechtlichen Zustand als Vergesellschaftungs- oder Sicherungsakt für die formale allgemeine Freiheit mit dem Naturzustand vergleicht, kann man feststellen, dass in beiden die Materie des zwischenmenschlichen Verhältnisses zwar immer dieselbe ist, aber nur erst im bürgerlichen rechtlichen Zustand die öffentliche Form der durchgängigen Zusammenstimmung aller zustande kommt. Der Naturzustand ist eigentlich nicht ein Zustand ohne normativen Gegenstand, sondern eher nur ein provisorisch-normativer Zustand. Aus diesem provisorischen Charakter ergibt sich die Möglichkeit, aus diesem Zustand auszutreten und dem provisorisch-normativen Verhältnis eine öffentliche Form zu geben.[138]

Die folgende kantische Erörterung kann über den Anlass zum Übergehen vom Naturzustand zum bürgerlichen Zustand Aufschluss geben:

„Niemand ist verbunden, sich des Eingriffs in den Besitz des Anderen zu enthalten, wenn dieser ihm nicht gleichmäßig auch Sicherheit gibt, er werde eben dieselbe Enthaltsamkeit gegen ihn beobachten. Er darf also nicht abwarten, bis er etwa durch eine traurige Erfahrung von der entgegengesetzten Gesinnung des letzteren belehrt wird; ... ...; er ist zu einem Zwange gegen den befugt, der ihm schon seiner Natur nach damit droht. (Quilibet praesumitur malus, donec securitatem dederit oppositi.) Bei dem Vorsatze, in diesem Zustande äußerlich gesetzloser Freiheit zu sein und zu bleiben, tun sie einander auch gar nicht unrecht, wenn sie sich untereinander befehden; denn was dem Einen gilt, das gilt auch wechselseitig dem Anderen, gleich als durch eine Übereinkunft (uti partes de iure suo disponunt, ita ius est): aber überhaupt tun sie im höchsten Grade daran unrecht, in einem Zustande sein und bleiben zu wollen, der kein rechtlicher ist, d.i. in dem Niemand des Seinen wider Gewalttätigkeit sicher ist."[139]

Dieser Erläuterung nach ist ein Zustand ohne das öffentliche Recht ein Zustand der Unsicherheit, d. h. der Zustand, in dem keine wechselseitige Enthaltsamkeit gesichert werden kann. Dieser Zustand ist insofern kein richtiger Gegenstand des Recht-Unrechts-Urteils, als in dieser Situation die Allseitigkeit der Bedrohung und Wechselseitigkeit oder Ausgeglichenheit der Gewalt herrscht. Aber in dem Sinne sind die Menschen in diesem Zustand im Unrecht, dass sie im unsicheren Zustand weiter bleiben wollen, in dem niemand auf die gegenseitige

138 VI, 312
139 VI, 307

Einschränkung und Sicherheit Anspruch erheben kann.[140] Daraus ist die kantische Grundansicht zu entnehmen, dass nicht die Maßlosigkeit der menschlichen Bedürfnisse selbst, sondern die Bedenkenlosigkeit des menschlichen Willens, der diese maßlosen Bedürfnisse nicht begrenzen will, das größte Hindernis des menschlichen Zusammenlebens ist. Sofern ein Leben in der Gesellschaft überhaupt die Begrenzung jeder Art Maßlosigkeit fordert, ist die schwerste Last einer Gesellschaft nicht die unzulängliche Erfüllung der unbeschränkten Bedürfnisse selbst, sondern eher die unzulängliche und zumal unausgeglichene Begrenzung dieser Bedürfnisse. Vom Gesichtspunkt des einzelnen Menschen aus betrachtet ist der Gegenstand der besonderen Beachtung vor allem die formale Gegenseitigkeit und die negative Sicherheit dieser Begrenzung. Dies macht das Wesen des Rechts-Unrechts-Urteils über eine Gesellschaft aus. Angesichts dieses größten Interesses an Sicherheit und Wechselseitigkeit und des daraus hervorgehenden Rechts-Unrechts-Urteils könnte man sagen, dass nicht das menschliche positive Glück oder Wohl, sondern eher der Zustand der negativen Freiheit oder des ungestörten Friedens, in dem jeder einzelne erst individuell jede Art Bedürfnis zu erfüllen versuchen kann, die dringende gemeinsame Sache ist.

c. Das apriorische Prinzip des bürgerlichen rechtlichen Zustandes

Von dieser kantischen Grundvorstellung von der Forderung der einzelnen Menschen aneinander oder an die Gesellschaft ausgegangen, sind die apriorischen Prinzipien des bürgerlichen rechtlichen Zustandes oder der Staatserrichtung näher zu betrachten. Es sind die Prinzipien der Freiheit als Mensch, der Gleichheit als Untertan und der Selbständigkeit als Bürger (Mitgesetzgeber). Diese selbstverständlichen, doch manchmal leer klingenden Prinzipien führen auf das apriorische Rechtsprinzip, das die Allgemeinheit und Gegenseitigkeit im äußeren Freiheitsgebrauch möglich macht, zurück und stellen ihrerseits die Bedingung da-

---

140 B. Ludwig, a.a.O., S. 156 – 157: „Die permanente wechselseitige Bedrohung des Mein und Dein ist eine Erfahrungssache, so daß eine Befugnis zur putativen Sicherung besteht. Die Gewalttätigkeit der Menschen außerhalb des status civilis ist allerdings nicht der menschlichen Natur geschuldet, sondern unmittelbar Folge der Rechtlosigkeit des Zustandes selbst: ......
Das Recht eines jeden, „zu tun was ihm recht und gut dünkt" ist in den Verhältnissen des Naturzustandes sowohl Folge des rechtlichen Postulats als auch das Hindernis der Realisierung dessen, was in letzterem geboten wird:
Die Möglichkeit des äußeren Mein und Dein, d.i. bloß-rechtliche Verfügung über äußere Gegenstände. ...Die Rechtmäßigkeit des Anspruchs und die Unmöglichkeit seiner Realisierung im status naturalis führen so zum „Postulat des öffentlichen Rechts":"

für dar, dass „eine Staatserrichtung reinen Vernunftprinzipien des äußeren Menschenrechts überhaupt gemäß möglich ist."[141]

Nach dem Prinzip der Freiheit hat jeder die gesetzliche Freiheit, keinem anderen Menschen oder Gesetz zu gehorchen, als zu welchen er seine Beistimmung gegeben hat.

„Niemand kann mich zwingen auf seine Art (wie er sich das Wohlsein anderer Menschen denkt) glücklich zu sein, sondern ein jeder darf seine Glückseligkeit auf dem Wege suchen, welcher ihm selbst gut dünkt, wenn er nur der Freiheit Anderer, einem ähnlichen Zwecke nachzustreben, die mit der Freiheit von jedermann nach einem möglichen allgemeinen Gesetze zusammen bestehen kann (d.i. diesem Rechte des Anderen) nicht Abbruch tut."[142]

Die Freiheit als Befugnis zum ungestörten Raum für die eigene Handlung oder Glückssuche deutet immer schon auf die gesetzliche Gewähr und Schranke zugleich hin. Die Befugnis des Einen, die an die Befugnis des Anderen grenzt, bedeutet also die Möglichkeit, von außen oder von anderen nicht gestört zu werden und in gleichem Maße die anderen nicht zu stören. Angesichts der Art und Weise, wie diese Befugnis allgemein und sicher durchgeführt wird, ist das Recht der Freiheit ein Zwangsrecht, das jedem gleichermaßen gegeben wird. Während es bei diesem Prinzip der Freiheit um das Recht des einzelnen auf ‚Nicht-gezwungen-werden' geht, richtet sich das Prinzip der Gleichheit auf das Recht des einzelnen auf ‚Gegenseitig-gleich-gezwungen-werden'. Die gleichen Zwangsrechte als die wechselseitigen gleichen Rechte auf die eigene Freiheitssicherung können in der Tat nur durch die Gleichheit vor dem öffentlichen Zwangsgesetze durchgeführt werden. Dabei muss das öffentliche Gesetz als öffentliche Bestimmung über das rechtlich erlaubte oder unerlaubte ein solches sein, das jeder als Mitgesetzgeber für sich selbst als Untertan geben könnte.[143] Dieses Prinzip der selbständigen öffentlichen Gesetzgebung führt auf den Begriff des ‚ursprünglichen Vertrags' zurück. Der ursprüngliche Vertrag hat nach Kant die Freiwilligkeit und Selbständigkeit aller einerseits und die unwiderstehlich verbindende Kraft andererseits zum Wesen. Dieser ursprüngliche Vertrag, der nur vom selbständigen Teilnehmen und Zusammenstimmen aller herkommen könnte,[144] ist der

---

141 VIII, 290

142 VIII, 290

143 Dies liegt daran, dass „nur sich selbst niemand Unrecht tun kann. Ist es aber ein anderer, so kann der bloße Wille eines von ihm Verschiedenen über ihn nichts beschließen, was nicht unrecht sein könnte;" VIII, 295

144 Bei der Anwendung des Prinzips der Selbständigkeit unterscheidet Kant zwischen passivem und aktivem Staatsbürger und erkennt nur dem letzteren das Recht der Stimmgebung an: „Nur die Fähigkeit der Stimmgebung macht die Qualifikation zum Staatsbürger aus; jene aber setzt die Selbständigkeit dessen im Volk voraus, der nicht bloß Teil des gemeinen Wesens, sondern auch Glied desselben, d.i. aus eigener

oberste Grund und ‚Probierstein der Rechtmäßigkeit eines jeden öffentlichen Gesetzes'. Aufgrund der Idee des ursprünglichen Vertrags kann jede öffentliche Gesetzgebung konkreterweise auf ihre formale Allgemeinheit, d. h. die formale Möglichkeit der allgemeinen Zusammenstimmung aller, geprüft werden.[145]

Daraus ist die kantische Antwort auf die Frage danach, warum eine öffentliche Gesetzgebung allgemein sein muss und wie sie allgemein sein kann, zu entnehmen. Kant geht davon aus, dass das öffentliche Gesetz selbst als öffentliche Bestimmung über das rechtlich erlaubte oder unerlaubte schon seinem Begriff nach niemandem Unrecht tun kann. Dazu ist nur ein vereinigter Wille aller fähig. Solcher vereinigter Wille aller, der niemandem Unrecht widerfahren lässt, kann sich formal nur aus dem sich selbst gesetzgebenden Willen eines jeden ergeben.[146] Dieses Prinzip der Selbstgesetzgebung eines jeden als Autonomie ist als die kantische Antwort auf die Frage nach „Warum die Allgemeinheit?" und „Wie die Allgemeinheit?" zu betrachten. Es kann auch in das folgende negative Beurteilungsprinzip für die öffentliche Gesetzgebung umformuliert werden: „Was ein Volk über sich selbst nicht beschließen kann, das kann der Gesetzgeber auch nicht über das Volk beschließen."[147]

Im Hinblick darauf ist der Zustand, der nach dem Prinzip der Freiheit, Gleichheit und Selbständigkeit sowie dem Beschließungsprinzip geordnet ist, nichts anderes als ein Zustand der größten Übereinstimmung der Verfassung mit Rechtsprinzipien.[148] Vom einzelnen Willen aus gesehen geht jeder Versuch zur menschlichen gesellschaftlichen Verbindung erst vom einzelnen Willen zur Frei-

---

Willkür in Gemeinschaft mit anderen handelnder Teil desselben, sein will. Die letztere Qualität macht aber die Unterscheidung des aktiven vom passiven Staatsbürger notwendig,..." : VI, 314
Dieses kantische Prinzip ist als „nur ein Reflex ökonomischer Verhältnisse" (Riedel), oder als die Ableitung der „öffentlich-rechtlichen Diskriminierung" aus privatrechtlichen oder biologischen Gegebenheiten (Höffe) viel kritisiert. Auch Küsters hält die „Akkommodation der kantischen Argumentation an seine historische Wirklichkeit" für ein Problem. Aber Küsters' Ansicht nach ist nicht die kantische Unterscheidung selbst, sondern nur die kantische ‚empirische' Formulierung des Fundaments der Selbständigkeit das inkriminierte Faktum.:
G.-W. Küsters, a.a.O., S. 121

145 W. Kersting, a.a.O., S. 351 – 355
Kersting hält den kantischen ursprünglichen Vertrag für das Stiftungsprinzip des rechtlichen Zustandes und dessen Stiftungsereignis zugleich. Seiner Ansicht nach kann jedoch „die Anwendung des kantischen Vertragskriteriums als Erkenntnismittel rechtmäßiger, den Prinzipien des bürgerlichen Zustandes entsprechender Gesetze keine Rechtmäßigkeitserkenntnis vermitteln, die nicht auch unter Zuhilfenahme der Prinzipien der Freiheit und Gleichheit allein hätte gewonnen werden können."

146 VIII, 294

147 VIII, 304; VI, 329

148 VI, 318

heit und deren Sicherung aus. Die Gemeinsamkeit dieses Willens zur Freiheit und Sicherheit macht die öffentliche Gesetzgebung überhaupt annehmbar. Nach dieser Vorstellung ist nur eine solche gesetzliche Verfassung, die nach dem Rechtsprinzip jedem seine Freiheit durch Gesetze sichert, als das öffentliche Heil zu betrachten.[149]

d. Das Widerstandsrecht

Die als das Heil zu betrachtende gesetzliche Verfassung in Bezug auf ihre Gültigkeit stößt auf eine Schwierigkeit. Einerseits ist die gesetzliche Verfassung in Rücksicht auf ihren Ursprung ebenso wie ein ursprünglicher Vertrag untadelig und unwiderstehlich. Andererseits sind das allgemeine Rechtsprinzip der äußeren Freiheit und das Prinzip der Selbstgesetzgebung aller als höchster Grundsatz der öffentlichen Gesetzgebung auch unentbehrlich und unverzichtbar. Aus diesem Widerspruch zwischen gesetzlicher Verfassung und allgemeinem Prinzip der äußeren Freiheit sowie der Selbstgesetzgebung ergibt sich die Frage nach dem Widerstandsrecht. Dabei setzt sich Kant mit beiden üblich angeführten Argumenten für das Widerstandsrecht auseinander. Das eine ist die Glückseligkeit des Volkes als Grund zum Widerstand und das andere ist die Nichtwirklichkeit des ursprünglichen Vertrags als Grund zum Widerstandsverbot.[150] Nach Kant kann das auf die eigene Glückseligkeit gerichtete Prinzip niemals allgemein akzeptierbar sein, indem die eigene Glückseligkeit eigentlich immer nur eine empirisch festzustellende subjektive Sache ist. Wenn das Prinzip der Glückseligkeit des Volkes doch vom Standpunkt des Staatsoberhauptes aus ins Staatsrechtsprinzip eingeführt wird, führt dies zu nichts anderem als der Bevormundung des Volkes und in der Tat zum Verzicht auf den allgemeinen menschlichen Anspruch auf eigene Glückseligkeit. Die öffentliche Gesetzgebung kann sich nur in Rücksicht auf den Zustand der äußeren Freiheit und deren Sicherheit einführen und nur danach richten, was rechtens ist. Die Suche nach der eigenen Glückseligkeit setzt eher eine solche öffentliche Gesetzgebung als ihre Bedingung voraus, weil die Glückseligkeit nur im rechtlich sicheren Raum individuell und erfahrungsgemäß zu suchen ist. Der bei der öffentlichen Gesetzgebung erhobene strenge Anspruch auf Allgemeinheit und Formalität entspricht also nicht der empirischen subjektiven Glückseligkeitsbestimmung. In Bezug darauf ist die Frage nach dem Widerstandsrecht für Kant nichts anderes als die Frage danach, ob das empirische Prinzip der Glückseligkeit dem apriorischen Rechtsprinzip vorrangig sein kann. Für Kant bedeutet das Widerstandsrechtsverbot eigentlich nicht die Gleichgültig-

149 VIII, 298
150 VIII, 301- 302

keit gegen die Glückseligkeit des Volkes, sondern dessen Strenge gründet sich auf die Vorrangigkeit der Rechtlichkeit als der formalen Voraussetzung für die Glückseligkeit, die eigentlich ein vom Willen des Anderen und vom Willen des Staats abweichendes Authentisches ist.

Parallel zu dieser Argumentation gegen das empirische Glückseligkeitsprinzip kritisiert Kant auch den Versuch, den allgemeinen Willen zum Rechtszustand, d. h. den ursprünglichen Vertrag, faktisch zu interpretieren. Nach diesem Versuch könnte jeder einzelne die öffentliche Gesetzgebung als empirischen willkürlichen Vertrag ansehen und je nach eigenem Gutdünken davon abgehen. Kantischer Ansicht nach ist aber die einzige Grundlage, auf der die öffentliche Gesetzgebung oder die gesellschaftliche Ordnung unbestreitbare Geltung haben kann, nicht das Faktum irgendeines Vertrags, sondern nur die apriorische Idee eines ursprünglichen Vertrags. Von der Apriorität und Allgemeinheit dieser Idee her ist die öffentliche Gesetzgebung als das Recht an sich anzusehen und von keinem empirischen einzelnen Willen zu bezweifeln.

Diese kantischen Argumente gegen das Widerstandsrecht, die sich auf Gegen-Materie des Rechtsprinzips und Gegen-Faktum des Rechtsgrundes reduzieren, geben wiederum das Wesen des Rechts zu erkennen. Einerseits ist der wesentliche Zug der Rechtsordnung die Sicherung der allgemeinen äußeren Freiheit aller. Andererseits ist diese Sicherung nur unter öffentlichen Gesetzen möglich. Die öffentlichen Gesetze gehören zwar zu einer irgendwie vereinbarten, deswegen veränderbaren Norm, aber die Rechtsordnung selbst als eine Form der ursprünglichen Vereinbarung ist als die Bedingung für jedes Rechtsverhältnis überhaupt zu betrachten. Wie schon angedeutet, scheint die Schwierigkeit bei der Frage nach dem Widerstandsrecht darin zu bestehen, dass die Rechtsordnung selbst unter dem Gesichtspunkt des ursprünglichen Vertrags als die unentbehrliche formale Bedingung gilt, aber zugleich vom Standpunkt des Freiheitssicherungswillens eines jeden als Teilnehmers am ursprünglichen Vertrag aus ihre Angemessenheit immer wieder in Zweifel gezogen werden kann. Angesichts solchen Widerspruchs zwischen dem Recht als Bedingung der allgemeinen äußeren Freiheit und der Freiheit als Grund des Rechts wollte Kant einerseits durch den engen Schluss von ‚Gegen-Materie‘ und ‚Gegen-Faktum‘ die Rechtsordnung als ‚formale‘ ‚apriorische‘ Freiheitsordnung bekräftigen. Andererseits versucht er, durch die Angabe des absoluten Maßstabes der Allgemeinheit der Freiheitseinschränkung oder der Möglichkeit der allgemeinen Zusammenstimmung aller gerade der Rechtsordnung eine Konkurrenzbedingung zu unterstellen. Nur damit kann sich die absolute Unwiderruflichkeit des rechtlichen Zustandes mit der Fundamentalität der äußeren allgemeinen Freiheit eines jeden vertragen.[151] Die folgende Erläuterung über die ideale Form des Staats macht dies deutlich. Nach Kant ist die ursprüngliche rationale Staatsform, die mit der einzig rechtmäßigen Staatsverfassung zusammenstimmt, diejenige, die „die Freiheit zum Prinzip, ja zur Bedingung alles Zwanges macht, der zu einer rechtlichen Verfassung im eigentlichen Sinne des Staats erforderlich ist."[152] Und die einzig bleibende Staatsverfassung ist nur eine solche, „wo das Gesetz selbstherrschend ist und an keiner besonderen Person hängt."[153] Insofern kann „der letzte Zweck alles öffentlichen Rechts, der Zustand, in welchem allein jedem das Seine peremtorisch zugeteilt werden kann," sein.[154] Daraus kann man entnehmen, dass nur unter der Voraussetzung der allgemeinen äußeren Freiheit und nur um deren Sicherheit willen das Gesetz ein absoluter Herrscher sein kann und muss. In diesem Sinne kann das Recht auf die oberste öffentliche Gesetzgebung im Gemeinwesen in der Tat das allerpersönlichste Recht auf die eigene Freiheit des einzelnen sein.[155] Vom Gesichtspunkt des Freiheitssicherungswillens eines jeden aus gesehen ist die staatliche Rechtsordnung nicht als die Ordnung der materiellen positiven Zweckrealisierung innerhalb einer Gesellschaft, sondern als die Ordnung des formalen negativen Friedens aller zu verstehen. Der einzelne Wille zur Freiheitssicherung kann insofern auch den Anspruch auf den formalen, über die eigene Gesellschaft hinausgehenden negativen Frieden haben. Angesichts dieses Anspruchs ist der Versuch selbstverständlich und notwendig, über die einzelstaatliche Freiheitsrechtsordnung hinaus eine Rechtsordnung der Völker und Staaten einzuführen. Für das einzelne Individuum ist es zwar schwer, das eigene Recht zur Freiheit und zum Frieden auch auf der völkerrechtlichen und weltbürgerrechtlichen Ebene zu behaupten und vollständig durchzuführen. Aus der Ohnmacht des einzelnen Menschen und der Unzulänglichkeit der einzelstaatlichen Ordnung folgt aber nicht die Unmöglichkeit und Überflüssigkeit der Ordnung des Völkerrechts und Weltbürgerrechts, sondern diese ist vielmehr um der Sicherung des Freiheitsrechts des einzelnen willen unerlässlich.

151 Angesichts des Widerstandsverbots und der Idee des ursprünglichen Vertrags bei Kant ist Ludwig der Ansicht, dass bei Kant das Staatsoberhaupt gegenüber dem Staatsbürger zwar keine rechtliche Pflicht hat, aber es von der moralischen Verpflichtung nicht frei ist. B. Ludwig, a.a.O., S. 172 - 174

152 VI, 340

153 VI, 341

154 VI, 341

155 VI, 342

3) Das Völkerrecht und das Weltbürgerrecht im Hinblick auf die Idee des ewigen Friedens und des Menschenrechts

Das kantische Völkerrecht enthält die Vorverhältnisse der Staaten im nicht-rechtlichen Zustand und das ursprüngliche Recht, den Verfall in den Zustand des wirklichen Krieges der Staaten untereinander von sich abzuwehren, als seine Elemente.[156] Im nicht-rechtlichen Staatenverhältnis herrscht der ‚Antagonismus nach Prinzip der äußeren Freiheit' und daraus ergibt sich ‚das Recht des Gleichgewichts aller einander tätig berührenden Staaten.'[157] Das Recht zum Krieg freier Staaten gegeneinander im Naturzustand ist insofern als Recht eines Staates erlaubt. Dabei gilt der Krieg selbst als Notmittel des Staates, zum Friedenszustande zu gelangen. Im Kriegszustand selbst bleibt nur das Gebot als das Recht im Krieg gültig, „den Krieg nach solchen Grundsätzen zu führen, nach welchen es immer noch möglich bleibt, aus jenem Naturzustande der Staaten (im äußeren Verhältnis gegen einander) herauszugehen und in einen rechtlichen zu treten."[158] Im Grunde genommen liegt die Schwierigkeit der völkerrechtlichen Regelung über das Recht zu, in und nach dem Krieg in der unüberbrückbaren Kluft zwischen ursprünglichem Recht zum Krieg als Notmittel und ursprünglichem Recht zum Rechtszustand und Frieden. In dieser Hinsicht könnte es für alle Staaten und Völker vielmehr nötig sein, statt Regeln der Kriegsführung im Naturzustand aufzustellen und die Nachkriegsordnung punktuell zu bestimmen, die Kriegsgefahr selbst abzuwehren und das Recht zum Frieden peremtorisch zu sichern. Im Grunde genommen ist von Idee und Begriff des Rechts als Möglichkeitsbedingung der allgemeinen Freiheit aller der Übergang vom ‚Recht zum Krieg' zum ‚Recht zum Frieden' und damit der enge Schluss von Staatsrecht, Völkerrecht als Recht zum Krieg und Weltbürgerrecht als Recht zum Frieden notwendig. Dabei kann der ewige Frieden als letztes Ziel des ganzen Staatsrechts-, Völkerrechts- und Weltbürgerrechtsverhältnisses angenommen werden und den weiteren Blick auf die Weltgemeinschaft vernünftiger Wesen eröffnen.

Vor allem der kantische Gedanke der weltbürgerrechtlichen Gemeinschaft, der nicht selten als unrealistische Konzeption kritisiert worden ist, gründet sich darauf, dass die Völker ursprünglich in einer Gemeinschaft des Bodens und nur noch in der physischen möglichen Wechselwirkung stehen. Von daher kommt das Recht, „die mögliche Vereinigung aller Völker in Absicht auf gewisse allgemeine Gesetze ihres möglichen Verkehrs" zu versuchen.[159] Der bezweckte Verkehr muss weder gewalttätig noch unselbständig sein. Beim Weltbürgerrecht geht

156 VI, 344
157 VI, 346
158 VI, 347
159 VI, 352

es also um das wechselseitige Verhältnis zwischen den individuellen Rechtssubjekten als freien und gleichen Weltbürgern. In dieser Hinsicht steht das Weltbürgerrecht zwar der Idee des ewigen Friedens viel näher. Aber der weltbürgerrechtliche Zustand „einer friedlichen Gemeinschaft aller Völker als der freien und gleichen Weltbürger" ist gerade in solchem Maße schwerer zu erreichen. Angesichts dieser idealen weltbürgerrechtlichen Vorstellung ist nicht zu übersehen, dass das Interesse an einer friedlichen Gemeinschaft nicht rein moralisch ist, weil sich nämlich dieses Interesse auf die formale Wechselseitigkeit im äußeren Verhältnis zueinander richtet und die innere Triebfeder und Gesinnung dabei keine entscheidende Rolle spielt. Insofern ist die Idee des Friedens kein moralischer Wunsch, sondern ein an den Menschen als Rechtssubjekt gerichteter Rechtszweck. Die Gültigkeit dieses Zwecks selbst kann weder durch das prinzipienlose Einzelinteresse noch durch die gewöhnliche Rechtserfahrung relativiert werden. Er ist als die apriorische Rechtsidee anzuerkennen. Was das Subjekt dieses Weltbürgerrechts angeht, kann das einzelstaatliche Rechtssubjekt durch die völkerrechtliche Ordnung zunächst ins kollektive Völkerrechtssubjekt übergehen. Dann kann sich dieses Subjekt in Rücksicht auf die weltbürgerrechtliche Ordnung wiederum in den einzelnen Weltbürger auflösen, der rechtlich viel kultivierter, doch mit der einzelstaatlichen Ordnung weniger verbunden ist. Dabei ist diese Auflösung in Weltbürger oder Erhebung zum Weltbürger nicht deshalb eine schwierige Sache, weil die Einführung der weltbürgerlichen Ordnung nach der Idee des ewigen Friedens selbst eine rein moralische Forderung ist, sondern weil der ewige Frieden selbst erst dann als die allgemeingültige rechtliche Forderung gelten kann, wenn die Menschen über die schon übliche Grenze der Rechtsgeltung und Rechtsanwendung hinaus das Rechtsinteresse an Frieden betreiben wollen. Nur von diesem Standpunkt aus kann der Grundsatz, „Es soll kein Krieg sein", die Idee und der Endzweck der ganzen Rechtsordnung und zugleich das größte Rechtsinteresse der Menschen sein. Dabei ist ein solcher Friedenszustand nicht anders als der sichere Rechtszustand auf der weltbürgerlichen Ebene, d. h. der der rechtlichen Verbindung aller Menschen unter den weltbürgerlichen öffentlichen Gesetzen überhaupt. Dieser Zustand stellt die höchst umfassende sichere Rechtsgemeinschaft und den höchst kultivierten persönlichen Freiheitsrechtszustand dar. In diesem Zustand können also die Rechte des Menschen unter dem öffentlichen Gesetz, die für Kant die erste formale Bedingung und höchster Zweck der menschlichen rechtlichen Verbindung sind, im umfangreichsten Maße beachtet werden. Im Hinblick darauf lässt sich sagen, dass der formale rechtliche Zustand selbst von seinem eigenen Anspruch auf die eigene Verwirklichungs- oder Vervollkommnungsbedingung her auf den weltbürgerlichen Zustand des ewigen Friedens und der allgemeinen Menschenrechte hinauslaufen kann.[160]

---

160 Vgl. Über den Universalismus von Weltbürgerrecht und Menschenrechtspolitik: J.

4) Die rechtliche Praxis und ihre Garantie

Nach der systematischen Erörterung der ‚Theorie' des öffentlichen Rechts versucht Kant vor allem in seiner Schrift ‚Zum ewigen Frieden' seine Rechtslehre, die auf den ewigen Frieden und die allgemeinen Menschenrechte hinausläuft, in Rücksicht auf die rechtliche Praxis, d. h. in Rücksicht auf die Bewirkung des ewigen Friedens und des Menschenrechts, zu vervollständigen.

In seiner Schrift ‚Zum ewigen Frieden' legt Kant die Möglichkeit des völkerrechtlichen Friedensvertrags dar, der den vernunftrechtlichen Bedingungen für den zwischenstaatlichen Frieden entspricht. Kantischer Überzeugung nach ist diese Möglichkeit des völkerrechtlichen Friedensvertrags weder leere Phantasie noch subjektive empirische Schlussfolgerung. Inhaltlich gesehen stellen die sechs Präliminarartikel als Verbotsgesetze die Vorbedingung eines Friedenszustandes dar, während die drei Definitivartikel die rechtliche Voraussetzung für den ewigen Frieden zu erkennen geben.[161] Aus den ganzen sechs Präliminarartikeln leuchten „die Idee des ursprünglichen Vertrags" und „die Rechte der Menschheit in unserer eigenen Person" hervor. Dies führt zum Gebot, die Umstände, die diese beiden Ideen unmöglich machen, zu verändern und abzuschaffen. Die drei Definitivartikel stellen weiter das zum ewigen Frieden erforderliche rechtliche Gebot auf, d. h. den staatsrechtlichen Republikanismus, den völkerrechtlichen Föderalismus und die weltbürgerliche allgemeine Hospitalität. Nach Kant geht die republikanische Verfassung aus der Idee des ursprünglichen Vertrags, d. h. aus dem vereinigten Willen eines Volkes, hervor. Sie kann die Rechte der Staatsbürger durch die Absonderung der ausführenden Gewalt von der gesetzgebenden, Rechtsstaatlichkeit und repräsentative Regierungsform garantieren und richtet sich nach dem Prinzip der Publizität. Nur diese Verfassung kann aufgrund der Möglichkeit der Beistimmung der Staatsbürger einen dem ganzen Volk so schädlichen Krieg innenstaatlich am besten abwehren. Aber die republikanische Regierungsform allein reicht nicht aus, um den ewigen Frieden zu verwirklichen. Von Staaten im dauerhaften Kriegszustand gilt das völkerrechtliche Gesetz noch nicht, „aus diesem Zustande herausgehen zu sollen."[162] Aus dem Mangel der höchsten Autorität und des rechtlichen Zwangs einerseits und der Notwendigkeit des friedlichen Zusammenlebens andererseits geht eine Form vom „den Krieg abwehrenden, bestehenden und sich immer ausbreitenden" föderalen Bund freier Staaten als Lösung hervor.[163] Diesem Bund geht es nur um die Erhaltung und

---

Habermas, Kants Idee des ewigen Friedens - aus dem historischen Abstand von zweihundert Jahren, in: Die Einbeziehung des Anderen, Frankfurt 1997, S. 192 - 236

161 H. F. Klemme(Hg.), Einleitung, in: Kant, Zum ewigen Frieden, Hamburg 1992, S. 37

162 VIII, 355

163 VIII, 357

Sicherung der Freiheit aller verbündeten Staaten, ohne dass diese Staaten sich dem öffentlichen Gesetz und Zwang unterwerfen. Die Staaten können also von ihrem naturzustandsmäßigen Verhältnis aus nicht eine Weltrepublik, sondern nur eine Form des negativen Surrogats herbeiführen. Über diese negative Vereinigung der Staaten hinaus können alle Völker eigentlich aufgrund des Rechts des gemeinschaftlichen Besitzes der Oberfläche der Erde den Anspruch darauf erheben, auf dem Boden eines anderen anzukommen und sich zur Gesellschaft anzubieten. Von ungeselliger Geselligkeit und Handelsgeist der Menschen getrieben können also alle Völker zur weltbürgerlichen gemeinschaftlichen Ordnung rufen. Nur das Weltbürgerrecht kann durch die allgemeine Hospitalität im Sinne des Besuchsrechts eine friedliche Verbindung zwischen allen Völker stiften und damit die Annäherung zur weltbürgerlichen Verfassung ermöglichen, an der alle Menschen als Rechtssubjekt öffentlich-gesetzlich teilnehmen können und müssen. Das Weltbürgerrecht ist insofern als „eine notwendige Ergänzung des ungeschriebenen Kodex sowohl des Staats- als Völkerrechts zum öffentlichen Menschenrechte überhaupt und so zum ewigen Frieden," zu verstehen.[164]

Gegen dieses kantische Friedenskonzept wird nicht selten Einwand erhoben. Unter seinen drei Definitivartikeln sind der Republikanismus und das Konzept vom negativen Surrogat mittlerweile von beiden Seiten, d. h. vom Kommunitarismus und Kosmopolitismus, kritisiert worden. Vom kommunitaristischen oder partikularistischen Standpunkt aus gesehen läuft das kantische Konzept der Republik in der Tat auf Staatsneutralität und prozeduralen Liberalismus hinaus. Das kantische Konzept ist nämlich zu wenig national oder zu wenig republikanisch. Aber von der kosmopolitischen oder universalistischen Position aus gesehen gilt die kantische Zurückweisung einer Weltrepublik und seine Vorstellung vom ‚negativen Surrogat' als zu nationales Konzept gegen den globalen Konstitutionalismus.[165] Auf diese Kritik ist nur zu erwidern, dass es beim kantischen Republikanismus und Friedenskonzept nicht um ‚Für oder Gegen' den Nationalstaat selbst, sondern um die Verträglichkeit vom Prinzip der Souveränität und der Ordnung des Weltfriedens geht. Habermas' Analyse nach hat die kantische Konstruktion vom Staatenbund darin ihre Widersprüchlichkeit, dass sie einerseits mit dem Vorbehalt der Auflösbarkeit des Vertrags die Souveränität der Mitglieder wahren kann, und andererseits alle souveränen Staaten zur moralischen Selbstbindung verpflichten muss. Habermas bemerkt kritisch, dass Kant angesichts der Notwendigkeit und Unrealisierbarkeit solcher moralischen Motivation für die

164 VIII, 360

165 K. Baynes, Kommunitaristische und kosmopolitische Kritik an Kants Konzept des Weltfriedens, in: M. L.-Bachmann, J. Bohman (Hg.), Frieden durch Recht, S. 324 - 343

Stiftung und Aufrechterhaltung einer Föderation eine Geschichtsphilosophie in weltbürgerlicher Absicht entworfen hat.[166]

Im großen und ganzen geht Kant von der rechtlichen Frage nach der Notwendigkeit der Rechtsidee des ewigen Friedens, d. h. „Warum der ewige Frieden nötig ist", aus und versucht eine mögliche Form der Weltfriedensstiftung, die dem allgemeinen Rechtsprinzip angemessen ist, aufzuzeigen. Dieser Versuch geht in den weiteren über, solcher prinzipienangemessenen Praxis der Weltfriedensstiftung eine Garantie zu verschaffen. Dies ist der Versuch, die Notwendigkeit des als ‚Sollen' auferlegten ewigen Friedens mit Hilfe der Naturvorsehung auf der Ebene des menschlichen natürlichen ‚Wollens' zu erklären. Dabei hängt die Möglichkeit dieser Erklärung mit der Lösbarkeit der Frage zusammen, in welcher Weise dem gegenseitig zweck- oder motiv-gleichgültig, zumal antagonistisch vorgehenden menschlichen Rechtsverhältnis der ewige Friede als höchster Zweck an sich gesetzt werden kann. Die Beantwortung dieser Frage könnte zunächst mit der kantischen Grundvorstellung anfangen, dass sich die Menschen nur durch die Befolgung der unbedingten Rechtspflicht dem Friedenszustand nähern können. Was die Befolgungsweise des einzelnen Menschen angeht, ist es nicht unbedingt notwendig, dass die Befolgung der Rechtspflicht nur vom klaren Pflichtbewusstsein motiviert ist; auch nicht, dass jedes Rechtsverhältnis diesen ewigen Frieden selbst bezweckt. Die Notwendigkeit der rechtlichen Befolgung wird nicht immer von der Notwendigkeit, ‚von der Verbindlichkeit selbst motiviert zu sein', begleitet. Und die Notwendigkeit des höchsten Rechtszwecks oder der Rechtsidee bedeutet nicht die Notwendigkeit, bei jedem Rechtsverhältnis unmittelbar bezweckt zu werden. Unter dem rechtlichen Gesichtspunkt kann und muss also nur das Gebot, beim Rechte der allgemeinen äußeren Freiheit zu bleiben, als das höchste allgemeine Rechtsprinzip gelten und jedem Rechtsverhältnis wird es als die höchste formale Rechtspflicht gesetzt. Wenn nur diese Pflicht, beim Rechte zu bleiben, aus welchem Motiv, zu welchem Zweck auch immer, nicht übertreten ist, kann das menschliche Verhältnis dem Zustand des ewigen Friedens immer näher kommen.

Trotz dieser klaren Einsicht in die Rechtspflicht und die Verpflichtungsweise des Rechts sind doch die reale Art, wie die Menschen diese unumstrittene Rechtspflicht ins Werk setzen, und die Schlussfolge, die die Menschen durch ihre Praxis schließlich bewirken können, nicht ganz durchsichtig. Zwischen dem unbedingt notwendigen Rechtsprinzip als Sollen und der immer subjektiv beschränkten menschlichen Praxis besteht nämlich eine unüberwindbare Kluft. Angesichts dieser Undurchsichtigkeit wollte Kant zunächst die Weise, wie diese

166 J. Habermas, Kants Idee des ewigen Friedens – aus dem historischen Abstand von zweihundert Jahren, in: a.a.O., S. 10 - 11

Rechtspflicht vereinzelt und manchmal abwegig ins Werk gesetzt wird, anschaulich machen. Nach Kant ist die Weise, wie die Rechtspflicht durch den menschlichen Willen praktiziert wird, weder rein moralisch noch unbedingt wirksam. Die Menschen wollen einerseits nur vom eigenen Trieb und Interesse her den der Rechtspflicht streng entgegengesetzten grausamen Krieg miteinander führen. Andererseits können jedoch die vom eigenen Trieb und Interesse besessenen Menschen auch gemeinsam einen Staat als einen sicheren Rechtszustand errichten.

„Das Problem der Staatserrichtung ist, so hart wie es auch klingt, selbst für ein Volk von Teufeln (wenn sie nur Verstand haben) auflösbar und lautet so: ‹ Eine Menge von vernünftigen Wesen, die insgesamt allgemeine Gesetze für ihre Erhaltung verlangen, deren jedes aber ingeheim sich davon auszunehmen geneigt ist, so zu ordnen und ihre Verfassung einzurichten, daß, obgleich sie in ihren Privatgesinnungen einander entgegenstreben, diese einander doch so aufhalten, daß in ihrem öffentlichen Verhalten der Erfolg eben derselbe ist, als ob sie keine solche böse Gesinnungen hätten.›“[167]

Danach können die Menschen trotz ihrer einander entgegenlaufenden Privatinteressen oder Absichten in ihrem äußeren öffentlichen Verhalten einen dem gemeinsamen Interesse entsprechenden Erfolg haben, d. h. den Rechtszustand schaffen und dabei bleiben. Dieser Erfolg kommt weder von der moralisch besten Absicht noch vom genau überlegten Plan her. In Rücksicht auf den Rechtszustand kann und muss „der Mensch, wenn gleich nicht ein moralisch-guter Mensch, dennoch ein guter Bürger zu sein gezwungen“ werden.[168]

Was die letzte Garantie dafür angeht, dass das empirisch gemischte Interesse eines selbstsüchtigen Menschen in der Praxis ins zweckmäßige Interesse eines guten Bürgers umgewandelt funktionieren kann, wollte Kant eine Stufe höher und weiter gehen und mit der Naturvorsehung die Zweckmäßigkeit der ganzen menschlichen Praxis bestätigen. Nach Kant kann die Natur selbst dort, wo die Menschen nur von selbstsüchtigen Neigungen besessen kein Interesse an oder kein Nachdenken über die rechtliche Allgemeinheit haben, endlich die Realisierung des Endzwecks herbeiführen. Für Kant könnte in dieser Welt nichts anderes die Notwendigkeit der Realisierung des rechtlichen Endzwecks, d. h. des Zustandes des ewigen Friedens, garantieren als die unausbleibliche Natur. Kant wollte also mit Hilfe von Naturvorsehung die Ungewissheit und Unzulänglichkeit der Realisierung des Rechtszwecks überwinden. Mit dieser Absicht erläutert Kant die Wirkungsweise des Naturmechanismus.

„... mithin der Mechanism der Natur durch selbstsüchtige Neigungen, die natürlicherweise einander auch äußerlich entgegenwirken, von der Vernunft zu einem Mittel gebraucht werden kann, dieser ihrem eigenen Zweck, der rechtlichen

---

167 VIII, 366
168 VIII, 366

Vorschrift, Raum zu machen und hiermit auch, soviel an dem Staat selbst liegt, den inneren sowohl als äußeren Frieden zu befördern und zu sichern. - Hier heißt es also: Die Natur will unwiderstehlich, daß das Recht zuletzt die Obergewalt erhalte. Was man nun hier verabsäumt zu tun, das macht sich zuletzt selbst, obzwar mit viel Ungemächlichkeit. – „[169]

Über diese kantische Deutung macht vor allem A. Honneth die kritische Bemerkung, dass Kant angesichts der Kluft zwischen der moralischen Pflicht und der äußeren Wirklichkeit den Ausweg mit der „hypothetischen Konstruktion von natürlichen Zwecken" sucht.[170] Danach könne man „aus einem Interesse der Vernunft an sich selber der Natur die Absicht einer moralischen Besserung des Menschengeschlechts zumuten."[171] Honneths Analyse nach hat solche Konstruktion für die hypothetische Behauptung eines zivilisatorischen Fortschritts nur die These zu bieten, dass „die Vernunft aus praktischen Gründen eines gewissen Rückhalts in der geschichtlichen Welt bedarf." Im Hintergrund des kantischen teleologischen Schritts steht jedoch seine feste Überzeugung, dass die Naturvorsehung, die als Garantie für den ewigen Frieden gilt, die von der menschlichen Seite unbedingt zu befolgende Rechtspflicht weder ersetzen noch abwerten kann. Von der Möglichkeit der Realisierung vom Rechtszweck durch den Naturmechanismus völlig unabhängig, muss das formale allgemeine Rechtsprinzip von der Seite der menschlichen Vernunft als unbedingt notwendige Rechtspflicht anerkannt und befolgt werden. Für Menschen bildet die Pflichterfüllung aus eigener Vernunft die einzige Bedingung dafür, dass der Mensch sich selbst für ein freies und moralisches Wesen halten kann. In diesem Zusammenhang äußert Kant, dass nicht die vom materiellen Eigeninteresse aus betriebene schwankende Politik, sondern das vom formalen allgemeinen Rechtsprinzip abgeleitete beständige System des öffentlichen Rechts die wichtigste Angelegenheit des moralischen Politikers sei.[172]

Angesichts des antagonistischen Wirkungszusammenhang des Rechts und der abwegigen Verwirklichungsweise des Rechtszwecks durch den Naturmechanismus könnte man zwar sagen, dass das Recht überhaupt nur eine pragmatische instrumentelle Regel ist, die keine Idee oder Zweck an sich hat. In Rücksicht auf die unbedingte Notwendigkeit der Rechtsidee und die apriorische Gültigkeit des Rechtsprinzips ist aber daran nicht zu zweifeln, dass das Recht die höchst allgemeingültige sichere Vernunftsregel ist. Im großen und ganzen läuft die kantische

---

169 VIII, 367

170 Über die Grundabsicht und Grenze der kantischen moralischen Teleologie: A. Honneth, Universalismus als moralische Falle?, in: M.L.-Bachmann, J. Bohman (Hg.), Frieden durch Recht, Frankfurt 1996, S. 278 - 281

171 Ebd., S. 279

172 VIII, 377

Theorie und Praxis des Rechts darauf hinaus, dass nicht als Regel vom Naturmechanismus oder Verstandespragmatismus, sondern nur als Regel von der reinen praktischen Vernunft das Recht die apriorische Notwendigkeit hat und den ewigen Frieden und die allgemeinen Menschenrechte als höchst allgemeingültige Zwecke und Pflichten setzen kann.

Erst mit diesem gesamten Überblick über die kantische vernünftige Theorie und Praxis des Rechts könnte weiter der Frage nach dem Menschenrecht als wesentlichem Punkt seiner Rechtslehre nachgegangen werden.

Zweiter Teil. Begriff und Bedeutung des Menschenrechts bei Kant

Kapitel III. Die Begründung des Menschenrechts bei Kant

1. Die Frage nach dem Menschenrecht im allgemeinen

1) Der einleitende Gedanke

Der Untersuchung des Themas ‚Menschenrecht' haftet ebenso wie jeder Untersuchung eine eigentümliche Schwierigkeit und Herausforderung an. Bei der Frage nach dem Menschenrecht überhaupt scheint es vor allem schwer, sich über einen angemessenen Gegenstandsbereich und einen Theorie und Praxis übergreifenden verbindlichen Kanon zu verständigen. Ein Einblick in die zur Zeit geläufige Menschenrechtsdiskussion lässt den Eindruck aufkommen, dass auch diese selbst zu einem Verständnis der Problematik wenig beiträgt. Die Argumente und Vorschläge aus verschiedenen Perspektiven laufen kreuz und quer, und man wird schließlich nur von der theoretischen Uneinigkeit verwirrt und von der unzulänglichen Menschenrechtspraxis irritiert. Näher betrachtet fängt diese Schwierigkeit schon mit der Begriffsvorstellung des Menschenrechts, d. h. mit dem Zwiespalt zwischen abstrakt und unbestimmt vorgestelltem ‚Menschen' und bestimmt und konkret definiertem ‚Recht' an. Schon der am Anfang unverzögert erhobene Anspruch auf die allgemeingültigen Prinzipien und auch die wirksame Anwendbarkeit erschwert die Suche nach akzeptierbaren Formeln und Anwendungsformen. In Bezug darauf könnte ein Einblick in die heutige Problemlage des Menschenrechts zunächst das vielfältige Spektrum des Menschenrechts deutlich machen.[173]

Im allgemeinen wird das Menschenrecht heutzutage als die einklagbare konkrete Befugnis des Staatsbürgers innerhalb der positiven Rechtsordnung aufgefasst und das Menschenrecht hauptsächlich als Gegenstand der Verfassungsgerichtsbarkeit behandelt. Das Menschenrecht bedeutet dabei den Grundrahmen einer rechtlich geordneten Gesellschaft, der durch die Auslegung des gesetzten

173 S. Shute, S. Hurley (Hg.), Die Idee der Menschenrechte, Frankfurt 1996; S. Gosepath, G. Lohmann (Hg.), Philosophie der Menschenrechte, Frankfurt 1999; H. Brunkhorst, W. R. Köhler, M. L.- Bachmann(Hg.), Recht auf Menschenrechte, Frankfurt 1999; E.-W. Böckenförde, R. Spaemann (Hg.), Menschenrechte und Menschenwürde, Stuttgart 1987

Rechts und die rechtspolitische Überlegung immer neu geformt wird. Im Zusammenhang mit der Veränderung der gesellschaftlichen Lebensbedingungen ist das Menschenrecht als der gesellschaftliche normative Grundrahmen trotz seines brüchigen Rückschritts inhaltlich immer größer und breiter geworden. Während das Menschenrecht in der Zeit der gesellschaftlichen Ungleichheit und Unfreiheit die gleiche Freiheit für jeden einzelnen Menschen zu seinem Wesen hat, bedarf solcher abstrakte Allgemeinheitscharakter unter dem weiter entwickelten gesellschaftlichen Umstand und dem veränderten Bewusstsein von Eigeninteresse und gesellschaftlichem Gerechten weiterer Konkretisierung und Spezifizierung. Tendenziell wird also das Subjekt des Menschenrechts immer spezifischer und der Gegenstandsbereich des Menschenrechts immer umfangreicher und konkreter. Dies hat notwendigerweise die immer größere Rolle und immer schwerere Belastung des Staats als Adressaten des Menschenrechts zur Folge. Bei dieser Menschenrechtsvorstellung geht es um die Positivierung der innerhalb der bestehenden Gesellschaft schon vereinbarten Grundwerte. Insofern besteht der Rechtskonflikt vor allem im Gegensatz zwischen dem höheren Rechtsanspruch des einzelnen Bürgers am Staat einerseits und der unzulänglichen Bereitschaft oder dem begrenzten Leistungsvermögen des Staats andererseits. Diese Art Menschenrechtskonflikt wird am meisten in der weit entwickelten Rechtskultur beobachtet.

Während solche Menschenrechtsvorstellung und Menschenrechtskonflikte hauptsächlich mit dem Bewusstsein von ‚gesellschaftlich Gerechtem‘ in engem Zusammenhang stehen, bringt das immer weiter entwickelte Bewusstsein von ‚sittlich Gutem‘ eine einigermaßen neue Menschenrechtsvorstellung mit sich. Danach ist das Menschenrecht vor allem als der gemeinsame Anspruch der ethnischen oder kulturellen Minderheiten auf die Autonomie formuliert. Insofern ist das Subjekt des Menschenrechts etwas Kollektives und der Gegenstand solches Rechts ist immer etwas Politisches. Grundsätzlich ist das Menschenrecht als Anspruch auf das politisierte oder verrechtlichte sittlich Gute oder auf die kollektive Identität einer Gruppe zu verstehen. Die Menschenrechtsfrage reduziert sich auf den gesellschaftlichen Grundkonflikt zwischen dem umfangreichen kollektiven Selbstbestimmungsanspruch der Minderheiten einerseits und der Grenze der staatlichen Toleranz andererseits. In dem Maße stehen das Menschenrechtssubjekt und dessen Adressat im negativen, nicht selten feindlichen Verhältnis zueinander.

Da diese beiden Arten von Menschenrecht ein heftig umstrittenes Thema ‚innerhalb‘ einer Gesellschaft sind, gehen sie in Bezug auf die militärischen oder humanitären Interventionen weiter in den internationalen Rechtskonflikt über. Dabei wird das Menschenrecht eher für das ‚moralisch Gute‘ oder den überpositiven moralischen Wert gehalten und dient als die Legitimität einer politischen Herrschaft prüfender Wertmaßstab.

In einen Realakt umgesetzt stößt jedoch diese Selbstverständlichkeit des Menschenrechts auf Schwierigkeiten. Indem die unbetroffenen Länder das der rahmenlosen Gewalt ausgesetzte fremde Interesse selbständig wahrnehmen und sich darin einmischen, wandelt sich die Frage des Menschenrechtsschutzes in die außenpolitisch zugespitzte Frage nach der Staatssouveränität und der nationalen Selbstbestimmung um. Diese Entgegensetzung wird weiter in die Frage nach der Universalität oder Übertragbarkeit des Menschenrechts auf die anderen Kulturkreise hineingezogen. Dies beschwört den umfangreichen Streit um den Kulturrelativismus oder Wertpluralismus herauf.

Was diese Interventionsfrage angeht, ist die Meinungsverschiedenheit beträchtlich. Nicht selten kann beobachtet werden, dass das Menschenrecht um so mehr für den grundlegenden moralischen Wert und Appell gehalten wird, je massiver und brutaler die Menschenrechtsverletzung ist. Dies führt oft dazu, dass ein ganzes Volk, zu dem die Verbrecher gegen Menschenrecht gehören, generell als ein kollektiver Angeklagter oder kollektiver moralisch Schuldiger behandelt wird. Ein daher kommendes Ungerechtigkeitsgefühl könnte das Volk indirekt dazu veranlassen, die Menschenrechtsthematik selbst in eine Art Kultur- oder Machtkampf umzudeuten und die Menschenrechtsverletzung nicht direkt als die Verletzung des moralisch Guten zu betrachten, sondern eher als die unvermeidbare Kehrseite des kollektiv angestrebten ‚sittlich Guten' zu legitimieren. In solchem Fall könnte selbst von der Seite dieses Volks ein Menschenrechtsanspruch auf sittliche Identität erhoben werden. Je tiefer die Menschenrechtsfrage sich in dieser Thematik verwickelt, um so schwerer scheint das allgemeingültige Menschenrechtsverständnis zu sein.

Dieser kurze Einblick in das vielfältige Spektrum des Menschenrechtsverständnisses lässt bald die Frage danach aufkommen, welche rechtlichen, moralischen und sittlichen Implikationen im Menschenrechtsgedanken zusammenhängen oder in welcher Weise das Menschenrecht das Gerechte und das Gute (das moralisch- oder sittlich Gute) in sich begreift. Ein von solcher Frage motivierter Versuch zur inhaltlichen Präzisierung des Menschenrechts oder zur Klärung des Zusammenhangs zwischen Rechtlichkeit, Moralität und Sittlichkeit wird jedoch bald einer fundamentalen Skepsis ausgesetzt. Einerseits erregt der historische Charakter des Menschenrechtsgedankens oder die Entwicklungsgeschichte des Menschenrechtsgedankens einen grundsätzlichen Zweifel an der Möglichkeit einer definitiven inhaltlichen Menschenrechtsbestimmung. Andererseits besteht auch die Skepsis, dass dem formalen und wertneutralen Charakter des Rechts die Vorstellung des Menschenrechts als des inhaltlich präzisierten Wertmaßstabes überhaupt wenig angemessen ist. Die Suche nach der Möglichkeit der universalen

Menschenrechtsbestimmung scheint an der Grundskepsis, die sich mit der Geschichtlichkeit des Menschenrechts und der strengen Förmlichkeit des Rechts begründet, von vornherein gescheitert zu sein. Eine solche die Fragestellung selbst hemmende Skepsis, theoretisch zum Kulturrelativismus neigend, mündet in die Relativierung der Menschenrechtsthematik selbst. In jüngster Zeit führt der immer breiter akzeptierte relativistische Ansatz zur an sich selbst zweifelnden Fragestellung, ob es überhaupt der Theorie des Menschenrechts bedarf, und schließlich zum Vorschlag, die Menschenrechtspraxis ohne Theorie durchzuführen.[174] Dieser extrem erscheinende Versuch zur ‚Menschenrechtspraxis ohne Prinzip' könnte eine Reaktion auf den immer enger gewordenen gemeinsamen Spielraum für die allgemeingültige Menschenrechtstheorie und -praxis sein. Aber ein solcher Versuch wäre nur eine Schein-Lösung, welche die Anfangsnot, die das allgemein verfügbare Prinzip vermisst, zu leicht vergisst und zu eilig prinzipienlos, d. h. rahmenlos für die Menschenrechtspraxis einspringt.

Angesichts des hohen Anspruchs und daher stammender großer Skepsis wäre es jedoch ein akzeptabler einleitender Schritt, die strittigen Punkte des Menschenrechtsverständnisses zunächst auszuklammern und mit dem vor-rechtlichen Ursprung des Menschenrechts anzufangen. Damit kann der Menschenrechtsanspruch zunächst als eine Art von menschlichem normativem Selbstverständnis und Selbstanspruch begriffen werden, und von dieser Rahmenvorstellung ausgegangen, kann weiter dem spezifischen Charakter des Menschenrechts als ‚Rechts'anspruchs, seiner Tragweite und Grenze nachgegangen werden.

2) Das rechtsneutrale Vorverständnis des Menschenrechts

Was den vom bestimmten rechtlichen Interesse und bestimmten Positivierungsstand unabhängigen vorrechtlichen Ursprung des Menschenrechts angeht, kann sich die Menschenrechtsvorstellung zunächst aus dem wesentlich anthropologischen Grundcharakter des Menschen erklären, der sich vor allem auf die Individualität und Gesellschaftlichkeit des Menschen reduziert. Während der Charakter der Individualität mit dem Bewusstsein des eigenen Freiheitsvermögens zusammenhängt, hat der Charakter der Gesellschaftlichkeit mit dem Bewusstsein von der Rahmenbedingung dieses Freiheitsvermögens zu tun. Die parallel laufenden Daseinsmomente Individualität und Gesellschaftlichkeit werden von der Seite des einzelnen Menschen als die Gegenseitigkeit der Menschen im Sinne von ‚jeder gegenüber jedem' erlebt. Durch die eingrenzende Beziehung zum anderen kann der einzelne wiederum zum klaren Bewusstsein über diese beiden Charaktere

174 H. Steiger, Brauchen wir eine universale Theorie für eine völkerrechtliche Positivierung der Menschenrechte?, in: Recht auf Menschenrechte, a.a.O., S.41 - 51

kommen. Im Hinblick darauf setzt das normative Selbstbewusstsein des Menschen eigentlich das ,Frei-sein' oder das ,Nicht-determiniert-sein' einerseits und das ,Nicht-allein-sein' andererseits voraus. Das heißt, die Normativität des Menschen geht von seiner ,eigenen Freiheit' und der Existenz des ,Anderen' aus. Durch die Verallgemeinerung des eigenen Freiheitsanspruchs und die Verallgemeinerung der Vorstellung des Anderen entwickelt sich das menschliche normative Bewusstsein deutlich. Insofern bedeuten die Individualität und die Gesellschaftlichkeit als die existentiellen Grundfakta des Menschen den Grundrahmen für die menschliche Identitätsbildung und insbesondere für die Entwicklung des normativen Bewusstseins. Sofern das normative Selbstverständnis oder das Selbstbild der Menschen inmitten eines solchen Spannungsfeldes zwischen Individualität und Gesellschaftlichkeit oder zwischen Ich und Anderem herausgebildet ist, könnte die Menschenrechtsvorstellung, die zunächst nicht als ,Rechts'norm, sondern als subjektive normative Vorstellung des Menschen gilt, auch aus solchem spannungsreichen Verhältnis erklärt werden.

3) Das Menschenrecht als subjektive normative Vorstellung des Menschen

Auch im Ausgangspunkt des Menschenrechts als subjektiver Vorstellung stehen das Bewusstsein der eigenen Freiheit und die Vorstellung des Anderen als seinesgleichen. Im Grunde steht am Anfang jeder normativen Frage des Menschen der freie Wille und dessen Bestimmung. Der Anfangssatz lautet, dass der freie Wille um seiner Verwirklichung willen auf normative Weise bestimmt zu werden braucht. Daraus geht der unerschöpfliche Streit um die Freiheit als subjektiven Anspruch und die Normativität als anerkanntes System der Freiheitsbestimmung hervor. Dabei kann die Richtung, nach der sich die subjektive Freiheit und die diese Freiheit bestimmende Normativität richten, verschieden sein. Wenn es um die Freiheit nach außen und gegen andere und deshalb um die formale Bestimmung und Sicherung dieser äußeren Freiheit geht, ist die mit dieser Freiheit einhergehende Normativität von rechtlicher Art. Dabei kann der subjektive Freiheitsanspruch in generelle und allgemeine Art umgeformt und schließlich in parallel laufenden Rechten und Pflichten ausgedrückt werden.

Im Vergleich dazu kann es die sittliche Art von Freiheitsanspruch und Normativität geben. Wenn es um die nicht-positive Bestimmung der zweckgebundenen innerlichen Freiheit geht, kann die Normativität die Form einer sittlichen Norm annehmen. Solche Norm und die damit einhergehende Freiheit können von der Seite des einzelnen Menschen aus als die eigene Sitte oder der eigene Lebensstil verinnerlicht und beansprucht werden.

Im Hinblick darauf sind das Recht und die Sitte zunächst gemeinsam als das geltende System der Freiheitsbestimmung zu betrachten. Das Recht hat nur mit dem positiven formalen Freiheitssicherungswillen nach außen und gegen andere zu tun und besteht doch auf der Form der Allgemeinheit. Die Sitte beschäftigt sich dagegen mit dem nicht-positiven gemeinschaftsinnerlichen inhaltlichen Richtmaß der Freiheitsbestimmung als Lebensform. Deshalb stellt sie die Differenzierung von Fremdem und Dazugehörigem in den Vordergrund. Erst da, wo das Recht und die Sitte in dieser Weise als parallel laufende, gemäß der spezifischen Natur der menschlichen Freiheit gestaltete Formen der Normativität aufgefasst werden, kann sich die Frage danach erheben, auf welchem Grund und unter welcher Bedingung der menschliche Freiheitsanspruch in Form des Rechts (vor allem in Form des Menschenrechts) gebildet werden kann.

Diese Frage ist wiederum von beiden Gesichtspunkten aus zu betrachten. Einerseits kann man unter dem universalistischen Gesichtspunkt der Frage nach dem allgemeingültigen Wesen und Prinzip des Menschenrechts nachgehen. Andererseits kann man sich unter dem rechtshistorischen oder rechtssoziologischen Gesichtspunkt mit der Entstehung und Entwicklung des Menschenrechts als einer historisch und sozial bedingten Erscheinung beschäftigen. Die erstere Vorgehensweise ist in dem Sinne von universalistischer Art, dass bei diesem Vorgehen der vernünftigen Begründbarkeit des Menschenrechts im Hinblick auf die allgemeinen Werte nachgegangen und damit das Menschenrecht für die vernünftig begründbare, allgemeingültige, eher rechtstranszendierende Voraussetzung gehalten wird. Die letztere Vorgehensweise untersucht dagegen den empirisch bedingten normativen Inhalt des Menschenrechts selbst als rechtsimmanenter Freiheitsbestimmungsform. Insofern ist sie eher von empiristischer Art.

4) Die allgemeine Bestimmung des Menschenrechts in universalistischer Hinsicht

Zunächst von der unterschiedlichen Gewichtung abgesehen besteht das Wesen des Menschenrechts unter dem universalistischen Gesichtspunkt in seinem universalen Geltungsanspruch, egalitären Charakter und unbedingten Anspruch. Die universale Geltung des Menschenrechts leitet sich von seiner vernünftigen Begründbarkeit her. Das Menschenrecht kann also von seiner vernünftigen Begründbarkeit her gegenüber jedem gerechtfertigt und beansprucht werden. Angesichts des Subjekts des Menschenrechts ist dieses Recht nicht dem Menschen als differenziertem Diesem oder Jenem, sondern jedem nur als Menschen ohne empirischen Bezug zugesprochen. Außer der Bedingung ‚Menschsein‘ beruft sich das Menschenrecht weder auf den transzendenten Wert des Menschen noch auf dessen empirisch oder historisch bedingtes Merkmal. In Rücksicht auf den Gegenstand spricht das Menschenrecht nicht direkt über den eigentümlichen Inhalt des einmaligen menschlichen Lebens selbst, sondern es beschäftigt sich eher mit der absoluten voraussetzungslosen Freiheit und Gleichheit dieses einmaligen Lebens. Von diesem Unausgeschlossensein jedes Menschen als Menschenrechtssubjekts zum einen und der Förmlichkeit und Fundamentalität des Menschenrechtsobjekts zum anderen her kann das Menschenrecht höchst universal und allgemein sein. Was den Adressaten des Menschenrechtsanspruchs angeht, richtet sich das Menschenrecht, als positiv-rechtlicher Anspruch institutionalisiert, immer an einen bestimmten Adressaten, ob Staat oder Privatperson. Insofern kann das Menschenrecht unter jeder Art Norm die höchst objektive und wirksame Form sein.[175]

Trotz dieser äußerlichen Klarheit ist jedoch das Wesen des Menschenrechts unter den immer komplizierter gewordenen Umständen nicht mehr oder noch nicht eindeutig zu bestimmen. Immer wieder wird die kritische Gegenfrage danach gestellt, ob nicht das Menschenrecht das auf bestimmte Voraussetzungen gegründete, deshalb nicht universale Recht ist, oder ob nicht das Menschenrecht trotz seiner prinzipiellen Förmlichkeit schließlich mit den materiellen Zwecken verbunden sein muss. Angesichts dieser Fragen wäre der Versuch ein annehmbarer Schritt, sich zum kantischen Menschenrechtsgedanken zurückzuwenden und anhand von Umfang und Gründlichkeit der kantischen Reflexion auf die Grundfrage nach dem Menschenrecht zu antworten.

2. Die Begründung des Menschenrechts bei Kant

1) Der Begriff des Menschenrechts bei Kant

Der kantische Menschenrechtsbegriff geht von einer Erläuterung in der ‚Metaphysik der Sitten' aus:

„Freiheit (Unabhängigkeit von eines Anderen nötigender Willkür), sofern sie mit jedes Anderen Freiheit nach einem allgemeinen Gesetz zusammen bestehen kann, ist dieses einzige, ursprüngliche, jedem Menschen kraft seiner Menschheit zustehende Recht."[176]

---

175 Zur Struktur der Menschenrechte: R. Alexy, Die Institutionalisierung der Menschenrechte im demokratischen Verfassungsstaat, in: S. Gosepath, G. Lohmann (Hg.), Philosophie der Menschenrechte, a.a.O., S. 246 – 254
Alexy fasst Universalität, moralische Geltung, Fundamentalität, Priorität und Abstraktheit als fünf Merkmale der Menschenrechte auf; Eingehende Erörterung über das Bild vom Menschen und Charakter des Menschenrechts: E.-W. Böckenförde, Recht, Staat, Freiheit, Frankfurt 1991, S. 58 – 66; Das allgemeine Prinzip der Menschenrechte: O. Höffe, Kategorische Rechtsprinzipien, Frankfurt 1994, S. 135 -150

176 VI, 237

Dabei sind folgende zwei Fragen zu stellen. Einerseits geht es um die Frage, worauf sich dieses einzige Freiheitsrecht bei Kant gründet, d. h. wie dieses einzige Freiheitsrecht selbst möglich ist. Andererseits kommt auch in Frage, ob dieses einzige Freiheitsrecht als universales Menschenrechtsprinzip gelten kann und wenn es so wäre, welcher konkrete Menschenrechtsgehalt aus diesem einzigen Freiheitsrecht abgeleitet werden kann. Es geht also um die Begründung des ‚kantischen' Menschenrechtsprinzips selbst und dessen Anwendung auf die ‚heutigen' menschenrechtlichen Ansprüche.

Wie schon zitiert, ist die Freiheit für Kant das einzige, ursprüngliche, jedem Menschen zustehende Recht. Dieses Menschenrecht hat die ursprüngliche Gesellschaftlichkeit und ursprüngliche Freiheit des Menschen zu seiner Rahmenbedingung. Die Gesellschaftlichkeit deutet darauf hin, dass jede Art äußere Freiheit auf die Allgemeinheit beschränkt werden soll. Von der apriorischen Gesellschaftlichkeit her soll und kann die äußere Freiheit des Menschen immer von vornherein als die ‚jedem' ‚gleich' zustehende, allgemeine Freiheit gedacht werden. Diese Gesellschaftlichkeit bedeutet keine empirische positive Staatlichkeit, sondern sie weist nur auf die ursprüngliche Bezogenheit aller Menschen und die apriorische Notwendigkeit der allgemeinen Beschränkung der Freiheit hin. Erst daraus geht die Notwendigkeit des positiven Staats als der Sicherung dieser allgemein zu beschränkenden Freiheit hervor. Das heißt, das Menschenrecht geht nicht erst aus dem empirischen positiven Staat hervor und die Notwendigkeit des positiven Staats selbst ist keine empirische oder pragmatische Folgerung. Für Kant ist also auf der Begründungsebene die Notwendigkeit des Menschenrechts als subjektiven Freiheitsanspruchs für die Notwendigkeit des positiven Staats bestimmend und das Menschenrecht und der Staat haben in der apriorischen Notwendigkeit und Allgemeinheit ihre Gemeinsamkeit. Im Hinblick darauf lässt sich sagen, dass der kantische Menschenrechtsbegriff den Begründungszusammenhang zwischen Freiheit, Recht und Staat zur Grundlage hat.

Des weiteren besagt die kantische Bezeichnung des Menschenrechts als des ‚einzigen' Rechts nur, dass das Wesen des Menschenrechts nicht direkt im materiellen Rechtsanspruch auf dieses oder jenes, sondern eher in der ursprünglichen Ermöglichung für etwas Materielles liegt. Prinzipiell ist die Freiheit als einziges Menschenrecht nicht für den konkreten, inhaltlich spezifischen Anspruch zu halten, sondern für den formalen allgemeinen Ausgangspunkt des äußeren Freiheitsverhältnisses und Rechtsanspruchs. Für Kant ist mit der Allgemeingültigkeit und Grundsätzlichkeit der Freiheit allein schon der wesentliche Punkt des Menschenrechts genügend gedeckt.[177]

177 W. Kersting, Wohlgeordnete Freiheit, a.a.O., S. 208

Im Hinblick auf das Subjekt des Menschenrechts steht dieses Recht jedem Menschen kraft seiner Menschheit zu. Dabei geht das Recht der Menschheit ursprünglich von der transzendentalen Idee der Freiheit und Intelligiblität des Menschen aus. Für Kant macht das Recht, zusammen mit der Ethik, das Reich der Sitten aus, das aus der transzendentalen Idee der Freiheit stammt. Diese Idee der Freiheit bleibt zwar für die spekulative Vernunft nur eine unerklärliche regulative Idee, aber für den praktischen Willen kann sie konstitutiv sein. Diese konstitutive Idee der Freiheit ermöglicht es dem Willen, mit jeder Art Kausalität und Abhängigkeit zu brechen und alles nur aus eigener Freiheit zu bestimmen. Diese absolut unabhängige freie Willensbestimmung allein kann als die ‚Selbst'bestimmung des Willens betrachtet werden. Für Kant ist solcher sich selbst bestimmende autonome Wille nichts anderes als der Wille unter dem allgemeinen moralischen Gesetze. Im Grunde genommen gibt für Kant nicht die ungezügelte Willkür und deren Erfolg, sondern nur das Bewusstsein des allgemeinen moralischen Gesetzes und dessen Befolgung die Freiheit des eigenen Willens zu erkennen. Danach könnte ein Mensch insofern sich für frei halten, als er sich bewusst ist, dass er etwas tun ‚soll'. Von dieser Freiheit her, die eigentlich nicht mit dem Können, sondern mit dem Sollen anfängt, kann der Mensch sich als Urheber der eigenen Handlung betrachten und sich jede Handlung, ob gute oder böse, zurechnen. Erst an seiner Zurechnungsfähigkeit und Verantwortung kann der Mensch die eigene Persönlichkeit erkennen. Als diese Persönlichkeit kann der Mensch überhaupt ein selbstzweckhaftes und würdiges Wesen sein. Nur diesem Wesen gehört das vorrechtliche Recht der Menschheit. Bei Kant macht also ursprünglich die ganze Reihe der transzendentalen Idee der Freiheit, der Intelligiblität des Menschen und der Idee der Menschheit das normative Menschenbild bei seinem Menschenrecht aus. So gesehen scheint das von der Idee der Menschheit abstammende kantische Menschenrecht ein moralisch begründetes Recht oder ein ausschließlich auf die menschliche vernünftige Natur gegründetes Recht zu sein. Insofern ist die Bemerkung nicht unzutreffend, dass die „Ableitung des Menschenrechts aus dem Vernunftbegriff der Freiheit den Fortfall aller solcher Rechte, die sich aus der speziellen sinnlichen Natur des Menschen ergeben könnten," zur Folge hat.[178] In der Tat ist es schwer zu beantworten, warum die moralische Vernünftigkeit und die Idee der Menschheit allein die Allgemeingültigkeit des Menschenrechts begründen soll. Angesichts dieser Schwierigkeit ist es nur immanenterweise aufzuzeigen, dass das Argument der moralischen Vernünftigkeit und der Idee der Menschheit bei Kant für die Rekonstruktion der Verbindlichkeit des Menschenrechts notwendig und zugleich ausreichend ist. Für Kant hat zwar der Mensch ursprünglich Intelligiblität im Sinne der Vernünftigkeit. Doch ist er zweifelsohne

178 B. Ludwig, Kants Rechtslehre, a.a.O., S. 104

auch ein sinnliches Wesen. Angesichts dieses Doppelcharakters ist der Mensch zunächst nicht imstande, aufgrund seiner Intelligiblität oder Vernünftigkeit immer konfliktlos die moralisch vollkommene Handlung hervorzubringen. Im Hinblick darauf richtet sich die menschliche Würde nicht an die konfliktlos praktizierte Moralität als faktische Folge, sondern eher an das Vermögen selbst, erst aus seinem widersprüchlichen Charakter etwas Vernünftiges und Moralisches herauszuholen. Insofern ist die menschliche Würde und das Recht der Menschheit nicht für den auf die moralische Eigenschaft und Leistung des bestimmten Menschen zugeschnittenen Wert zu halten. Jeder Mensch hat nur aufgrund seines ursprünglichen selbstzweckhaftenVermögens zur Freiheit und Moralität, gleich und allgemein, einen absoluten Wert. Menschlicher Erfahrung nach gibt es zwar solche Menschen, die ein unheimlich böses oder unmenschlich erniedrigtes Leben führen. Sie scheinen tatsächlich moralisch unfähig oder menschlich unwürdig zu sein. Nach Kant gilt jedoch die apriorische Intelligiblität und Selbstzweckhaftigkeit des Menschen (,in der Tat das Menschsein selbst,) als der Grund des angeborenen Freiheitsrechts. Die Angeborenheit und Allgemeingültigkeit des Menschenrechts deckt sich mit der Apriorität und Allgemeinheit der menschlichen Intelligiblität und Selbstzweckhaftigkeit. Das kantische Menschenrecht ist also in dem Sinne ein moralisch begründetes Recht, dass das angeborene Menschenrecht und seine Verbindlichkeit schon aufgrund der apriorischen Allgemeinheit der moralischen Idee der Menschheit jedem gegenüber gerechtfertigt werden können. Insofern ist das, was durch die moralische Begründung des Menschenrechts überhaupt nicht gewährleistet werden kann, nicht die Allgemeingültigkeit des Menschenrechts selbst, sondern nur dessen positiv-rechtliche Sicherung.

2) Das Menschenrecht im Hinblick auf Sittlichkeit

Die bisherige Betrachtung des kantischen universalistischen Menschenrechtsbegriffs lässt auch die Frage danach aufkommen, ob das Menschenrecht die der Idee der Menschheit entsprechende einzige normative Form ist.

In allgemein normativer Hinsicht könnte der Mensch den sich selbst zustehenden normativen Wert in beiden Formen, d. h. entweder in der normativen Pflicht oder in dem normativen Anspruch, wahrnehmen und praktizieren. Was den normativen Anspruch angeht, ist er beiderseitig zu betrachten. Einerseits könnte der vom normativen Selbstwert herkommende Anspruch vermittelst der Gleichheit und Wechselseitigkeit der Menschen als der negative formale Anspruch auf die innerhalb einer allgemein vereinbarten Grenze nicht zu hindernde freie Lebensgestaltung formuliert werden. Andererseits kann der normative Selbstwert, von der Gemeinschaftlichkeit des Lebens und Eigenartigkeit des Lebenssinnes motiviert, im materiellen Anspruch auf den eigenen sittlichen Lebensinhalt ausgedrückt werden. Beim ersteren geht es um den formalen negativen Anspruch darauf, ‚vom anderen nicht bestimmt zu werden oder nicht abhängig zu sein', während sich der letztere Anspruch eher auf das differenzierte sittliche Dasein mit bestimmtem Zweck und Inhalt zielt und sich bis zum positiven Anspruch darauf, ‚vom anderen anerkannt zu werden' erhebt. Unter Berücksichtigung dieser Parallelität zwischen beiden Ansprüchen, die vom menschlichen normativen Selbstwert herkommen, kann die Eigenschaft des Menschenrechts als ‚rechtlichen' Anspruchs plausibler geklärt werden.

3) Die Eigenschaft des kantischen Menschenrechts als rechtlichen Anspruchs

Im Grunde genommen können der Schwerpunkt und die Problematik des kantischen Menschenrechts unter Berücksichtigung seines ‚normativen' Menschenbildes und ‚rechtlichen' Vorgedankens geklärt werden. Wenn die transzendentale Idee der Freiheit, die Intelligiblität des Menschen und die Idee der Menschheit auf das normative ‚Menschen'bild des Menschenrechts hinweisen, macht seine Charakterisierung des Menschen als eines dem eigenen Zweck folgenden Willens die ‚rechtliche' Eigenschaft des Menschenrechts deutlich.

Die kantische Ausgangsfrage heißt, welcher in der systematischen Ordnung der Zwecke als der oberste Zweck an sich vorzustellen ist. Kant nach kann nur der Mensch solcher Zweck an sich sein, der niemals bloß als ein Mittel einem anderen Zweck oder der ganzen Natur völlig unterworfen ist. Dies bedeutet konkreterweise, dass in jedem Zweck-Mittel-Verhältnis zwischen den Menschen oder in der Natur der als Mittel dienende Mensch auch etwas eigenes wollen und deshalb die eigene Willensordnung einrichten kann. Die eigene Willensordnung als Ordnung aus eigener Freiheit kann sich nach beiden Freiheitsgesetzen, d. h. dem inneren und dem äußeren Freiheitsgesetz, bilden. Das innere und äußere Freiheitsgesetz bedeutet für den Menschen die Norm der Einschränkung des Willens. Diese Einschränkung des Willens durch das innere und äußere Freiheitsgesetz ist in der Tat nichts anderes als die Einschränkung durch das ‚eigene Gewissen' einerseits und die durch den ‚Willen des anderen' andererseits. Die letztere Art der Freiheitsbeschränkung durch den Willen des anderen deutet auf das Recht hin. In Bezug darauf äußert Kant:

„Der menschliche Wille ist also eingeschränkt auf die Bedingung der allgemeinen Einstimmung des Willens anderer. Soll ein System der Zwecke seyn, so muß der Zweck und Wille eines vernünftigen Wesens mit dem eines andern übereinstimmen. Der Wille des Menschen wird durch die ganze Natur nicht eingeschränkt, obwohl das Vermögen, ausgenommen durch Willen anderer Menschen. – Denn jeder Mensch ist selber Zweck, und daher kann er nicht bloß

Mittel sein. ... ... Diese Einschränkung beruht auf den Bedingungen der möglichsten allgemeinen Einstimmung des Willens anderer. Es ist außer dem Menschen nichts achtungswerthes gesetzt worden als das Recht der Menschen."[179]

Das Recht betrifft die Freiheit als Zwecktätigkeit nach eigenem Willen, die durch den Willen anderer auf Allgemeinheit eingeschränkt wird.

„Hier ist weder Glückseeligkeit noch Geboth der Pflichten, sondern Freiheit die Ursache des Rechts."[180]

Durch diese Vorstellung von Freiheit des zwecktätigen Willens und die von Recht als Einschränkung dieser Freiheit durch den Willen des anderen ist der Charakter des kantischen angeborenen Menschenrechts als sich von der sittlichen Norm unterscheidender ‚Rechts'norm festzustellen. Bei Kant bedeutet das Menschenrecht als Rechtsanspruch eine solche Freiheit, die vom allgemeinen Rechtsprinzip, dass die Freiheit mit der Freiheit jedes anderen nach dem allgemeinen Gesetz zusammen bestehen können muss, begleitet wird. Insofern hat das kantische Menschenrecht als Recht der Menschheit in unserer eigenen Person einerseits die moralische Allgemeinheit, die an der intelligiblen Freiheit und dem Zweck-an-sich-Charakter des Menschen liegt, und andererseits die rechtliche Allgemeinheit, die durch das allgemeine Rechtsprinzip gebildet ist, zur Grundlage. Anders formuliert geht die Verbindlichkeit des Menschenrechts aus der Allgemeinheit der intelligiblen Freiheit und der Allgemeinheit der Freiheitseinschränkung hervor.

Was die gegenständliche Eigenschaft dieses kantischen Menschenrechts angeht, gibt vor allem die kantische Begriffserklärung von „jura connata" die Eigenschaft des Menschenrechts als eines einem jeden gleichen negativen Freiheitsrechts zu erkennen:

„Eine That woraus jemandem Recht entspringt ist Factum juridicum. Status originalis ist der, der vor allem facto juridico vorhergeht. Status adventitius ist das Recht, das aus einem facto juridico entspringt. Hat der Mensch originarie Rechte? Ja. Aber durch ein Factum juridicum kann ich noch mehr Rechte bekommen. Aber am andern habe ich kein Recht ohne durch ein factum juridicum. Meine Rechte gegen andre sind negativ; die nemlich original sind, das sind jura connata. Ein jeder hat jus connatum mit seiner Persohn. Keiner thut andren Unrecht, wenn er bloß Handlungen an sich selbst thut."[181]

Danach hat der Mensch das Recht „jura connata" als ein vor jedem rechtlichen Akt vorhergehendes originäres Recht. Aus dieser Begriffserklärung ergeben sich zweierlei Bedeutungszusammenhänge. Einerseits kann die Ungleichheit der Rechte erst durch ein factum juridicum (einen rechtlichen Akt) entstehen. Ande-

179 XXVII.2.2, 1319
180 XXVII.2.2, 1329
181 XXVII.2.2, 1338

rerseits kann man am anderen kein positives Recht haben ohne durch ein factum juridicum. Daraus ist mittelbar die Eigenschaft des Menschenrechts als eines nicht aus dem factum juridicum entsprungenen Rechts abzuleiten. Das Menschenrecht ist kein ungleich verteiltes Recht. „Alle sind einander gleich, nicht am Verstande, Kräften, sondern am Recht.“[182] Das angeborene Menschenrecht kann nicht ein direkter positiver Anspruch an andere sein. Jura connata sind „alle negativ, sind keine Rechte, den andren zu zwingen, aber ihm zu widerstehen, wenn sie ihm Unrecht thun.“[183] Das Menschenrecht kann also nur ein negatives, abwehrendes Recht gegen andere sein.

Im großen und ganzen ist das kantische Menschenrecht als ein fundamentales Plädoyer für die allgemeine subjektive Freiheit des einzelnen vernünftigen Menschen zu betrachten. In dieser Hinsicht äußert Kersting, dass das kantische Menschenrecht die grundlegende Rechtsposition formuliert, die Menschen als Freie und Gleiche, als im Raum miteinander lebende Vernunftwesen im Verhältnis zueinander einnehmen, und in sich die Vernunftbedingungen einer von Naturbestimmungen losgelösten Welt äußerer, zwischenmenschlicher Freiheit konzentriert.[184]

In Bezug darauf kann man die kritische Frage stellen, ob solche Fundamentalität der Freiheit und das Konzentrieren auf reine Rechtssubjektivität bei Kant zur entsprechenden Überlegung über die Bedingung der Verwirklichung und die inhaltliche Ausgestaltung des Menschenrechts führen. Angesichts dieser Frage ist als nächster Schritt vorzunehmen, die kantische fundamentale Menschenrechtskonzeption im Hinblick auf die heutigen Menschenrechtsansprüche neu zu interpretieren.

Kapitel IV. Die möglichen Gegenstände des Menschenrechts bei Kant

1. Der einleitende Gedanke

Bei dem Versuch, ein neues Verständnis vom kantischen Menschenrecht zu gewinnen, kann es ein annehmbarer Vorschritt sein, vom thematischen Zusammenhang aus die allgemeine Schwierigkeit der Theoretisierung des Menschenrechts zu beschreiben. Im Hinblick auf den Zusammenhang von Subjekt und Adressaten des Menschenrechts lässt sich zunächst sagen, je strenger man auf der fundamentalen Allgemeinheit des Subjekts des Menschenrechts besteht, um so unbestimmter wird der Adressat. Solche Menschenrechtsforderung hat nicht selten nur

182 XXVII.2.2, 1338
183 XXVII.2.2, 1339
184 W. Kersting, Wohlgeordnete Freiheit, S.211

deklamierende Bedeutung. Wenn man hingegen auf der faktischen positiven Geltung besteht, wird der Menschenrechtsanspruch an einen bestimmten Adressaten gerichtet. Solcher Menschenrechtsanspruch muss in der Tat ins positive Grundrecht innerhalb einer Rechtsgemeinschaft umgeformt werden. In solchem Falle kann der Bereich des Subjekts zwar viel bestimmter werden, aber der Geltungsbereich des Menschenrechts wird unvermeidlich beschränkt. Darin ist auch der problematische Zusammenhang von Menschenrecht und Grundrechten zu sehen.

Der thematische Zusammenhang von Menschenrechtssubjekt, - objekt und – adressaten lässt auch die Frage aufkommen, ob das Menschenrecht überhaupt die gegenständlich verschiedenen Ansprüche auf liberale negative Freiheit, soziale Teilhabe, politische Teilnahme und kulturelle Autonomie in sich begreifen und verwirklichen kann. Im Hinblick darauf ist wiederum die Frage zu stellen, ob und in welcher Weise die kantische Menschenrechtsvorstellung diese Anfrage selbst beantworten und den so hohen Ansprüchen an das Menschenrecht überhaupt gerecht werden kann. Sofern das kantische Menschenrecht nur als ein liberales negatives Abwehrrecht betrachtet wird, scheint die Möglichkeit, dass das kantische einzige Menschenrecht im Hinblick auf das Recht zur Teilhabe, Teilnahme und sittlichen Autonomie inhaltlich erweitert wird, wenig aussichtsreich zu sein. Trotzdem oder gerade deshalb wäre der Versuch nicht sinnlos, das kantische Menschenrecht im Hinblick auf seine noch umstrittenen Gegenstände, d. h. die politische Teilnahme und ethisch-sittliche Autonomie, neu aufzufassen.

2. Das Menschenrecht auf Teilnahme bei Kant im Vergleich zu Habermas' Grundrechten

In einem ersten Schritt ist es zu versuchen, den Sinn des Teilnahmerechts bei Kant und die Interpretationsmöglichkeit seines Menschenrechts als politischen Rechts zur Teilnahme im Vergleich zu Habermas zu klären. Bei diesem Vergleich geht es nicht um die präzise Formulierung der umfassenden rechtsphilosophischen Ansicht von Habermas. Der Versuch ist nur darauf zu beschränken, um des besseren Verstehens des kantischen Teilnahmerechtes willen der Ansicht von Habermas mit vergleichendem Blick nachzugehen. Insofern kann sich die Fragestellung auf die Frage nach dem Verhältnis von kantischem angeborenem Menschenrecht und Habermasschen demokratisch erzeugten Grundrechten oder nach dem Verhältnis von allgemeinem Rechtsprinzip und Demokratieprinzip reduzieren.[185]

---

185 J. Habermas, Menschenrechte – global und innerstaatlich, in: Die Einbeziehung des Anderen, Frankfurt 1997, S. 192-305; ders., Zur Legitimation durch Menschen-

Was das kantische Vorgehen der Klärung des Menschenrechts angeht, besteht es aus beiden Schritten. Die Begründung des Menschenrechts geht von der ursprünglichen normativen Eigenschaft des menschlichen Willens aus. Danach kann man sagen, dass der Mensch ursprünglich Zweck an sich ist, weil er von der transzendentalen Idee der Freiheit und seiner Intelligiblität her moralisch autonom sein kann. Dies lässt sich auch so ausdrücken, dass der Mensch moralisch autonom sein können muss, um selbst ein Zweck an sich zu sein. Das ursprüngliche Vermögen zur moralischen Autonomie des Menschen und sein Zweck-an-sich-Charakter können, miteinander verbunden, den Anspruch auf die Freiheit des menschlichen Willens begründen. Im Hinblick darauf ist das Menschenrecht nichts anderes als eine solche Freiheit, die der Mensch als Zweck an sich in jedem Willens- und Zweckverhältnis ursprünglich haben kann. Das Menschenrecht geht daraus hervor, dass das allgemeine apriorische Prinzip der moralischen Autonomie auf den Anfang jedes Willens- und Zweckverhältnisses angewendet wird. Dabei ist der menschliche Wille einerseits unbedingt frei aufgrund der Idee der Menschheit in seiner eigenen Person und seines Zweck-an-sich-Charakters. Die oberste Grenze dieses absolut freien Willens liegt andererseits im Willen des anderen oder in dessen Recht. Das Menschenrecht ist also als die moralisch begründete, allgemein beschränkte, angeborene Freiheit aufzufassen.

Von dieser Notwendigkeit des ursprünglichen Freiheitsanspruchs als Menschenrechts wird dann die Notwendigkeit des ursprünglichen Vertrags abgeleitet. Kant nach beruht der ursprüngliche Vertrag auf dem allgemein vereinigten Willen aller. Der höchste Zweck und die oberste Bedingung des ursprünglichen Vertrags ist das Recht der Menschen unter öffentlichen Gesetzen. Das kantische Menschenrecht bindet sich zum einen nach der Richtung der Notwendigkeit der vom Zweck-an-sich-Charakter herkommenden angeborenen Freiheit hin und zum anderen nach der Notwendigkeit des ursprünglichen Vertrags als Übereinstimmung aller in dieser angeborenen Freiheit. Im Grunde genommen ergibt sich das Menschenrecht nur aus der Freiheit des einzelnen Menschen. Der Widerstreit um die ursprüngliche Freiheit zwischen einzelnen Menschen kann durch die Vorstellung des ursprünglichen Vertrags ins geordnete Freiheitsverhältnis zwischen einzelnen Menschen im Sinne der öffentlichen Rechtsordnung umgeformt werden. Das Wesen des Menschenrechts unter öffentlichem Gesetze liegt dabei noch im privaten autonomen Verhältnis zwischen Privatpersonen. Sofern der Rechtszustand nur als der institutionalisierte sichere Zustand der persönlichen Freiheit des einzelnen aufzufassen ist, bleibt bei Kant die fundamentale Bedeutung der „Privat"autonomie des einzelnen im Rechtszustand ununterminiert.

---

rechte, in: H. Brunkhorst, P. Niesen (Hg.), Das Recht der Republik, Frankfurt 1999, S. 386-403; R. Forst, Die Rechtfertigung der Gerechtigkeit. Rawls' Politischer Liberalismus und Habermas' Diskurstheorie in der Diskussion, in:Ebd., S. 105-168

Bei Habermas liegt dagegen der Schwerpunkt woanders. Habermas sieht vor allem im Bildungsprozess vom Öffentlichen selbst die verselbständigte Instanz für die ursprüngliche Freiheit und Autonomie des einzelnen. Seiner Ansicht nach kann der Mensch mit dem kantischen allgemeinen Rechtsprinzip und der Form der Allgemeinheit als seinem Maßstab zwar die subjektive Freiheit und Privatautonomie bekräftigen. Über diesen Bereich der negativen Abwehr hinaus kann jedoch der einzelne Mensch nur schwer am Öffentlichen oder Gemeinsamen teilnehmen und es praktizieren. Auf solcher negativen passiven Ebene ist der Zustand des öffentlichen Rechts nicht der autonom institutionalisierte Zustand, sondern überwiegend der Zustand der Öffentlichem und Positivem unterworfenen Heteronomie. Habermas nach ist die politische Autonomie nicht mit der allgemeinen gleichen Verteilung der subjektiven Handlungsfreiheit vollzogen, sondern sie verlangt erst den Versuch, das Rechtssubjekt zum aktiven Gesetzgeber zu gestalten. Dieser Versuch zur autonomen Selbstgesetzgebung bedeutet den Versuch, die Rechtsbefolgung aus Zwang mit der Rechtsbefolgung aus Einsicht oder aus Verständnis zu ersetzen. Diesem Versuch liegt insofern die Ansicht zugrunde, dass die Geltung des Rechts weder auf Moralität noch auf Legalität, sondern auf Legitimität beruhen muss. Danach nimmt Habermas den an die moralische Selbstgesetzgebung der einzelnen moralischen Person zunächst ungebundenen, moralisch-neutralen und rechtseigenen Diskurs zwischen Rechtspersonen zum Ansatz, während Kant ursprünglich auf dem kategorischen Moralprinzip besteht, das, ins allgemeine Rechtsprinzip umgestaltet, die rechtliche Allgemeinheit hervorbringt.[186] Mit Habermas′ Blick gesehen kann bei Kant das formal und allgemein die äußere Freiheit einschränkende Recht wiederum nur die subjektive negative Freiheit des einzelnen hervorbringen. Die so hervorgebrachte Freiheit gilt als die allgemein erlaubte Freiheit zur Privatheit oder zum Ausstieg aus der Kommunikation.[187] Die Privatautonomie des einzelnen kann in der Tat nur als die Folge der Freiheitseinschränkung durch Recht vorkommen.

Habermas hingegen wollte das Rechtssystem selbst als das Ergebnis der Ausübung der aktiven ‚politischen‘ Autonomie rekonstruieren. Seiner Ansicht nach kann nicht aus der Form der Allgemeinheit, sondern aus dem Teilnahmeprozess der Rechtsperson die Legitimität des Rechtssystems hervorgehen. Der Teilnahmeprozess als die Praxis der öffentlichen Autonomie fängt damit an, das Diskursprinzip auf das Rechtsmedium anzuwenden. Durch die diskursive Verhandlung über das rechtliche Material können zunächst die Grundrechte auf die subjektiven

186 Nach dem Rechtsgesetz ist eine Handlung objektiv notwendig aufgrund ihrer formalen Vereinbarkeit mit dem allgemeinen Gesetz der äußeren Freiheit. In diesem Punkt der formalen Allgemeinheit als Maßstab ist das Rechtsgesetz nicht vom kategorischen Imperativ unterschieden.

187 J. Habermas, Faktizität und Geltung, Frankfurt 1998, S. 153

Handlungsfreiheiten, den Status eines Mitgliedes und den Rechtsschutz abgeleitet werden.[188] Die Rechte auf die subjektiven Handlungsfreiheiten kommen schon aus der Situation heraus, dass die Bürger einer Gesellschaft insofern ihre Handlungen und Beziehungen irgendwie diskursiv regeln müssen, als diese Gesellschaft überhaupt in eine rechtliche Form gestaltet werden muss. Diese Rechte gelten als die durch die staatlichen Institutionen noch wenig geprägten, liberalen Rechte. Hinsichtlich dieser Ordnung der subjektiven Handlungsfreiheiten kann also von einer Rechtsinstitution noch nicht die Rede sein. Die liberalen Rechte des einzelnen müssen mit den diskursiv herausgestellten Rechten auf die Zugehörigkeit zu einer konkreten Rechtsgemeinschaft und auf die Garantie der Rechtswege ergänzt werden, damit eine Gesellschaftsordnung überhaupt als eine Rechtsinstitution existieren kann. Diese drei Grundrechte sind dabei die notwendige, aber noch nicht hinreichende Bedingung für die weiteren einzelnen Grundrechte und für die diese einzelnen Rechte garantierende Rechtsinstitution. Während bei Kant mit dem allgemeinen Rechtsprinzip und dem Recht auf gleiche subjektive Handlungsfreiheiten schon ein ganzes Rechtssystem vollständig hergestellt werden kann, ist bei Habermas viel mehr für die Einrichtung der legitimen Rechtsinstitution verlangt. Das liegt daran, dass das Höchste, was der einzelne als Adressat der Gesellschaftsordnung überhaupt mit diesen liberalen Rechten erreichen kann, nur die Privatautonomie im Sinne des privaten freien Gebrauchs seiner Willkür ist. Nach Habermas muss der einzelne von diesen drei Grundrechten und der Privatautonomie aus zunächst sich selbst als Rechtsperson vorstellen und sich weiter die Rolle des Autors einer Gesellschaftsordnung zu eigen machen können.

Dabei ist die Frage danach zu stellen, was für ein Recht es sein muss, das den einzelnen Menschen zu einem solchen autonomen Autor gestalten kann. Das hängt wiederum mit der Frage zusammen, wie eigentlich ein Recht überhaupt ein legitimes sein kann. Darauf kann man schlicht und formal antworten, dass nur ein solches Recht ein legitimes ist, dem jeder Betroffene ‚zustimmen' kann, sofern er an einem ‚rationalen' Diskurs teilnimmt.[189] Voraussetzung für solche Zustimmung aus eigener Einsicht wäre die als gleich garantierte Teilnahme am diskursiven Entscheidungsprozess. Deshalb spielen dabei die Grundrechte auf Teilnahme als die Verrechtlichung des politischen Gebrauchs kommunikativer Freiheiten die entscheidende Rolle. Im Grunde genommen kommt also die Legitimität des Rechts von der autonomen Gesetzgebung oder der freiwilligen Zustimmung aller Betroffenen her und diese Art Autonomie verlangt die rechtlich gesicherten Kommunikationsformen und -verfahren.

---

188 Ebd., S. 155-156
189 Ebd., S. 161

Im Hinblick darauf stellt sich des weiteren die Frage, warum für die Legitimität des Rechts und für die Praxis der öffentlichen Autonomie ausgerechnet die diskursive Freiheit Voraussetzung sein muss. Bei Kant verlangt die Zustimmung aus eigener Einsicht in der Tat als ihre Voraussetzung nur die nach dem allgemeinen Rechtsprinzip gleich verteilten subjektiven Freiheitsrechte und die darauf folgende Privatautonomie. Dabei kann die Legitimität des Rechts schon von der gesicherten Privatautonomie des einzelnen abgeleitet werden. Nach Habermas können diese negative Freiheit und Privatautonomie zwar Voraussetzung für die Übung des souveränen Gesetzgebungsakts sein. Faktisch gesehen können sie aber diesen Akt weder richtig bestimmen noch gültig beschränken.

In Bezug darauf lässt sich feststellen, dass der grundsätzliche Zwiespalt zwischen den Freiheitsrechten des einzelnen und der Souveränität des Gesetzgebers, d. h. das heteronome Verhältnis zwischen beiden, das gemeinsame Problem bei Kant und Habermas ausmacht. Während die Heteronomie aus Rechtszwang oder durch den Gesetzgeber bei Kant eher durch die Selbstgesetzgebung des einzelnen im Sinne der freiwilligen Unterwerfung überwunden ist, kann sie bei Habermas erst durch die zwangsfreie faktische Teilnahme am Diskursverfahren aufgelöst werden. In diesem Zusammenhang deutet die kantische Idee des ursprünglichen Vertrags eher auf den sich dem souveränen Gesetzgebungsakt freiwillig unterwerfenden Willen hin.[190] Habermas' Teilnahmeverfahren richtet sich dagegen auf den sich zum souveränen Gesetzgeber aktiv gestaltenden Willen. Für diesen Willen sind das Diskursprinzip und das System der Grundrechte gleichentscheidend, weil das System der Grundrechte als die institutionalisierte Bedingung für die diskursive Ausübung der politischen Autonomie gilt und sich dieses System der Grundrechte selbst erst durch die rechtliche Anwendung des Diskursprinzips ergibt. So gesehen ist die Ausübung der politischen Autonomie im Grunde genommen von der Interpretation und Ausgestaltung der Grundrechte des einzelnen nicht weit entfernt. In solchem Maße besteht zwischen der Ausübung der öffent-

---

190 Obwohl I. Maus mit Kant in der Begründung der Trennung von Recht und Moral grundsätzlich übereinstimmt, kritisiert sie vom demokratietheoretischen Gesichtspunkt aus die kantische Formel, ‚als (ob) sie (die Gesetze-Verfasser) aus dem vereinigten Willen eines ganzen Volkes haben entspringen können,' als Abschwächung der strengen Unterscheidung zwischen der Begründung moralischer Normen und der demokratischen Legitimation von Rechtsnormen. Durch diese Formel setzt sich ‚die moralische Akzentuierung der Ergebnisorientierung auf Kosten der demokratischen Verfahrensorientierung' durch. Ihrer Ansicht nach kann ‚die antidemokratische Konsequenz der gegenwärtigen Entdifferenzierung zwischen moralischer Begründung und demokratischer Legitimation des Rechts nicht deutlicher demonstriert werden als an dieser obrigkeitsstaatlichen Konzession Kants.': I. Maus, Zum Verhältnis von Recht und Moral aus demokratietheoretischer Sicht, in: K. Bayertz(Hg.), Politik und Ethik, Stuttgart 1996, S. 215-220

lichen Autonomie und der rechtlichen Ausgestaltung der Privatautonomie des einzelnen bei Habermas kein wesentlicher Unterschied.

Die Grundrechte bei Habermas weisen nicht auf die durch die Form der allgemeinen Freiheitseinschränkung passiv abgewehrten subjektiven Freiheitsrechte hin, sondern bedeuten diejenigen Rechte, die durch die diskursive Freiheit demokratisch ausgestaltet werden und weiter die öffentliche Autonomie ermöglichen können. Insofern sind solche Grundrechte auf diskursive Teilnahme eher als Menschenrecht aus Demokratieprinzip aufzufassen. Im Menschenrecht bei Habermas spiegelt sich also der innere Zusammenhang zwischen Grundrechten, Demokratieprinzip und öffentlicher Autonomie wider. Dabei ist der übliche Zwiespalt zwischen dem Prinzip der Volkssouveränität und der ursprünglichen Idee der Menschenrechte im dem Sinne nicht mehr zu sehen, dass die Volkssouveränität in der demokratischen Willensbildung, d. h. in der Ausübung der öffentlichen Autonomie praktiziert wird und diese Art Willensbildung und öffentliche Autonomie in der Tat den Prozess der umfassenden kommunikativen Interpretation und Ausgestaltung der Grundrechte bedeutet.[191] Im Hinblick darauf können die Menschenrechte bei Habermas ein diskursiv zustande gekommener juridischer Anspruch auf Volkssouveränität als öffentliche Autonomie sein. Mit Habermas' Blick gesehen ist das kantische Menschenrecht, das seine Allgemeinheit von der Idee der Menschheit und der moralischen Autonomie, d. h. von der moralischen Allgemeinheit, ableiten lässt, zu moralisch, und als ein sich auf Abwehr konzentrierendes Recht ist es nur negativ. Anders als dieses angeborene persönliche Freiheitsrecht muss das Menschenrecht ein durch diskursive Freiheit demokratisch herausgestelltes juridisches Recht sein. In dieser Hinsicht kann das Menschenrecht bei Habermas einen sich auf die öffentliche Autonomie orientierenden Anspruch auf Rechtfertigung durch Teilnahme einerseits und einen Anspruch auf die Institutionalisierung andererseits bedeuten. Unter allgemein üblichen Kategorien des Menschenrechts, d. h. Abwehrrechte, Teilhaberechte und Teilnahmerechte, richtet sich also die Menschenrechtskonzeption von Habermas auf die Aktualisierung der Teilnahmerechte.

Vom kantischen Standpunkt aus kann das Menschenrecht anders aussehen. Das Menschenrecht ist einerseits ein Anspruch auf die angeborene Freiheit und ihre Unantastbarkeit. Andererseits kann es indirekterweise eine ursprüngliche Bedingung der Möglichkeit eines weiteren rechtlichen Akts sein. Als ein Anspruch auf etwas, was vor jedem rechtlichen Akt trotz jedes empirischen Unterschieds von Natur aus immer schon gleich vorhanden ist, kann das kantische Menschenrecht ein fundamentales und negativ abwehrendes sein. Bei seiner Be-

---

191 H. Brunkhorst, Menschenrechte und Souveränität- ein Dilemma?, in: Recht auf Menschenrechte, Frankfurt 1999, S. 157-175

gründung wird erst da, wo dieses fundamentale Recht der Rohheit und Unsicherheit des Naturzustandes nicht mehr standhalten kann, die notwendige Idee des ursprünglichen Vertrags als Voraussetzung für das ‚Recht der Menschen unter öffentlichen Gesetzen' hervorgerufen. Dieser Idee des ursprünglichen Vertrags geht es eher um die Vereinbarung mehrerer Willen zur Sicherung als um die Legitimation solcher Positivierung selbst. Das heißt, weder die Angemessenheit des Verfahrens für die Vereinbarung mehrerer Willen noch die Legitimität des mit diesem Verfahren angefangenen Rechtszustandes, sondern die Notwendigkeit der Vereinbarung aller zur Freiheitssicherung rechtfertigt schon den Institutionalisierungsprozess selbst.

Habermas sieht aber darin die Gefahr des Zwiespalts zwischen der Fundamentalität des angeborenen Menschenrechts einerseits und dem ursprünglichen Vertrag und Rechtszustand ohne Legitimation andererseits. In diesem Zwiespalt wiederholt sich die Frage nach dem Verhältnis von moralischem und positivem Recht. Bei dieser Frage wollte sich Habermas über das Element des Naturrechts oder moralischen Rechts zunächst hinwegsetzen und bemüht sich um die selbstgesteuerte Rechtfertigung der Positivität. Dadurch ist der Schwerpunkt von der Fundamentalität der angeborenen Freiheit als moralisch begründeten Menschenrechts auf die Legitimation eines Grundrechtssystems verlegt. Das Wesen des Menschenrechts besteht also eher in der kommunikativ ausgeübten öffentlichen Autonomie als in der vereinzelt abgewehrten Privatautonomie.

In diesem Punkt sind das angeborene Menschenrecht von Kant und die juridischen Grundrechte von Habermas miteinander zu vergleichen. Während das Menschenrecht bei Kant das von der Idee der Menschheit und der moralischen Autonomie ausgehende Recht der Menschheit bedeutet und als oberster Grund für den allgemeinen Willensakt, d. h. für den ursprünglichen Vertrag, gilt, zieht sich das Menschenrechtskonzept von Habermas von solchem moralischen, vorrechtlichen Schritt zurück und fängt mit dem Willensakt selbst an. Nach Habermas kann der Willensakt zum Rechtszustand oder zum Rechtssystem durch kommunikative Freiheit sich selbst rechtfertigen und ein solcher kommunikativ ausgestalteter Willensakt sei nichts anderes als der souveräne Akt der Bürger nach dem Demokratieprinzip und die Ausübung der öffentlichen Autonomie. In diesem Zusammenhang kann das Menschenrecht in der Tat in den durch den kommunikativ sich selbst rechtfertigenden Willensakt institutionalisierten Grundrechten ausgedrückt werden.

Für Kant liegt aber solchem kommunikativen Willensakt zum Rechtszustand oder dem Recht zum Rechtszustand seiner Idee nach das allgemeine Freiheitsrecht jedes einzelnen, d. h. das Recht der Menschheit, als Grund voraus. Vom angeborenen Recht der Menschheit her kann also jedem einzelnen Menschen die Privatautonomie ‚nach dem allgemeinen Rechtsprinzip' zugesprochen werden.

Von Habermas' Seite aus betrachtet kann sich diese auf die Privatautonomie beschränkte negative Freiheit als Menschenrecht mit dem Volkssouveränitätsprinzip oder mit der öffentlichen Autonomie nicht vertragen. Solche moralische Art Menschenrecht und die nicht-öffentliche Autonomie stören zwar nicht die Institutionalisierung zum Rechtssystem. Aber sie können die aktive Teilnahme an dieser Institutionalisierung selbst nicht herbeiführen. Für Kant selbst als denjenigen, der das angeborene Menschenrecht hauptsächlich als schon allgemein beschränkte Rechte auf private, innere Autonomie betrachtet, könnte es aber kaum einen Grund dazu geben, auf die aktive Teilnahme am Institutionalisierungsprozess selbst im Sinne der öffentlichen Autonomie zu zielen, weil für Kant die Frage nach der rechtlichen Autonomie eher die Frage nach der rechtlichen Sicherheit der Privatautonomie des einzelnen bleibt. Insofern hat bei Kant die Vorstellung der von der Privatautonomie verselbständigten öffentlichen Autonomie wenig Platz. Während die öffentliche Autonomie bei Habermas, als der öffentliche Gebrauch der kommunikativen Freiheit verstanden, eine auf das Demokratieprinzip zurückzuführende eigene Bedeutung hat, erweist sie sich bei Kant eher als die im Bereich des öffentlichen Rechts zu praktizierende Selbstgesetzgebung oder als das auf den Bereich des öffentlichen Rechts angewendete allgemeine Rechtsprinzip. Solche öffentliche Autonomie stellt dabei kein eigenes Medium wie kommunikative Freiheit zur Verfügung, sondern durch die Form der ‚Selbstgesetzgebung aller' kann die öffentliche Autonomie schon erreicht werden. Für Kant ist die ‚Selbst'gesetzgebung überhaupt die einzige Möglichkeit, die ‚allgemeine' Gesetzgebung hervorzubringen. Die heteronom eingeführte Gesetzgebung kann wegen ihrer fehlenden Selbstbeteiligung den allgemeingültigen Beschluss nicht herbeiführen und deshalb irgendeinem Unrecht tun. Dann ist für die Einschränkung solcher Uneinigkeit oder des Unrechts wieder eine Gesetzgebung erforderlich. Angesichts der unendlichen Kette von heteronomen, noch-nicht-allgemeinen Gesetzen und diese einschränkenden Gesetzen findet Kant in der Selbstgesetzgebung aller die einzige Lösung für die Allgemeinheit der Gesetzgebung. Dieser Gedanke ist in seiner Idee des ursprünglichen Vertrags ausgedrückt und zu einem politischen Prinzip des Republikanismus und dem Prinzip der Volkssouveränität ausgestaltet. Die Eigentümlichkeit dieser Idee der Selbstgesetzgebung des vereinigten Volks liegt einerseits darin, dass diese Idee ursprünglich vom Prinzip des kategorischen Imperativs und der moralischen Autonomie als moralischer Selbstbestimmung abstammt. Andererseits kann die öffentliche Autonomie als Wesen dieser Selbstgesetzgebung des Volks schon durch die Anwendung des allgemeinen Rechtsprinzips auf den Bereich des öffentlichen Rechts erreicht werden kann, ohne ein dem öffentlichen Recht eigenes kommunikatives Medium einzuführen.

Im Hinblick darauf lässt sich einerseits sagen, dass zwischen dem von der Idee der moralischen Autonomie ausgehenden Menschenrechtsprinzip und dem die Idee der Selbstgesetzgebung des Volks ausdrückenden Volkssouveränitätsprinzip bei Kant ein bestimmter anderer, d. h. innererer und engerer, Zusammenhang steht als Habermas dachte. Andererseits können die von Habermas für die Volkssouveränität vorausgesetzte kommunikative Freiheit und die Teilnahmerechte bei Kant als in anderer Weise erfüllt betrachtet werden. Die Forderung nach der kommunikativen Freiheit und dem System der Grundrechte kann mit dem durch die Idee des ursprünglichen Vertrags eingeführten Zustande „der Rechte der Menschen unter öffentlichen Gesetzen", d. h. mit dem Eintreten in den Rechtszustand, schon erfüllt werden. Während Kant durch die enge Verbindung zwischen moralisch begründetem Menschenrecht, Idee des ursprünglichen Vertrags und bürgerlichem Rechtszustand den Zwiespalt zwischen angeborenen Menschenrechten als subjektiven Freiheitsrechten und dem Volkssouveränitätsprinzip als politischem Teilnahmeprinzip ausfüllen konnte, setzt sich Habermas, ohne auf die moralisch begründeten Menschenrechte zu rekurrieren, an die in einer bestimmten Rechtsgemeinschaft durchführbare kommunikative Freiheit als Voraussetzung für Grundrechte und Volkssouveränität an. Bei Habermas fängt also mit der kommunikativen Freiheit als dem Anspruch auf Rechtfertigung die Legitimation des Rechtssystems oder Rechtszustandes selbst an. Insofern kann die kommunikative Freiheit nichts anderes als das auf die juridische Legitimation des Rechtssystems oder Rechtszustandes zugeschnittene Menschenrecht sein. Im großen und ganzen ist das Menschenrecht bei Habermas im Sinne des Grundrechts zur Rechtfertigung oder des Rechts zur Teilnahme innerhalb einer Rechtsgemeinschaft schon als juridisches Recht zu betrachten.

Mit kantischem Blick gesehen kann aber das Recht auf Rechtfertigung und das Recht auf kommunikative Freiheit innerhalb eines Rechtszustandes nicht richtig begründet werden, ohne den vor-juridischen Anspruch anzuerkennen, d. h. ohne das angeborene Freiheitsrecht als letzten Grund zum Anspruch auf den Rechtszustand vorauszusetzen. Das mit Rechten auf Rechtfertigung und Freiheit zum Kommunizieren ‚unter uns' angefangene Rechtssystem kann sich mit dem Grundanspruch auf negative Abwehr des einzelnen im ‚noch nicht' zur positiven Rechtsgemeinschaft gestalteten Gemeinwesen nicht immer gut vertragen.

Von Habermas' Seite kann aber die Frage danach gestellt werden, woher die Legitimation des kantischen ursprünglichen Vertrags zum Rechtszustande stammt. Das angeborene subjektive Freiheitsrecht als Menschenrecht kann zwar die Notwendigkeit der Idee des ursprünglichen Vertrags und des Rechtszustandes erklären, aber die über das Eintreten in den Rechtszustand hinausgehende immanente Legitimation oder Selbstprüfung eines bestimmten Rechtszustandes ist weder möglich noch nötig. Gegen diese Kritik könnte man erwidern, dass bei Kant das Element der kommunikativen Freiheit und allgemeiner Teilnahme schon in der Idee des ursprünglichen Vertrags zum Rechtszustande enthalten ist. Kant könnte die Frage nach der Begründung des Menschenrechts und der Legitimation eines bestimmten Rechtssystems oder Rechtszustandes jeweils mit der Idee der Menschheit und der Idee des ursprünglichen Vertrags schon in apriorischer Weise beantworten, während Habermas dieses Apriori zunächst prozediert und dann dieses prozedierte Apriori zum konkreten juridischen Grundrechtskatalog nach dem Demokratieprinzip gestaltet.

Von kantischer Seite könnte Habermas' Grundinteresse kritisiert werden, dass dessen Grundansicht, dass die Rechte überhaupt die anderen Menschen voraussetzen, nicht unbedingt zur Ansicht führt, dass den Rechten überhaupt das positive kommunikative Verhältnis zum anderen zugrunde liegt. Vielmehr darum, weil die Rechte ihrer Bedingung nach immer mit der Existenz des anderen rechnen, müssten die Rechte überhaupt auf der abwehrenden Freiheit, d. h. auf der Unabhängigkeit vom anderen, als ihrem Kern bestehen. In diesem Sinne könnte die negativ abwehrende Freiheit mit Berücksichtigung der Existenz des anderen viel grundlegender sein als die positive Freiheit zum Kommunizieren mit dem anderen.

Zusammenfassend kann man den Ansatz von Habermas mit Blick auf Kant so formulieren: Habermas distanziert sich zunächst von den gegensätzlichen Menschenrechtsinterpretationen, d. h. der Interpretation des Menschenrechts als der moralisch begründeten negativen Freiheitsrechte zum einen und als der von positiver Gesetzgebung abhängenden juridischen Rechte zum anderen. Diese beiden Interpretationen haben grundsätzlich auch mit der zwiespältigen Situation zu tun, dass das Recht seine Legitimation immer der Moral schuldet und die Moral in ihrer faktischen Geltung immer hinter dem Recht zurücksteht. Habermas' Ansicht nach kann die Legitimität des Rechts, insbesondere des Menschenrechts, weder von der positiven Gesetzgebung noch von der Moral abhängen. Statt dessen kann die Selbstlegitimation des Rechts von sich aus versucht werden. Dazu ist das Demokratieprinzip als das in dem Recht eigener Art angewendete Diskursprinzip erforderlich. Dieses Prinzip ermöglicht nicht nur die Selbstrechtfertigung des Menschenrechts als diskursiv herausgekommener juridischer Grundrechte, sondern auch die Erfüllung der eigenen Funktion dieses Rechts als Bedingung für öffentliche Autonomie. Erst da steht die Privatautonomie der öffentlichen Autonomie nicht gegenüber, sondern beide sind als gleichursprünglich anzusehen.

Im Vergleich dazu gilt das ursprüngliche Menschenrecht bei Kant als ein moralisch begründetes, nur negativ abwehrendes Freiheitsrecht gegen andere. Das Volkssouveränitätsprinzip ist dabei aufgrund der Idee des ursprünglichen Vertrags als schon mit dem Eintreten in den formalen Rechtszustand vollkommen durchgeführt angesehen. Damit kann die Legitimation des Rechtszustandes selbst auch abgeschlossen werden. Im Hinblick darauf lässt sich sagen, dass für die kantische Konzeption des Menschenrechts und der Volkssouveränität das Prinzip der Publizität als der politischen öffentlichen Anwendung des allgemeinen Rechtsprinzips mehr Bedeutung haben kann als das Prinzip der Demokratie.[192] Für seine Konzeption des vorpositiv ausgehenden Menschenrechts und der idealerweise praktizierten Volkssouveränität kann die Herausbildung und Sicherung eines Rechtszustandes selbst viel grundlegender und dringender sein als die Ausgestaltung und Rechtfertigung eines Verfahrens der aktiven Teilnahme innerhalb einer Rechtsgemeinschaft. In dem Maße hängt die Legitimation eines Rechtszustandes oder Rechtsanspruchs nicht sowohl vom Prozess der aktiven Teilnahme nach dem Demokratieprinzip ab als vielmehr vom Prozess der öffentlichen allgemeingültigen Verständigung nach dem Prinzip der Publizität. Die kantische Konzeption lässt insgesamt den Eindruck aufkommen, dass seine Vorstellung vom ‚Eintreten in Rechtszustand' und die Form der allgemeinen Gesetzmäßigkeit zwar viele Probleme bei der Begründung und Legitimation des Rechts überhaupt lösen können, aber in der Tat dieser Rechtszustand selber so viele weitere Fragen offen legt, dass die Interpretation des kantischen Rechtszustandes selbst ein großes Thema bleibt.

3. Das Menschenrecht auf sittliche Autonomie bei Kant

Während das Thema des Menschenrechts als negativen Freiheitsrechts und aktiven Teilnahmerechts schon längst umfangreich und relativ einsichtig geklärt worden ist, kommt das Menschenrecht auf sittliche Autonomie heutzutage erneut in Betracht und über seine Notwendigkeit und Rechtfertigung wird mittlerweile heftig diskutiert. Die Frage nach dem Menschenrecht auf sittliche Autonomie ist nicht allein durch die universell-rechtliche Betrachtung zu beantworten, sondern sie fordert auch ein ethisches und kulturelles Verständnis. Im Hinblick darauf ist eine einleitende neutrale Erörterung über Rechtlichkeit und Sittlichkeit als eine Vorüberlegung zum Thema des Menschenrechts auf die sittliche Autonomie anzustellen.

1) Rechtlichkeit und Sittlichkeit in allgemein neutraler Hinsicht

Wie schon angedeutet, ist eine von den unausbleiblichen Erscheinungsweisen der menschlichen Normativität die Sittlichkeit. Im allgemeinen ist die Sittlichkeit als

192 Über die Demokratie als Staatsform: VI, 339
Über das Prinzip der Publizität: VIII, 381-386

die Gesamtheit der mit den Eigenschaften der menschlichen Situation und Handlung verbundenen Werte zu betrachten. Der sittliche Wert geht insofern vom konkreten Lebensumstand der Menschen aus und in der Sittlichkeit spiegelt sich die variable Geschichtlichkeit der Menschen wider. Die Menschen als an Zeit und Ort gebundene Wesen können innerhalb bestimmter Grenzen die ursprüngliche Anlage, die ununterbrochene Überlieferung und das schicksalhafte Erlebnis gemeinsam haben. Daraus geht allmählich ihre Eigentümlichkeit hervor, die sich gegen die anderen ungleich entwickelt und eher abgrenzend wirkt.

Vom Gesichtspunkt der Geschichtlichkeit und Kultur der Menschen aus betrachtet ist das Volk und dessen Angehöriger die bedeutendeste Größe, während es beim Thema des Staats und Rechts um etwas anderes geht. Dem Ursprung nach kann der Staat auf dem freiwilligen Kontrakt über die gegenseitige Ausgleichung oder die gewaltfreie Sicherung der Freiheit und Interessen eines jeden beruhen. Der Staat ist also mit der Notwendigkeit der allgemeinen Beschränkung zu begründen und als eine von der bewussten Gegenseitigkeit der Menschen ausgehende freiwillige Vereinigung aufzufassen. Von dieser Notwendigkeit und Allgemeinheit der Beschränkung her kann der Staat zwar formale, doch universale Geltung haben.

Dagegen liegen der sittlichen Gemeinschaft eher materielle und geistige Werte zugrunde. Die kulturelle und sittliche Lebensart wird von Angehörigen in Gestalt des sittlich Guten erlebt und eher als normativ vorgegebene Tatsache angenommen. Solche Werte und Ethoi können zwar für die Betroffenen vorgegeben und verbindlich sein – und sind es in aller Regel auch-, aber nicht unbedingt universal. Während eine Staats- oder Rechtsgemeinschaft von der bewussten Gegenseitigkeit zwischen den Mitgliedern und deren gleichen Ansprüchen ausgeht, sind bei der Herausbildung des sittlichen Ethos das Pflichtgefühl gegenüber der eigenen Gemeinschaft und das ‚Wir'-Gefühl der Angehörigen entscheidend. Dabei sind die Einwirkung des anderen auf das eigene und der Anstoß von außen gegenüber dem eigenen Inneren nicht unbedeutend. Die staatliche Zuwendung zur Ausgleichung des einzelnen Interesses gestaltet sich zur ausgleichenden Berechtigung und Verpflichtung durch das Recht. Dabei besteht die gegenseitige Enthaltsamkeit des einzelnen psychisch aus der Furcht vor der öffentlichen Zwangsgewalt und der Zuversicht auf die rechtliche Positivität. In der sittlichen Gemeinschaft dagegen kommt die Enthaltsamkeit des einzelnen Menschen von irgendwoanders, d. h. weder vom Zwangshaften noch vom Positiven, her. Im Hinblick darauf scheint das Verhalten des einzelnen Angehörigen einer sittlichen Gemeinschaft viel naiver und naturmäßiger bestimmt zu sein als das eines Mitgliedes einer Rechtsgemeinschaft. Solches naive Verhalten kann jedoch den unausgesprochenen geistigen Sinn in sich tragen und insofern kann es sich zur reflektierten Sittlichkeit entwickeln. Das sittliche Leben des einzelnen Angehörigen fängt damit an, dass der einzelne Mensch zwar in jeweiliger Lebenssituation seine Tugenden oder Untugenden freiwillig entwickeln kann, aber ins Schicksal und Ethos der eigenen sittlichen Gemeinschaft hineingezogen leidend reift und die sittliche Größe der eigenen Gemeinschaft immer klarer begreift. Damit kann er langsam das sittliche Maß der Dinge hervorbringen und dies alles zu seiner Persönlichkeit gestalten. Die sittliche Gemeinschaft verlangt von solchem einzelnen Menschen, dass er sich als Angehöriger an vielen gemeinschaftlichen Angelegenheiten beteiligt. Aber nicht in der Weise, dass diese Angelegenheiten innerhalb einer bestimmten Grenze dem einzelnen Menschen überlassen sind, sondern eher in dem Sinne, dass der einzelne nach der Richtung und Perspektive der Gemeinschaft den jeweiligen Angelegenheiten auf seine Weise positiv dient. In Bezug darauf hat die Legitimation der sittlichen Gemeinschaft und die Teilnahme an ihr ein völlig anderes Verfahren und Bedeutung als dieselbe in einer Staats- oder Rechtsgemeinschaft. Während die staatliche Gemeinschaft vor allem durch den formalen Teilnahmeprozess von seinen Bürgern legitimiert ist, ist bei der sittlichen Gemeinschaft von der naturhaften gemeinsamen Herkunft her die Teilnahme an ihr schon vorausgesetzt und deshalb diese Gemeinschaft selbst immer als gerechtfertigt angesehen. Bei der staatlichen Gemeinschaft gehört die allgemeine Teilnahme selbst zum grundlegenden Legitimationsprinzip, bei der sittlichen Gemeinschaft ist aber die Teilnahme selbst keine selbständige Instanz der Legitimation, sondern die Selbstverständlichkeit der Teilnahme liegt an der Natürlichkeit der gemeinsamen Herkunft.

Von solcher naturhaften Gebundenheit her hat die Freiheit des einzelnen Menschen in einer sittlichen Gemeinschaft mit der einzelnen Willkür wenig zu tun, je nach dem eigenen Gutdünken zu handeln. In sittlicher Hinsicht bedeutet die Freiheit das Vermögen zum Schaffen der sittlichen Werte und zum Teilnehmen an ihnen. Sie richtet sich eher auf das Ablegen der gewohnten Willkür und das Ausgestalten des sittlichen Maßstabes und Stils. Die sittliche Freiheit ist insofern viel materieller als die liberale negative Freiheit im Sinne der jedem einzelnen zu überlassenden Freiheit. Sie könnte nicht selten in Bräuche und Konventionen bedenkenlos zusammenfließen. Normalerweise hängt das sittliche Dasein des einzelnen von den sittlichen und konventionellen Werten der eigenen Gemeinschaft ab. Je mehr diese sittlichen Werte absolute Einförmigkeit und Geltungsumfang beanspruchen, um so empfindlicher werden sie gegen irgendwelche Unterschiede oder Heterogenität. Jede Art von Unterschied wird für etwas Störendes gehalten und jeder einzelne wird zu nichts anderem aufgefordert als zur sittlichen Konformität und Homogenisierung. Die schon fast positivierten sittlichen Hauptwerte treten als Unbedingtes und allgemein Geltendes hervor. Indem sie immer stärker danach streben, auf das Andere und auch nach außen mächtig einzuwirken, könnte der einzelne Mensch sich eher als ein Mittel zum sittlichen Zweck betrachten, obwohl er eigentlich ein absoluter Selbstzweck sein will. Diesem ohnmächtigen einzelnen Angehörigen bleibt nichts übrig als die gehorchende Teilnahme an schon gegebenen sittlichen Werten. In solcher Weise könnte die positivierte Sittlichkeit den sittlichen Eigenwert des einzelnen Menschen bedenkenlos und unwiderruflich verletzen.[193]

Im Grunde genommen geht das Grundproblem der Sittlichkeit vom Gegensatz zwischen sittlich Eigenem und Anderem aus. Ihre Schwierigkeit ist jedoch auch im Konflikt zwischen der positivierten Sittlichkeit der eigenen Gemeinschaft und dem Eigenwert des einzelnen zu sehen. Deswegen kann der menschliche Anspruch auf sittliche Autonomie nicht nur gegen das Andere, sondern auch gegen das eigene Ganze erhoben werden. Der Anspruch auf sittliche Autonomie könnte also nicht nur ein Kulturkampf zwischen verschiedenen Völkern, sondern auch ein gesellschaftsinterner Daseinskampf eines einzelnen gegen die eigene Gemeinschaft sein. Insofern spielt auch beim Anspruch auf sittliche Autonomie die Frage nach dem widersprüchlichen Verhältnis von Gesellschaft und Individuum eine Rolle.

In Bezug darauf wäre eine der größten Angelegenheiten des einzelnen Menschen die Herausbildung der mit dem eigenen Lebensumstand verbundenen Identität und damit einhergehenden sittlichen Wertanschauung. Daraus kann das normative Bedürfnis, diesem Anspruch auf sittliche Autonomie, ob individuell oder kollektiv, irgendeine positive Form zu geben, hervorgehen. Erst dann stellt sich die Frage, ob die Gestaltung der sittlichen Werte innerhalb des ‚staatlichen' Rahmens und deren Sicherung durch das ‚Recht' überhaupt sinnvoll und möglich ist. Es geht nicht mehr um die inhaltliche Grenzziehung zwischen Rechtlichkeit und Sittlichkeit, sondern vielmehr um den für die Verrechtlichung interessierten Anspruch auf sittliche Autonomie und um die Gestaltung dieses sittlichen Anspruchs zum Menschenrecht. Dabei scheint die Schwierigkeit und Lösung zugleich in der Vereinbarkeit von sittlichem Willen einerseits, der den inhaltlichen Unterschied zwischen Eigenem und Anderem erweisen und bewahren will, und rechtlichem Willen andererseits, der die materielle sittliche Differenziertheit verallgemeinernd übergreifen will, zu bestehen.

Auf diese Grundüberlegung über Sittlichkeit und Rechtlichkeit gestützt, ist die Frage nach dem Menschenrecht auf die sittliche Autonomie näher zu betrachten.

---

193 Vgl. Über die sozial abgeleitete, gesellschaftsabhängige Identität und innerlich abgeleitete, persönliche Identität: Ch. Taylor, Das Unbehagen an der Moderne, Frankfurt 1995, S. 57-59

2) Das Menschenrecht auf sittliche Autonomie im Hinblick auf die Liberalismus-Kommunitarismus-Debatte

Im Hinblick auf dieses Spannungsverhältnis von Rechtlichkeit und Sittlichkeit wäre der Versuch, der Frage nach dem Menschenrecht auf sittliche Autonomie mit kantischem Blick nachzugehen, nicht unpassend, um die mögliche Begründung und Bedeutung dieses Rechts vom universalistischen Gesichtspunkt aus zu verstehen. Dabei hat dieser Versuch damit wenig zu tun, in den kantischen Schriften unmittelbar die rechtfertigende Äußerung über den Menschenrechtsanspruch auf sittliche Autonomie zu suchen, sondern es könnte der Gesichtspunkt, was Kant über diesen Rechtsanspruch gedacht hätte, dazu verhelfen, die Bedeutsamkeit dieses Menschenrechts in neuem Licht wahrzunehmen. Sofern der Vorstellung des Menschenrechts auf sittliche Autonomie selbst das bestimmte Verhältnis von Recht und Ethik oder das von Rechtlichkeit und Sittlichkeit zugrunde liegt, ist der Menschenrechtsanspruch erst auf der Ebene der normativen Kultur als ein zum sittlichen Anspruch parallel laufender normativer Anspruch relativiert anzusehen. Während es beim rechtlichen Anspruch um das zwischenmenschliche äußere Freiheitsverhältnis geht und die rechtliche Überlegung und Handlung sich nach der abstrahierenden und verallgemeinernden Gerechtigkeit richtet, interessiert sich der sittliche Anspruch eher für ein der Gemeinschaft eigenes Ideal und die Tugenden. In die sittliche Reflexion ist die konkrete Vorstellung von der Besonderheit der eigenen Gemeinschaft miteinbezogen, die immer schon von den historischen und empirischen Momenten bestimmt ist.

Im Hinblick auf diesen normativen Zusammenhang von Recht und Sittlichkeit kann es ein möglicher Schritt sein, sich auf die Debatte zwischen Liberalismus und Kommunitarismus einzulassen und zwar im begrenzten Umfang, aber in bestimmten Punkten nicht bloß flüchtig die entgegengesetzten Ansichten über das Menschenrecht auf sittliche Autonomie miteinander zu vergleichen. Dies liegt daran, dass in dieser Debatte auf die normativen Grundinhalte von Recht und Ethik (Sittlichkeit), ihr Spannungsverhältnis und ihre Grenze, d. h. auf alle über Recht und Ethik (Sittlichkeit) denkbaren Argumente und Gegenargumente, genügend hingewiesen ist. Durch die Klärung der Frage, worin der Unterschied zwischen Liberalismus, Kommunitarismus und Kant liegt, kann mittelbar der Inhalt und die Bedeutung des Menschenrechts auf sittliche Autonomie einsichtiger werden.[194]

---

194 Als umfassende Einführung über Liberalismus und Kommunitarismus: R. Forst, Kontexte der Gerechtigkeit, Frankfurt 1996; B. van den Brink, W. van Reijen (Hg.), Bürgergesellschaft, Recht und Demokratie, Frankfurt 1995; A. Honneth (Hg.),

Liberalismus und Kommunitarismus haben zumindest in dem Versuch ihre Gemeinsamkeit, sich angesichts der tiefgreifenden Veränderungen der Lebenswelt zunächst nach ihrer eigenen Herkunft umzusehen und danach ein besseres gesellschaftliches Bild zu entwerfen.[195] Der Liberalismus sieht in dem ungeselligen Individuum und dessen Eigeninteresse den ersten Ansatz des menschlichen gesellschaftlichen Lebens und dessen Normierung. Der Erfahrungskern des einzelnen menschlichen Lebens hängt mit dem allumfassenden Ich-Gefühl und dem Freiraum zur authentischen Selbstbestimmung zusammen. Dabei bedeutet Gerechtigkeit als die oberste Instanz vor allem eine Norm für die rechtliche Interessenausgleichung.[196]

Für den Kommunitarismus ist hingegen der Mensch ein viel stärker an Gesellschaft orientiertes Wesen. Der menschliche Lebenssinn hängt von der eigenen Identitätsbildung und gesellschaftlichen Anerkennung ab. Bei dieser Identitätsbildung und Anerkennung spielen Überlieferung und Erfahrung innerhalb der eigenen Gemeinschaft sowie die gemeinschaftlich anerkannten ethischen Werte eine umfassende und entscheidende Rolle. Sofern der einzelne Mensch immer als Angehöriger einer bestimmten historischen Gemeinschaft identifiziert und anerkannt wird und die Gemeinschaft selbst und ihr Ideal als die normative oberste Instanz etabliert ist, kann die Bildung und Beförderung der gemeinschaftseigenen ethischen Identität und Solidarität das institutionelle Hauptanliegen ausmachen.

Wenn das Individuum und sein eigenes Interesse der erste Ansatz der gesellschaftlichen Normengefüge ist, kann vielmehr die gerechte gleiche Verteilung der Güter und Ansprüche für jeden einzelnen der Hauptstreitpunkt der gesellschaftlichen Institutionen sein. Dabei deutet der liberalistische Wert ‚das Gerechte' auf das ethisch neutrale Recht und das durch dieses Recht ausgeglichene Interesse hin, während sich der kommunitaristische Wert ‚das Gute' eher auf die differenzierten gemeinschaftseigenen ethischen Werte und die darauf gestützte kollektive Identität richtet.[197]

Kommunitarismus. Eine Debatte über die moralischen Grundlagen moderner Gesellschaften, Frankfurt 1992; W. Kersting, Recht, Gerechtigkeit und demokratische Tugend, Frankfurt 1997

195 Über das unterschiedliche Sinngebungs- oder Zuschreibungsverfahren bei der liberalistischen und kommunitaristischen Lebensführung: R. Rorty, Solidarität oder Objektivität?, Stuttgart 1988, S. 11-37

196 Als grundlegende Darstellungen über den Liberalismus: Ch. Taylor, Atomismus; R. Rorty, Der bürgerliche Liberalismus postmoderner Prägung; J. Waldron, Theoretische Grundlage des Liberalismus, in: B. van den Brink, W. van Reijen (Hg.), a.a.O.; W. Kersting, Recht, Gerechtigkeit und demokratische Tugend, a.a.O., S. 397-496

197 Über das Gerechte und das Gute: J. Rawls, Der Vorrang des Rechten und die Ideen des Guten; M.J. Sandel, Die Gerechtigkeit und das Gute; R. Forst, Welche Person? Wessen Gemeinschaft?, in: B. van den Brink, W. van Reijen (Hg.), Bürgergesellschaft, Recht und Demokratie

Kantischer Terminologie nach ist aber das Gute, als ein unbedingt allgemeines Gutes verstanden, nur vom allgemeinen moralischen Gesetze zu bestimmen. Dabei kann das Gute ein solcher Zweck sein, der durch die dem ‚aus Pflicht'-Motiven nach vorgenommenen moralischen Handlungen zu erreichen ist. Im Vergleich dazu deutet das bei der Liberalismus-Kommunitarismus-Debatte umstrittene ethische Gute auf ein viel authentischeres und weniger moralisches Ideal hin, dem es am kantischen moralischen Allgemeinheitssinn fehlt. Während beim Liberalismus das Gute auf der Ebene des subjektiven ‚einzelnen Wollens' bleibt, hat das Gute beim Kommunitarismus eher mit dem an der ethischen Identität gebundenen ‚kollektiven Wollen' zu tun. Insofern entspricht die kantische Terminologie ‚das unbedingt Gute' nicht dem Guten beim Liberalismus und Kommunitarismus. In Bezug darauf wird das Menschenrecht auf sittliche Autonomie auch bei Liberalismus und Kommunitarismus nicht als ein Recht auf das allgemeine Gute, sondern entweder als ein Recht auf die subjektive authentische Selbstbestimmung des einzelnen oder als ein Recht auf die ethische kollektive Selbstbestimmung einer Gemeinschaft betrachtet.

Vom kantischen moralisch Guten aus gesehen impliziert also das liberalistische Gerechte den Zustand der rechtlichen Allgemeinheit ohne moralische Implikation oder den rechtlich ausgeglichenen Zustand der Interessen-Allgemeinheit. Das kommunitaristische Gute erweist sich eher als das differenzierte ethische Gute mit bestimmten empirischen Voraussetzungen.[198] Vom liberalistischen Gerechten aus betrachtet ist jedes eigentlich egoistische, interessensüchtige Individuum zwar empirisch nicht gleich, doch durch das Recht kann jeder im gleichen reziproken Verhältnis zueinander sein. Jeder kann also im Recht der Gleiche als Ich sein und gerade im Recht des anderen liegt die Grenze des eigenen Interesses. Sofern diese egalitären Bedingungen geschaffen und eingehalten werden, brauchen das unterschiedliche Selbstgefühl und die differenzierte Persönlichkeit jedes einzelnen nicht in die normative Überlegung oder in die normative Anerkennung hineingezogen zu werden. Unter rechtlich egalitären Bedingungen kann also je-

Vgl. Vor allem I. Maus kritisiert mit demokratietheoretischem Blick an der Tendenz wie kommunitaristischer Behauptung des Vorrangs des Guten vor dem Gerechten, Remoralisierung des Rechts, Konjunktur von Moral, Ethik und Tugend und Verselbständigung der Gerechtigkeit gegen den demokratischen Prozess. Gegen den heutzutage überwiegenden „Fehlschluss des Kommunitarismus" will sie anhand der kantischen Begründung der Trennung von Recht und Moral vor allem „ die demokratisch-prozeduralen Organisationsprinzipien" oder „die freie und gleiche Beteiligung aller Rechtsadressaten an Gesetzgebung" verstärken: I. Maus, Zum Verhältnis von Recht und Moral aus demokratietheoretischer Sicht, in: K. Bayertz(Hg.), Politik und Ethik, Stuttgart 1996, S. 194-227

198 Vgl. Eine Kant-kritisch vorgehende Erörterung über die Menschen-, Rechts- und Gemeinschaftsvorstellung im liberalistischen und kommunitaristischen Kontext: R. Rorty, Solidarität oder Objektivität?, a.a.O., S. 82-125

der den normativ neutralen Freiraum für das eigene Gute zur Verfügung stellen. Dabei bedeutet das Gute eher den jedem einzelnen einverleibten ethischen Wert. In diesem Sinne schuldet jeder einzelne sich selbst das eigene Gute. Anders ausgedrückt ist jeder für das eigene Gute zuständig. Aus dieser individualistischen formalen Vorstellung der ethischen Selbstbestimmung kann auch mittelbar die ethische Selbstrelativierung hervorgehen.

Solches moralisch und ethisch so früh befreite Individuum kann für Kant ein Individuum ohne moralische Anstrengung oder ein Individuum ohne apriorische Herkunft und für Kommunitaristen eher ein Individuum ohne ethischen Anhaltspunkt sein. Mit kommunitaristischem Blick gesehen hat jede Gemeinschaft und jeder Mensch als Gemeinschaftsangehöriger eine von der eigenen Vorgeschichte und Erfahrung abhängige, ethische und kulturelle Identität. Das kommunitaristische Lebensverhältnis geht insofern vom Unterscheiden des eigenen vom anderen aus. Von daher haben die Vorstellung von der voraussetzungslosen Gleichheit jedes Menschen und der von jedem einzelnen eigenartig zu erfüllende ethische Freiraum weniger Bedeutung als beim liberalistischen Lebensverhältnis. An deren Statt hat das positive Anerkennungsverhältnis innerhalb eigener Gemeinschaft sowie das zwischen verschiedenen Gemeinschaften größere Bedeutung. Auch die Vorstellung von der Gleichwertigkeit jedes Menschen nimmt einen anderen Gang als beim liberalistischen Verständnis. Für Kommunitaristen kann jeder Mensch nur als Angehöriger irgendeines Gemeinwesens gleichwertig sein. Das heißt, die menschliche Gleichwertigkeit liegt nicht direkt an der ursprünglichen Allgemeinheit jedes einmaligen menschlichen Lebens, sondern sie wird immer durch die Andersheit und Besonderheit der je eigenen Lebenswelt vermittelt. Insofern kann sich nicht aus der formalen Allgemeingleichheit der menschlichen Erfahrungen überhaupt, sondern vielmehr aus der inhaltlichen Besonderheit der je eigenen menschlichen Erfahrung und deren eigenem Wert in der Gemeinschaft mittelbar der ethische Pluralismus erklären.

Im Hinblick darauf können sich der Liberalismus und der Kommunitarismus nicht durch die Frage, welcher von beiden die menschliche Selbstbestimmung und das autonome Leben überhaupt anerkennt, sondern durch die Frage, für welche Art Selbstbestimmung und autonomes Leben sie plädieren, voneinander unterscheiden. Diese Frage formuliert sich wiederum als die Frage, welcher unter der rechtlichen Autonomie durch das ethisch neutrale Rechtsgesetz und der ethischen Autonomie durch kontextgebundene ethische Identität eigentlich ein normativer Ausgangspunkt ist. Während der Liberalismus von der gleich und gerecht verteilten rechtlichen Freiheit des einzelnen ausgeht, besteht der Kommunitarismus auf der Ansicht, dass solche rechtliche Freiheit auch in einem bestimmten normativen (hauptsächlich ethischen) Kontext erst begründet und anerkannt werden muss.

Was die verlangte Rechtfertigung des je eigenen normativen Ausgangspunktes angeht, versuchen die beiden Positionen zu klären, was zumindest um des normativen Konsenses willen zu vermeiden ist. Der Liberalismus hält die einseitige gesellschaftliche Verpflichtung zu den materiellen ethischen Werten weder für nötig noch für möglich. Er findet die Ersatzlösung des fehlenden normativen Konsenses im formalen Interessenkonsens durch das Recht. Der Kommunitarismus strebt hingegen nach dem ethisch begründeten materiellen Wertkonsens, um die kontextlose Individualisierung und ethische Neutralisierung zu vermeiden.[199]

Mit kantischem unbedingt gutem Willen verglichen fängt der liberalistische Interessenkonsens mit dem Willen ohne moralische Vorbedingung an. Der kommunitaristische materielle Wertkonsens setzt eher am schon mit der gemeinschaftseigenen Wertorientierung ausgestatteten Willen an. Wenn das kantische moralische Individuum apriorisch und allgemein vom eigenen Interesse und gemeinschaftlich vorgegebenen materiellen Werte abstrahieren kann, haftet dem liberalistischen Individuum hingegen immer schon das eigene Interesse an, und dem kommunitaristischen Individuum schon die gemeinschaftlichen ethischen Werte. Während für Kant die Überlegung des eigenen Interesses und die Anerkennung von und die Identifizierung mit den ethischen Werten erst nach der apriorischen Idee der Allgemeinheit oder unter der apriorischen Allgemeinheitsbedingung anzustellen ist, ist beim Liberalismus und Kommunitarismus die Materie, d. h. ‚das eigene Interesse' sowie ‚die gemeinschaftseigenen ethischen Werte und die darauf bezogene ethische Identität', schon zur obersten normativen Instanz erhoben. Im Gegensatz zu kantischer Gerechtigkeit als allgemeiner formaler Rechtspflicht sowie den kantischen Tugenden als zweckhafter ethischer Pflicht deutet die Gerechtigkeit beim Liberalismus auf die Gerechtigkeit als Kompromiss aus eigenem Interesse hin und die Tugenden beim Kommunitarismus eher auf die Tugenden nach dem gemeinschaftseigenen empirischen Wertmaßstab. Die Gerechtigkeit und die Tugenden bei Liberalismus und Kommunitarismus scheinen ein vom Zweck des eigenen Interesses sowie der gemeinschaftseigenen Werte bedingtes Mittel zu sein. Insofern sind diese beiden, vom Liberalisten und Kommunitaristen verteidigten Werte, also Gerechtigkeit und Tugend, als die normative Umsetzung von je eigenem Interesse oder als die dem je eigenen Zweck mäßige Relativierung der allgemeinen Rechts- und Tugendpflicht zu bezeichnen.

---

199 Vgl. Als eingehende Darstellung über die Frage nach der politischen Legitimität aus liberalistischer Sicht: T. Nagel, Moralischer Konflikt und politische Legitimität; B.R. Barber, Die liberale Demokratie und der Preis des Einverständnisses; B. Ackermann, Warum Dialog?; S. Benhabib, Liberaler Dialog kontra Kritische Theorie diskursiver Legitimierung; K. Baynes, Liberale Neutralität, Pluralismus und deliberative Politik, in: B. van den Brink, W. van Reijen (Hg.), Bürgergesellschaft, Recht und Demokratie

Wenn man im Hinblick auf diese liberalistischen und kommunitaristischen Grundansichten die kantische Ansicht über das Menschenrecht auf sittliche Autonomie nachzeichnet, könnte man sagen, dass dieses Recht für Kant insofern selbstverständlich ist, als es einen der rechtlichen Allgemeinheit unbeschadet erhobenen Anspruch auf die ethische Selbstbestimmung des einzelnen in seinem gesellschaftlichen Leben bedeutet. Aber als ein Anspruch auf die extrem wertneutrale authentische Selbstwahl des einzelnen oder als ein Anspruch auf die absolute Anerkennung der je eigenen historischen und empirischen Wertbildung einer Gemeinschaft verstanden, wäre dieses Recht für Kant ein nur schwach begründetes Recht. Das heißt, das Menschenrecht auf sittliche Autonomie ist bei Kant normativ ein viel mehr verallgemeinerbares Recht als beim Liberalismus und ein viel formaleres und individuelleres Recht als beim Kommunitarismus. Für Kant ist der Menschenrechtsanspruch überhaupt, anders als beim Liberalismus, moralischer Herkunft. Das Menschenrecht stammt ursprünglich von der ‚moralischen Autonomie' oder der ‚moralischen Allgemeinheit' jedes Menschen ab. Insofern ist das Menschenrecht kein wertneutraler Rechtsanspruch. Es hat jedoch, anders als beim Kommunitarismus, keine unmittelbare substantielle, kollektive Wertvoraussetzung. Es kann also auf der Ebene bleiben, wo der den zugespitzten Wertkonflikt einigermaßen mildernde Grenzkonsens nicht ausgeschlossen ist.

Im Hinblick darauf ist einer der unterscheidenden Merkmale von Liberalismus, Kommunitarismus und Kant in der Auffassung von der Gesellschaft zu finden. Liberalistischer Ansicht nach bedeutet die Gesellschaft für den einzelnen Menschen die pragmatisch oder empirisch erzeugte Rahmenbedingung für die Möglichkeit, das eigene Gute anzustreben. Für den Kommunitarismus wäre die Gesellschaft eher eine empirisch vorgegebene Institution für die Verwirklichung des gemeinschaftseigenen Guten. Während sich die liberalistische Gesellschaft zunächst an ihrer Funktion als negativem Rahmen hält, geht die kommunitaristische Gesellschaft weiter dahin, dass sie auf diesen Rahmen bestimmte Zwecke, Ziele und ethische Werte lädt und sich als bestimmte, ethisch identifizierbare Gesellschaft festlegt.

Damit ist auch die kantische Ansicht von Gesellschaft zu vergleichen. Kant nach kann selbst die im Naturzustand gebliebene Gesellschaft vor jeder Art von empirischer Vereinigung oder über jede empirische Geschichte hinaus auch nur provisorisch allgemein und rechtlich geordnet werden. Die Vorstellung vom ursprünglichen Vertrag zum bürgerlichen Zustand deutet vielmehr auf den ideenmäßigen Funktionsgrund einer Gesellschaft als auf deren Existenzgrund hin. Bei Kant können die im Naturzustand schon provisorisch allgemein geordneten Verhältnisse und schon vorläufig erworbenen Rechte weiter durch den vereinigten Willensakt erhalten bleiben. Insofern macht weder die Korrektur der empirischen

Interessen durch den empirischen Vertrag noch die Verwirklichung der empirisch und historisch vorgegebenen materiellen Werte, sondern die Sicherung und der Schutz der schon provisorisch-allgemein geordneten formalen Rechte und äußeren Freiheitsverhältnisse den allgemeinen apriorischen Zweck der Gesellschaft überhaupt aus. Beim Kommunitarismus geht es aber vielmehr um die Vor-Gesellschaft selbst. Der vor-gesellschaftliche, naturhafte Zustand ist kein zu überwindender Zustand, sondern er verselbständigt sich als eine Instanz, die für die eigene Begründung weder die apriorische Allgemeinheit noch die empirisch-vertragliche Vereinbarung braucht. Dabei deuten die vor jedem Willensakt schon vorhandene vor-gesellschaftliche Form, ihre Geschichte und Erfahrung insgesamt auf die ethische Identität hin, und diese ethische Identität, als das ethische Gute uminterpretiert, bedeutet für jeden Gemeinschaftsangehörigen Wertmaßstab und Aufgabe zugleich.

In Bezug darauf kann man nicht sagen, dass bei Kant und dem Liberalismus der Wert der Sittlichkeit oder des ethischen Guten nicht in Betracht kommt. Bei ihnen hat er nur eine andere Form und einen anderen Schwerpunkt. Während beim Kommunitarismus die Sittlichkeit oder das ethische Gute, ohne durch die individuellen Werte vermittelt zu werden, als ein der Gemeinschaft spezifisches Ziel angenommen wird, können bei Kant und dem Liberalismus die ethischen Werte als ein individueller Einschätzung nach eingeordneter Wert nur vom Individuum her anerkannt und beansprucht werden. Insbesondere für Kant wäre der Anspruch auf Sittlichkeit nicht anders als der Anspruch des ‚Individuums' auf den ‚normativen' Rahmen für die sittliche Selbstverwirklichung in der eigenen Gemeinschaft. Insofern hat für Kant die Sittlichkeit mit einem das Gemeinwohl oder den Zusammenhalt der Gemeinschaft bekräftigenden materiellen Wert wenig zu tun. Solcher gesellschaftsorientierte materielle Wert kann dem Wesen des Menschen als ungeselliger Geselligkeit und dem Wesen der Gesellschaft selbst als Sicherung der allgemeinen Freiheit jedes einzelnen überhaupt nicht entsprechen.

Vom gesellschaftlichen Konflikt aus betrachtet kann das der liberalistischen Gesellschaft anhaftende Problem vor allem die die Grenze der Gerechtigkeit überschreitende Willkür des einzelnen Individuums sein, während eine die kommunitaristische Gesellschaft anhaftende Schwierigkeit eher aus einer die ethischen Werte willkürlich gestaltenden Gemeinschaft selbst hervorgeht. Für den einzelnen Menschen ist die Willkür der kommunitaristischen Gemeinschaft selbst schwer zu erkennen und zu beschränken, während in der liberalistischen Gesellschaft durch die Vorstellung der ‚Rechte des anderen' die Grenze der eigenen Willkür des einzelnen relativ klar wahrgenommen werden kann. Weder die Ziele der anderen Gemeinschaften noch die individuell angesetzten Werte der einzelnen Angehörigen können der eigenwilligen ethischen Wertbildung einer Gemeinschaft Grenzen setzen. Angesichts dieses möglichen Konflikts könnte ein Kommunitarist sagen, dass die für das menschliche Leben wesentlichen Werte nur im gemeinschaftlichen Kontext gebildet und verwirklicht werden können. In Bezug darauf wäre jedoch eine solche Situation denkbar, wo die Gemeinschaft noch nicht oder nicht mehr die absolute Lösung ist, sondern die ethisierte Gesellschaft selbst als ein ernstes Problem gilt. Es geht dabei nicht um die ethisch glanzvoll und grenzenlos sich entfaltende Gesellschaft als Ideal, sondern um die jedes einzelne Individuum einschränkende Gesellschaft als Hindernis. Bei solcher Frage nach der Qualifikation einer Gesellschaft als ethisch geeigneter Gemeinschaft kann vor allem die Vorstellung vom allgemeinen Menschenrecht auf sittliche Autonomie als gesellschaftsinterner Maßstab dienen.

Insbesondere in kantischer Hinsicht wäre es möglich und nötig, vom Standpunkt des einzelnen Menschen aus das Menschenrecht auf sittliche Autonomie als den normativen Anspruch des einzelnen auf den Rahmen für Selbstkultivierung in der Gemeinschaft aufzufassen.[200] Dabei ist unter dem Rahmen für Selbstkultivierung in der Gemeinschaft die normative Grundbedingung für das differenzierte menschliche Gemeinschaftsleben überhaupt und die differenzierte Selbstverwirklichung des einzelnen verstanden. Für Kant könnte also das Menschenrecht auf sittliche Autonomie nicht im Sinne des Anspruchs einer Gemeinschaft auf die unbedingte generelle Erlaubnis zu oder Garantie für die eigene ethische Wertbildung und gemeinschaftliche Zielsetzung, sondern eher als ein Grundanspruch jedes einzelnen Angehörigen auf den Rahmen für das differenzierte gesellschaftliche Leben als Selbstverwirklichung anerkannt werden. Einerseits kann die ethische Autonomie als Rahmen für Selbstkultivierung in gewissem Maße die Vorstellung des von je eigener Kultur und Geschichte abhängigen ethischen Guten übergreifen. Andererseits kann sie, als interner Maßstab für die ethische Legitimation einer Gesellschaft verstanden, von je eigener Kultur und Geschichte abstrahierend auf jede gesellschaftliche Situation allgemein angewendet werden. Bei der Anwendung ist jede Gesellschaft mit eigener Geschichte und Erfahrung zunächst als Adressat des allgemein akzeptierbaren Anspruchs auf sittliche Autonomie gleichwertig anzusehen. Dann vom Gesichtspunkt des Angehörigen als des allgemeinen Subjekts dieses Anspruchs aus ist jede Gesellschaft unterschiedlich zu bewerten. Insofern können die Menschenrechte und das sittlich Gute oder das Individuum und die Gemeinschaft zwar im Spannungsverhältnis, doch in keinem widersprüchlichen Verhältnis stehen.

---

200 Vgl. ein grundlegendes Konzept der formalen, demokratischen Sittlichkeit als Konzept der individuellen Selbstverwirklichung durch drei Formen von Anerkennung, d.h. durch Liebe, Recht und Solidarität: A. Honneth, Kampf um Anerkennung, Frankfurt 1994

Diese Kant-spezifische Vorstellung von ethischer Autonomie kann durch die Vorstellung von der positiven Freiheit einsichtiger werden, dass nämlich die Menschen in dem Maße frei sind, in dem sie tatsächlich über sich selbst und die eigene Lebensform bestimmen. Diese Freiheit hat, im Vergleich zur negativen Freiheit als der Möglichkeit des Ungestörtseins vom äußeren Einfluss, mit der positiven Selbstbestimmung als der freien Ausgestaltung und Umsetzung des eigenen Lebenszwecks und der Lebenswerte zu tun. In kantischer Hinsicht ist diese positive Freiheit zur ‚selbstzweckhaften' Lebensführung als die ‚ethische' Autonomie im Sinne der durch die eigene Sinngebung und Zwecksetzung auszuübenden Selbstbestimmung zu verstehen.

Als Gegenstand des Rechtsanspruchs betrachtet bedeutet der Anspruch auf die positive Freiheit den positiven Anspruch auf die Möglichkeit des ‚Erfüllens' des eigenen freien Lebensraums, während es beim Anspruch auf die negative Freiheit eher um die Möglichkeit des Erhaltens des eigenen ‚Freiraums selbst' geht. Zwischen diesen beiden Freiheiten besteht kein Widerspruch. Der Unterschied liegt nur darin, dass die positive Freiheit sich viel stärker mit der individuellen Zwecksetzung und Wertschätzung verbindet und deshalb unterschiedliche Gestalt und Folge hervorbringen kann, die negative Freiheit hingegen viel mehr eine allgemeine und generelle Bestimmung und Folge hat. Dabei hängt die positive Freiheit in der Tat mit dem Umstande zusammen, dass die Zwecke und Werte des einzelnen in einer Gemeinschaft um so realisierbarer werden, je mehr diese Zwecke und Werte aus Selbstüberzeugung gewählt werden und von der eigenen Gemeinschaft positiv angenommen werden können. Insofern muss der Menschenrechtsanspruch auf ethische Autonomie als Anspruch auf positive Freiheit prinzipiell mit Rücksicht auf die differenzierten, individuellen und gesellschaftlichen Vorbedingungen äußerst umfangreich akzeptiert werden.

Angesichts dieser Frage nach dem inhaltlichen Umfang des Menschenrechts auf ethische Autonomie geben Liberalismus und Kommunitarismus unterschiedliche Antworten. Die von beiden erhobenen Ansprüche und gegebenen Antworten können durch die kantische Vorstellung von der ethischen Autonomie des einzelnen in eine gemäßigte Richtung gebracht werden. Wenn wie beim Liberalismus die Frage nach der ethischen Autonomie als die Frage nach der ‚Wahl' des Guten einer Person betrachtet wird und im Selbst-wählen-können der ethischen Werte die Lösung gefunden ist, reduziert sich die ethische Autonomie in der Tat auf die wertneutrale Authentizität der Selbstwahl.[201] Danach kann die positive Freiheit als sittliche Autonomie schon mit der ungezwungenen authentischen Selbstwahl erreicht werden. Diese Authentizität, die beim Liberalismus auf die

201 Vgl. Über die Kultur der Authentizität als Gedanken der ‚Freiheit durch Selbstbestimmung': Ch. Taylor, Das Unbehagen an der Moderne, a.a.O., S. 34-39

Selbstwahl als ethisch-neutrale Autonomie hindeutet, hat es aber beim Kommunitarismus vielmehr mit der durch die historische und gesellschaftliche Vorgegebenheit gebildeten, ethisch geladenen kollektiven Identität zu tun.[202]

Im Hinblick auf die Anerkennungsfrage oder die Umgehensweise, wie mit dem eigenen oder dem Guten anderer umgegangen wird, kann die Unterschiedlichkeit von Liberalismus und Kommunitarismus deutlicher werden. Indem der Liberalismus das ethisch Gute als die Folge der jeweiligen individuellen Wahl betrachtet, kann allen individuellen Werten, zunächst dem Inhalt gleichgültig, die formale reziproke Anerkennung zugesprochen werden.[203] Beim Kommunitarismus ist hingegen jeder Wert mit dem eigenen vorgegebenen Kontext verbunden und deshalb kann die Anerkennung anderer Werte, durch die Vorstellung des Andersseins vermittelt, als ein nachträglicher Ausgleich oder ein Gegenstück zur absoluten Besonderheit der eigenen Werte hervorgebracht werden. Mit kantischem Blick gesehen wäre das ethisch Gute und dessen Anerkennung beim Liberalismus zu subjektiv und individualistisch ohne Wertbezug und beim Kommunitarismus zu gemeinschaftsabhängig und empirisch. Für Kant wäre das ethisch Gute kein Gegenstand der individuellen Wahl, sondern es deutet eher auf die durch die positive Freiheit im Sinne der sittlichen Autonomie hervorgebrachte ethische Kultivierung des einzelnen Menschen hin. Dabei könnte dieses Gute nicht deshalb mit der ethischen Autonomie zu tun haben, weil eine Person authentisch etwas wählt; sondern nur weil etwas von der eigenen positiven Freiheit her zur ethischen Kultivierung und auf diese Kultivierung hin gewählt ist, kann es im normativen Sinne ein autonom gewähltes, ethisch Gutes sein.

Während das ethisch Gute beim Liberalismus am eigenen Selbstgefühl jedes Menschen ansetzt und am besten mit dessen formaler Eintracht oder einem Ausgleich endet, fängt die kantische Vorstellung vom ethisch Guten viel ursprünglicher mit dem Zweck-an-sich-Charakter des dem eigenen Zwecke folgenden Menschen an und geht normativ viel weiter bis zur ethischen Kultivierung des einzelnen. Das kantische Individuum ist also nicht dasjenige, welches nur dem eigenen Interesse anhängt und außer vom Interessenausgleich nur von der authentischen Selbstwahl der Werte besessen ist. Andererseits können für das Individuum die vom Zweck-an-sich-Charakter und Willen zur eigenen Zwecksetzung und -realisierung ausgehende Wahl und der dabei herausgekommene Zweckinhalt viel autonomer sein als der von gemeinschaftlich vorgegebenen Werten bedingte kommunitaristische Zweckinhalt. Der Gemeinschaftsangehörige bei Kant kann

202 Die angesichts des ‚Ideals der Authentizität' geübte Kritik am subjektivistischen Liberalismus und das Konzept vom ‚Authentizitätsideal mit Bedeutungshorizont': Ebd., S. 31, 40-51

203 Vgl. Die angesichts der Frage nach der Gleichheit der Werte oder der gleichen Anerkennung ausgeführte Kritik am neutralitätsorientierten Liberalismus: Ebd., S. 61-64

also nicht eine solche Person sein, die auf das vorbestimmte ethische Gemeingut ohne eigene Anerkennung zugreift. Vielmehr wären die kantischen Individuen solche Personen, die in der vor jeder Vorgegebenheit und Erfahrung allgemein ausgestatteten 'autonomen Subjektivität' ihre Gemeinsamkeit und Vereinbarkeit haben. So gesehen könnte die Selbstwahl solcher Individuen inhaltlich sowohl von der extremen Selbstsucht als auch vom extremen Selbstverzicht abweichen. Beim Anerkennungsverhältnis zum anderen spielt zwar die Unterscheidung des eigenen vom anderen eine wichtige Rolle, doch nur im gemäßigten relativen Sinne. Das heißt, jedem Willens- oder Anerkennungsverhältnis kann schon die vor-empirische ununterschiedene autonome Subjektivität der Menschen als mögliches Potential zugrunde liegen.

Im Hinblick darauf ist die kantische Eigentümlichkeit bei der Frage nach dem Menschenrecht auf ethische Autonomie festzustellen. Das kantische Menschenrecht auf ethische Autonomie geht von der Vorstellung vom eigenem Zwecke folgenden menschlichen Leben und dessen Verhältnis in der Gesellschaft aus. Diese Zwecksetzungs- und Zweckverfolgungsverhältnisse beruhen auf dem Zweck-an-sich-Charakter jedes einzelnen Individuums und dessen Eigenwert. Der Zweck-an-sich-Charakter kann einerseits der mit dem gesellschaftlichen Kontext verbundenen ethischen Wertbildung den normativen unveränderlichen Mindestmaßstab geben. Andererseits kann er für die individuelle Wahl der eigenen Zwecke und Werte auch die eigene interne Grenze sein. Unter der Bedingung, dass die persönliche Wertwahl und die kontextgebundene gesellschaftliche Wertordnung im großen und ganzen dem Zweck-an-sich-Charakter nicht widerspricht, kann jedes Individuum und jede Gesellschaft weiter auf unterschiedliche Art und Weise gestaltet werden. Jeder Unterschied kann nicht wegen seiner Eigenartigkeit, sondern in Rücksicht auf den allgemeingültigen Zweck-an-sich-Charakter als gleichwertig anerkannt werden. So gesehen liefert der kantische Zweck-an-sich-Charakter nicht nur die unmittelbare Grundlage für die Originalität jedes Individuums, sondern auch den mittelbaren Ansatzpunkt für die Anerkennung der Unterschiede zwischen Individuen sowie Gesellschaften.

Im Grunde genommen ist diese kantische Eigentümlichkeit auf die Überlegung darüber, welche Bedingungen überhaupt die Selbstverwirklichung des Menschen im gesellschaftlichen Leben ermöglichen, zurückzuführen. Einerseits wird die menschliche Selbstverwirklichung unvermeidbar vom Prozess der Selbstfindung und eigenen Identitätsbildung bestimmt. Dabei steht diese Identitätsbildung mit der Beziehung zum anderen und Anerkennung durch den anderen in engem Zusammenhang. Insofern ist das menschliche gesellschaftliche Verhältnis selbst als geeignetes Vermittlungsfeld für die Identitätsbildung und Selbstverwirklichung des einzelnen erwiesen. Andererseits kann der Selbstverwirklichungsprozess außer der Identitätsbildung und Anerkennung auch von der Sicherung der formalen Chancengleichheit für die Selbstverwirklichung abhängen. Der mit eigenen Motiven und Zielen ausgestattete Selbstverwirklichungsversuch kann in der Tat durch die gleich gebotenen Chancen den Auftakt erhalten. Und dieser unablässige Versuch hat eigentlich nur in der ‚gleichen Chance des anderen' die eigene Grenze.[204] Sofern diese beiden Elemente, d. h. die eigene Identität und die Chancengleichheit als die wesentlichen Bedingungen für die Selbstverwirklichung des Menschen dienen, und der menschliche Anspruch auf ethische Autonomie als Anspruch auf die Rahmenbedingung für die Selbstverwirklichung des einzelnen als Zwecks an sich in der Gesellschaft gilt, sind die an das Menschenrecht auf ethische Autonomie gestellten Forderungen im Hinblick auf diese beiden Elemente inhaltlich näher zu bestimmen. Zum einen muss das Menschenrecht auf ethische Autonomie in Rücksicht auf die Chancengleichheit für die Selbstverwirklichung dem Anspruch auf Egalität und Universalität gerecht werden. Zum anderen muss das Menschenrecht auf ethische Autonomie die persönliche Identitätsbildung des einzelnen im eigenen gesellschaftlichen Kontext und die dafür unerlässliche Anerkennung der kulturellen und gesellschaftlichen Unterschiede ermöglichen. In diesen Forderungen spiegelt sich die Überlegung darüber wider, worüber man sich überhaupt nicht hinwegsetzen kann, wenn man über die negative Freiheit zum Zurückziehen hinaus eine weitere positive Gestaltung zum eigenen ethischen Leben in der Gesellschaft will. Angesichts der einfachen Tatsache der Existenz der anderen Menschen kann man sich zunächst über die Egalität und Universalität jedes Menschen nicht hinwegsetzen, und daraus ergibt sich der Anspruch auf die Chancengleichheit. Dann durch die unterschiedlichen Formen der eigenen Zwecksetzung und der Beziehung zum anderen Menschen kann der identitätsbildende Unterscheidungsversuch vorangetrieben werden. Erst wenn persönliche und gesellschaftliche Identität selbst zum Thema werden, kann die Bedeutung der kulturellen und gesellschaftlichen Unterschiede für die persönliche Identität und Selbstverwirklichung des einzelnen richtig erkannt und die Anerkennung dieser Unterschiede auch ausdrücklich verlangt werden.

Unter Berücksichtigung dieser ganzen Forderungen ist das von Kant geprägte Menschenrecht auf sittliche Autonomie, als ein rechtlicher ‚Rahmen' der Selbstverwirklichung des einzelnen in der Gesellschaft verstanden, mit dem liberalistischen und kommunitaristischen Menschenrecht auf sittliche Autonomie näher zu vergleichen. Während sich der Liberalismus eigentlich mit dem Interesse des einzelnen Individuums und der Einrichtung der Form des Interessenausgleichs be-

---

204 Über den modernen Anspruch des Individuums auf Chancengleichheit durch allgemeines Recht und Identitätsbildung durch Anerkennung in Bezug auf die Arten der gesellschaftlichen Existenz: Ch. Taylor, Das Unbehagen an der Moderne, a.a.O., S. 52-57

schäftigt und das Menschenrecht auf sittliche Autonomie eher für einen Anspruch auf die Form der Selbstwahl hält, erzählt der Kommunitarismus am meisten von den im historischen und gesellschaftlichen Kontext vorgegebenen Zwecken und Werten und betrachtet deshalb das Menschenrecht auf sittliche Autonomie eher als Mittel zur gemeinschaftlichen Zweck- und Wertrealisierung. Im Vergleich zu diesen beiden Konzepten kann Kant durch die Vorstellung des einzelnen als Zwecks an sich der ethischen Autonomie einen normativen Anhalt geben, von dem aus sowohl die individuelle authentische Selbstwahl als auch die mit dem gesellschaftlichen Kontext verbundene Wertbildung zu prüfen sind.

Was die Zweck-an-sich-Vorstellung oder Würde des Menschen angeht, wird sie beim Liberalismus und Kommunitarismus unterschiedlich aufgefasst.[205] Wenn die Würde des Menschen wie beim Liberalismus als der Ausgangspunkt des gesellschaftlichen Verhältnisses vorgestellt ist, kann diese Würde jedem Menschen als noch unbestimmter, allgemein vorstellbarer Person gleich zugesprochen werden. Wenn die Würde des Menschen hingegen als ein aus der vom eigenen Kontext bedingten Identitätsbildung und Anerkennung hervorgehender Schlusspunkt gilt, kann die Würde je nach dem gemeinschaftseigenen Kontext und der damit verbundenen Identitätsgröße unterschiedlich erteilt werden. Solche Würde könnte die Bezeichnung einer ‚Person mit bestimmter Identität und Anerkennung' sein, während die Würde beim Liberalismus eher die jeder Person chancengleich erteilte Anfangsausstattung bedeutet.

Eigentlich haben diese beiden Strömungen zwar in der Empfindlichkeit gegen die Ungleichheit der Menschen ihre Gemeinsamkeit. Der Liberalismus richtet sich aber vor allem auf die Anfangsgleichheit. Das kommunitaristische Interesse liegt vielmehr in dem Kontext der Ungleichheit der Menschen und in der berechtigenden Anerkennung dieser Unterschiede. Der liberalistischen Ansicht nach ist nur durch die Anfangsgleichheit die Ungleichheit der folgenden Situation einerseits zu korrigieren und andererseits zu akzeptieren. Für Kommunitaristen ist aber die fundamentale Ungleichheit gerade von dieser Andersheit her als unverzichtbare Identität anzuerkennen. Diese beiden unterschiedlichen Auffassungen von Würde und Ungleichheit der Menschen können sich im kantischen Menschenrecht auf sittliche Autonomie berühren. Das kantische Menschenrecht auf sittliche Autonomie ist als ein solcher Rahmen zu verstehen, der die allgemein geteilte persönliche Würde einer Einzelperson und die ethische Identitäts- und Wertbildung eines Gemeinschaftsangehörigen zugleich ermöglicht und in sol-

205 Über die Menschenwürde im universalistischen und nicht-universalistischen Kontext: Ch. Taylor, Die Politik der Anerkennung; J. Habermas, Anerkennungskämpfe im demokratischen Rechtsstaat, in: A. Gutmann (Hg.), Multikulturalismus und die Politik der Anerkennung, Frankfurt 1993; R. Rorty, Solidarität oder Objektivität?, a.a.O., S. 67-68

chem Maße dem menschlichem Leben zugrunde liegenden Anspruch auf menschenwürdige Gerechtigkeit und ethische Anerkennung gerecht werden kann.

Dabei könnte sich die kantische sittliche Autonomie einerseits vom Liberalismus, der durch den Hinweis auf die Zufälligkeit und Relativität der kontextgebundenen Identitäts- und Wertbildung die normative Wertdichte der ethischen Identität zu verringern und den Vorrang der individuellen Rechte zu erklären versucht, distanzieren. Andererseits unterliegt die kantische sittliche Autonomie auch nicht dem Kommunitarismus, der sich durch die Umdeutung der ethischen Neutralität des Rechts in dessen ethische Gleichgültigkeit über die Allgemeingültigkeit des Rechts selbst hinwegsetzen will. Die kantische Überlegung zum Menschenrecht auf ethische Autonomie kann einen angemessenen Raum für die vom Liberalismus nicht ganz ernstgenommene ethische Differenziertheit der Menschen und die vom Kommunitarismus außer acht gebliebene moralische und rechtliche Allgemeinheit der Menschen hervorbringen. Innerhalb dieses Raums können sich das liberalistische Rechtliche und das kommunitaristische Ethische in ihren Argumenten für den eigenen Menschenrechtsanspruch einander annähern.

3) Die Möglichkeit und Bedeutung des Menschenrechts auf sittliche Autonomie bei Kant

Im Hinblick auf den vorherigen Vergleich zwischen Liberalismus, Kommunitarismus und Kant kann die Kant-spezifische Möglichkeit und Bedeutung des Menschenrechts auf sittliche Autonomie abschließend skizziert werden. Dabei ist der Zusammenhang von Recht und Kultur des Menschen oder die Bedeutung des Rechts für die Kultur des Menschen nicht zu übersehen. Kantischer Ansicht nach hat der Mensch als einziges Wesen das Vernunftvermögen, sich selbst willkürlich Zwecke zu setzen. Sofern der Mensch die Natur als ein teleologisches System ansehen und zwischen solcher Natur und sich selbst eine Zweckbeziehung als von der Natur unabhängigen Endzweck geben will, kann der Mensch nicht bloß als einer von vielen Naturzwecken, sondern in Bezug auf alle übrigen Naturdinge als der letzte Zweck der Natur gelten. Daraus ergibt sich die Frage, was im Menschen anzutreffen ist, das als letzter Zweck der Natur zu befördern ist. Eine Möglichkeit wäre die Glückseligkeit des Menschen. Die Glückseligkeit bedeutet für den Menschen eigentlich eine bloße Idee eines Zustandes, der der Mensch unter empirischen Bedingungen den eigenen Zustand adäquat machen will.[206] Sie macht die Materie aller durch die Natur möglichen Zwecke des Menschen aus. Die Glückseligkeit selbst als Materie aller Zwecke kann in der Tat unter so sub-

206 V, 430

jektiven empirischen Bedingungen niemals fest bestimmt werden und die maßlose Natur des Menschen auf seine Glückseligkeit hin niemals befriedigt werden. Wenn der Mensch die materielle Glückseligkeit zu seinem ganzen Zweck macht, kann seiner eigenen Existenz selbst kein Endzweck gesetzt werden und der Mensch bleibt in der Kette der Naturzwecke nur ein Glied, somit nur ein Mittel. Damit der Mensch selbst als Endzweck der Natur gilt, ist statt der Glückseligkeit als unerfüllbarer Materie der Zwecke die formale subjektive Bedingung der Zwecke, d. h. die Tauglichkeit des Menschen zu allen Zwecken, als von Natur zu befördernder letzter Zweck anzusehen. Nicht die durch die Wohltätigkeit der Natur mögliche Glückseligkeit, sondern die Entwicklung der eigenen Vermögen, sich selbst überhaupt Zwecke zu setzen, kann also von der Seite des Menschen als letzter Zweck der Natur angenommen werden. „Die Hervorbringung der Tauglichkeit eines vernünftigen Wesens zu beliebigen Zwecken überhaupt" heißt die Kultur des Menschen.[207] Die Kultur des Menschen besteht nicht nur aus der Kultur der Geschicklichkeit, sondern auch aus der Kultur der Zucht. Während die Kultur der Geschicklichkeit die subjektive Bedingung der Tauglichkeit zur Beförderung der Zwecke überhaupt ist, kann die Kultur der Zucht die subjektive Bedingung der Tauglichkeit zur Beförderung des Willens in der Bestimmung und Wahl seiner Zwecke sein. Diese Kultur selbst bedeutet zwar nicht direkt die moralische Verbesserung des Menschen, aber durch sie können die Menschen erst gesittet werden und ihre moralische Anlage kann allmählich entfaltet werden. In pragmatischer Hinsicht kann also die Kultur des Menschen, als Kultivierung seiner natürlichen Vermögen und Entfaltung seiner moralischen Anlage verstanden, der letzte Zweck der Natur und der eigene Zweck des Menschen zugleich sein.

Dabei ist nicht zu übersehen, dass das Zufriedensein des Menschen mit einem bestimmten Maß seiner Vermögen erst durch Grundsätze der Vernunft anzuweisen ist, weil für den Menschen als Zweck-fähiges Wesen der Gebrauch seiner Kräfte nicht bloß dem Instinkt der Natur, sondern der Freiheit zu verdanken ist.[208] Der Mensch kann also ‚mit Freiheit' das zufriedenstellende Maß seiner Vermögen und deren Gebrauch bestimmen. Die Notwendigkeit, ‚seine Vermögen anzubauen und in pragmatischer Rücksicht ein dem Zweck seines Daseins angemessener Mensch zu sein', beruht nicht auf Rücksicht auf den Vorteil, den die Kultur seines Vermögens den Naturbedürfnissen verschaffen kann, sondern weist die Kultur des Menschen schon auf das Zusammenspiel der menschlichen Freiheit hin und diese Notwendigkeit der Kultur ergibt sich aus dem Gebot der moralisch-praktischen Vernunft.[209] Das freie Bemühen des Menschen, der Welt ein

207 V, 431
208 VI, 444
209 VI, 445

nützliches Glied zu werden, gehört also zum Wert der Menschheit in seiner eigenen Person und zur Pflicht des Menschen gegen sich selbst. Dieser Prozess der Selbsterhöhung der Kultur als letzter Zweck der Natur und Pflicht des Menschen wird durch „fremde Gewalttätigkeit“ und „innere Ungenügsamkeit“ gehindert. Dies weist auf die Notwendigkeit einer formalen Bedingung, unter der die Entwicklung der Naturanlagen geschehen kann. Die formale Bedingung, unter welcher die Endabsicht der Natur, d. h. die Entwicklung der Naturanlagen, erreicht werden kann, ist „diejenige Verfassung im Verhältnisse der Menschen untereinander, wo dem Abbruche der einander wechselseitig widerstreitenden Freiheit gesetzmäßige Gewalt in einem Ganzen, welches bürgerliche Gesellschaft heißt, entgegengesetzt wird; denn nur in ihr kann die größte Entwicklung der Naturanlagen geschehen. Zu derselben wäre aber doch, ... noch ein weltbürgerliches Ganze, d. h. ein System aller Staaten, ...erforderlich.“[210] Dies gibt den Zusammenhang von Natur als einem teleologischen System, Kultur des Menschen und Recht zu erkennen. Wenn die Kultur des Menschen als Ausbildung der Natur oder als Entwicklung der Menschheit letzter Zweck der Natur ist, kann solche Kultur nur durch die bürgerliche Verfassung als formale Bedingung erreicht werden. Anders ausgedrückt begreift die Kultur des Menschen die Hervorbringung der bürgerlichen Verfassung selbst in sich.

Das Recht als gesetzmäßige Gewalt gegen den Abbruch der wechselseitigen Freiheit in der bürgerlichen Gesellschaft stellt eigentlich die formale Bedingung der Möglichkeit der allgemeinen äußeren Freiheit jedes einzelnen Menschen und im Hinblick auf die Natur als teleologisches System die formale Bedingung für die Kultur als letzten Zweck der Natur dar. Unter der Vorbestimmung oder Vorsehung der Natur kann das Recht als selbst von der antagonistischen und pragmatischen Absicht des einzelnen auch akzeptiert und bewirkt betrachtet werden. Im Hinblick darauf ist das Recht zweiseitig zu verstehen. Es ist zunächst als Mittel zur menschlichen Zwecktätigkeit zu betrachten; es ist pragmatischer antagonistischer Art und als Klugheitsregel des Verstandes zu bezeichnen. Das Recht kann also die vom menschlichen antagonistischen Interesse pragmatisch hervorgebrachte Vereinbarung zum wechselseitigen Zwang sein. Auf dieser pragmatischen Ebene kann auch die Vorstellung des ‚Rechts des anderen‘ die Grenze der eigenen Zwecktätigkeit und der Zweckdienlichkeit aller anderen bilden. Die Anerkennung des Rechts des anderen bedeutet dabei die gegenseitige Anerkennung des Menschen als pragmatischen zwecktätigen Wollens an sich. Die Vereinigung der Menschen durch Rechtszwang ist also vom pragmatischen Willen zur Sicherung der eigenen Zwecktätigkeit her schon möglich und dabei ist die Vorstellung des Menschen als Zwecks an sich auch nur im Sinne des pragmatischen zwecktä-

---

210 V, 432

tigen Willens vorhanden. Vom Gesichtspunkt der praktischen Idee der Vernunft aus betrachtet gehört das Recht zugleich zum von praktischer Vernunft notwendig hervorgebrachten Prinzip der Sittlichkeit. Auf dieser sittlichen Ebene kann die Vorstellung des Menschen als Zwecks an sich über den pragmatischen zwecktätigen Willen hinaus auf das Recht der Menschheit und den Zweck der Menschheit hinweisen. Nur als solcher Zweck an sich hat der Mensch Würde und Persönlichkeit. Ein diesen moralischen Schwerpunkt nicht verlierendes Zusammenleben solcher Personen ist als ein über die pragmatische Nutzgemeinschaft hinausgehendes Reich der Zwecke vorzustellen. Von der moralischen Idee des Rechts aus gesehen ist der ideale Zustand solches Zusammenlebens nichts anderes als der Zustand der weltbürgerlichen Verfassung oder der Zustand des ewigen Friedens und der allgemeinen Menschenrechte. Im Hinblick darauf lässt sich ausdrücken, dass die Kultivierung des Menschen zum höheren Zustand formal durch das Recht (im pragmatischen und moralischen Sinne) bedingt ist und solche Kultivierung gerade im ‚Zustand des ewigen Friedens und der allgemeinen Menschenrechte durch die weltbürgerliche Verfassung' gipfelt. Insofern ist ein innerer Zusammenhang zwischen Recht auf der pragmatischen und moralischen Ebene und der Kultur des Menschen festzustellen.

Um mit dieser Bemerkung die Möglichkeit und Bedeutung des Menschenrechts auf ethische Autonomie bei Kant näher zu klären, muss man wieder die kant-spezifischen Schwierigkeiten bei dieser Frage durchschauen. Die Schwierigkeit liegt zunächst darin, dass kantischer Terminologie nach das Ethische, das Sittliche und das Moralische nicht klar voneinander zu unterscheiden sind und sich fast ohne Unterschiede auf das allgemeingültige Prinzip des guten Handelns reduzieren, während beim Liberalismus und Kommunitarismus das Ethische und das Sittliche vor allem mit der gemeinschaftlichen kulturellen Seite des guten Handelns befasst ist. Bei Kant ist die Ethik (Tugendlehre) als allgemeine Zwecklehre der Moral (Sittenlehre) als allgemeiner Pflichtenlehre untergeordnet.[211] Im Hinblick auf den Ursprung ist die ethische (oder sittliche) Autonomie in der Tat nichts anderes als die moralische Autonomie im Sinne des freiwilligen Gehorsams zum moralischen Sollen, und das Menschenrecht auf die ethische (oder sittliche) Autonomie kann sich zum Menschenrecht auf Moralität verkürzen. Auch dem Inhalt nach steht diese moralisch gefärbte ethische (oder sittliche) Autonomie mit der Tugendpflicht gegen sich selbst in engem Zusammenhang. Das Menschenrecht auf ethische Autonomie ist insofern als Menschenrecht aus und auf Tugendpflicht zugleich anzusehen.

Angesichts dieser Schwierigkeiten könnte man wieder auf die Frage danach zurückgreifen, ob nicht bei Kant dadurch die Vorstellung des Menschenrechts auf

211 VI, 239; 381

ethische Autonomie überhaupt plausibler werden und die angeführten Schwierigkeiten lösbarer werden können, dass die ethische Autonomie als Rahmen für die ethische Kultivierung des Menschen im weiteren Sinne als in der eigentlichen kantischen Moral und Ethik aufgefasst wird. Bei dieser Frage sind zunächst die Begründung und Erläuterung der ethischen Autonomie selbst einerseits und die des Menschenrechts auf diese ethische Autonomie andererseits voneinander zu unterscheiden.

Was die Begründung der ethischen Autonomie als des Rahmens für die ethische Kultivierung des Menschen angeht, ist diese Autonomie mit dem Zweck-an-sich-Charakter des Menschen zu begründen. Für Kant ist die Grundeigenschaft des Menschen als ‚rechtlicher Person mit gleicher äußerer Freiheit' und als ‚ethischer Person mit ethischen Pflichtzwecken' je nach ihrem Ursprung auf das Recht der Menschheit und den Zweck der Menschheit zurückzuführen und dieses Recht der Menschheit und der Zweck der Menschheit finden im Zweck-an-sich-Charakter ihr gemeinsames Grundfaktum und ihre Voraussetzung. Aus dem Recht der Menschheit und dem Zweck der Menschheit können sich jeweils die Rechtspflicht zur inneren Freiheit (als vollkommene innere Rechtspflicht gegen sich selbst) und die ethische Pflicht zur eigenen Vollkommenheit (als unvollkommene innere Tugendpflicht gegen sich selbst) ergeben.[212] Wenn man die ethische Autonomie als Rahmen für die ethische Kultivierung des Menschen betrachtet, kann man zwischen ihr und der letzten Tugendpflicht, d. h. Tugendpflicht zur eigenen Vollkommenheit gegen sich, einen inneren Zusammenhang feststellen. Als Anspruch umgedeutet ist die ethische Autonomie ihrem Inhalt nach mit dem positiven Anspruch auf die eigene Vollkommenheit und dem negativen Anspruch auf Nicht-verachtet-werden von anderen befasst. Auf die Ebene des Menschenrechts erhoben kann sich solcher Anspruch auf ethische Autonomie zum einen als der Anspruch auf den Rahmen für die Kultivierung zur eigenen Vollkommenheit und zum anderen als der Anspruch auf die ethische Anerkennung der anderen erweisen. Im Hinblick darauf kann diese Art von Menschenrecht zwar vom Zweck-an-sich-Charakter her ebenso moralisch begründet werden wie das Menschenrecht auf die negative Freiheit. Sie kann aber auch ein solcher Rahmen sein, der, anders als das Menschenrecht auf die negative Freiheit, die empirische positive Seite der ethischen Kultivierung des Menschen nicht übersieht.

Dabei ist die Möglichkeit und der Vorteil auch kurz zu bemerken, den diese Art von Menschenrecht auf ethische Autonomie im Sinne des Rahmens für ethische Kultivierung gegenüber den oben angeführten Schwierigkeiten hervorbringen kann. Was zunächst den Gegenstand des Menschenrechts angeht, kann diese

212 VI, 240; 398; 391-393; 444-447

Vorstellung des Menschenrechts auf ethische Autonomie über den Anspruch auf das negative Freisein hinaus den Anspruch auf die positive Freiheit und Zwecktätigkeit des Menschen in sich begreifen. Im Hinblick auf das Subjekt des Menschenrechts kann diese Art von Menschenrecht die empirische besondere Seite des Subjekts der ethischen Kultivierung auch berücksichtigen. Das heißt, nicht nur das Negative, Apriorische und Allgemeine, sondern auch das Positive, Empirische und Besondere können in den Menschenrechtsanspruch auf ethische Autonomie in gewissem Maße miteinbezogen werden.

Was den inhaltlichen Zusammenhang zwischen der ethischen Autonomie als des Rahmens für ethische Kultivierung und Tugendpflicht angeht, kann diese Art von Menschenrecht auf ethische Autonomie als gemeinsamer Wirkungsbereich von Tugendpflicht gegen sich zur eigenen Vollkommenheit und Anspruch gegen andere auf Achtung aufgefasst werden.

Wenn man dies im Hinblick auf die aktuelle Debatte zwischen Liberalismus und Kommunitarismus weiter betrachtet, kann man feststellen, dass diese Art von Menschenrecht als Anspruch auf den Rahmen der ethischen Kultivierung den formalen Anspruch des Individuums auf Gesellschaft selbst und den materiellen Anspruch des Individuums auf die eigene ethische Kultivierung zugleich in sich begreifen kann. Insofern findet in dieser Vorstellung des Menschenrechts auf ethische Autonomie weder der liberalistische Anspruch auf die Authentizität des einzelnen gegen die Gesellschaft noch der kommunitaristische Anspruch auf die ethische Besonderheit gegen das Individuum seinen Halt. Diese Menschenrechtsvorstellung trägt also das Argument für Gesellschaft und zugleich das Argument gegen Gesellschaft in sich. Das Menschenrecht auf ethische Autonomie kann den gegen eine andere Gesellschaft gerichteten Anspruch des einzelnen auf die Anerkennung der eigenen gesellschaftlichen Identität und zugleich den gegen die eigene Gesellschaft erhobenen Anspruch des einzelnen auf den chancengleichen Rahmen für die eigene ethische Kultivierung unterstützen.

Parallel zu dieser positiven Bemerkung über die Tragweite des sich auf Kant berufenden Menschenrechts auf sittliche Autonomie ist auch die kritische Bemerkung darüber zu erwähnen. Sie heißt, dass mit diesem Menschenrecht die Frage nach der sittlichen Institution nicht richtig beantwortet werden kann. Bei dieser Menschenrechtsvorstellung könne der Anspruch auf sittliche Autonomie nicht direkt als der positive Anspruch auf eine sittliche Institution aufgefasst werden. Das Problem liegt vor allem darin, dass das sich auf Kant berufende Menschenrecht auf sittliche Autonomie inhaltlich zwar das positive, empirische und besondere Moment der ethischen Wertbildung des einzelnen berücksichtigen und unterstützen kann, den Anspruch auf Institutionalisierung der sittlichen Werte selbst aber nicht genügend wahrnimmt. Dieses Problem kann sich auf das kantische Beharren auf dem ‚Individuum' als Subjekt des Menschenrechts ‚gegen Gesellschaft‘ zurückführen. Für Kant deutet der positive Anspruch auf die Institutionalisierung der sittlichen Werte schon auf das ‚Aufgehobensein des individuellen Ethischen in Institution‘ hin. Für Kant ist also dieser Anspruch auf die Institutionalisierung der sittlichen Werte nur vom Individuum her und auf das Individuum hin zu begründen. Ebenso wie das liberale Menschenrecht vielmehr vom Anspruch des einzelnen gegen den Staat als vom Anspruch auf den Staat herkommt, ist der Menschenrechtsanspruch auf sittliche Autonomie zunächst nicht mit dem Staat selbst als sittlicher Institution zu beantworten. Vielmehr könnte der flexible allgemeine Rahmen, der sich mit dem empirischen und materiellen Moment der ethischen Kultivierung des einzelnen auch gut vertragen kann, ein plausibler Ausgangspunkt sein.

Abschließend gesprochen liegt diesem ganzen Potential des Menschenrechts auf ethische Autonomie die kantische Zweck-an-sich-Vorstellung zugrunde. Bei Kant liegt in der Vorstellung des Menschen als Zwecks an sich im pragmatischen und moralischen Sinne der Kern des Verhältnisses des Individuums zur Gesellschaft, die für die ethische Kultivierung des einzelnen Halt und Grenze zugleich ist. Aufgrund dieser Zweck-an-sich-Vorstellung können einerseits das Recht des einzelnen zur Gesellschaft begründet werden und andererseits die Gesellschaft selbst vom Standpunkt des Reichs der Zwecke aus kritisiert werden. Für Kant kann nur von der apriorischen Anerkennung des Zweck-an-sich-Charakters des Menschen und seiner Pflicht zur Selbstkultivierung her die Vorstellung des Menschenrechts des einzelnen auf ethische Autonomie in Gestalt des rechtlichen Anspruchs auf Anerkennung und Rahmen für die ethische Kultivierung hervorgebracht werden. Als dessen Kehrseite ist aber die Begründung des Zweck-an-sich-Charakters des Menschen selbst nicht mehr zu suchen. Gerade darin sind Kants Konsequenz und Grenze hinsichtlich seiner Begründung des Menschenrechts auf ethische Autonomie gleichermaßen zu sehen.

Literaturverzeichnis

I. Hauptwerke

1. Werke Immanuel Kants

Akademie-Textausgabe von der Preußischen Akademie der Wissenschaften

2. Werke Georg Wilhelm Friedrich Hegels

Grundlinien der Philosophie des Rechts; Enzyklopädie der philosophischen Wissenschaften im Grundrisse (1830): Eva Moldenhauer/Karl Markus Michel (Ed.), Werkausgabe im Suhrkamp Verlag von 1986

Vorlesungen über die Philosophie der Weltgeschichte. Band 1. Die Vernunft in der Geschichte: Johannes Hoffmeister(Hg.), Hamburg 1955

II. Sekundärliteratur

Ackermann, Bruce: Social Justice in the Liberal State, New Haven 1980

-: Warum Dialog?, in: B.van den Brink/ W. van Reijen (Hg.), Bürgergesellschaft, Recht und Demokratie, Frankfurt 1995

Alexy, Robert: Theorie der Grundrechte, Frankfurt 1986

-: Die Institutionalisierung der Menschenrechte im demokratischen Verfassungsstaat, in: S.Gosepath/G.Lohmann (Hg.), Philosophie der Menschenrechte, Frankfurt 1999

Angehrn, Emil/Fink-Eitel, Hinrich/Iber, Christian/Lohmann, Georg (Hg.) : Dialektischer Negativismus, Frankfurt 1992

Apel, Karl-Otto: Diskurs und Verantwortung, Frankfurt 1992

-/Kettner, Matthias (Hg.): Zur Anwendung der Diskursethik in Politik, Recht und Wissenschaft, Frankfurt 1992

-/Kettner,Matthias (Hg.): Die eine Vernunft und die vielen Rationalitäten, Frankfurt 1996

Arendt, Hannah: Es gibt nur ein einziges Menschenrecht, in:D.Sternberger (Hg.), Die Wandlung IV

Barber, Benjamin R.: Die liberale Demokratie und der Preis des Einverständnisses, in: B.van den Brink/ W.van Reijen (Hg.), Bürgergesellschaft, Recht und Demokratie, Frankfurt 1995
Bartuschat, Wolfgang: Praktische Philosophie und Rechtsphilosophie bei Kant, in: Phil.Jahrbuch 94, 1987
-: Apriorität und Empirie in Kants Rechtsphilosophie, in: Phil. Rdsch. 34, 1987
-: Zur Deduktion des Rechts aus der Vernunft bei Kant und Fichte, in: M.Kahlo/E.A.Wolff A./R.Zaczyk (Hg.), Fichtes Lehre vom Rechtsverhältnis, Frankfurt 1992
Batscha, Zwi: Materialien zu Kants Rechtsphilosophie, Frankfurt 1976
-/ Saage, Richard (Hg.): Friedensutopien, Frankfurt 1979
Bauch, Bruno: Grundzüge der Ethik, Darmstadt 1968
Baumgartner, Hans Michael: Dreimal ›Ewiger Friede‹. Über Struktur und Kontexte der Kantischen Rede vom ›ewigen Frieden‹, in: M.Lutz-Bachmann/J.Bohman (Hg.), Frieden durch Recht, Frankfurt 1996
Bayertz, Kurt: Politik und Ethik, Stuttgart 1996
Baynes, Kenneth: Liberale Neutralität, Pluralismus und deliberative Politik, in: B.van den Brink/W.van Reijen (Hg.), Bürgergesellschaft, Recht und Demokratie, Frankfurt 1995
-: Kommunitaristische und kosmopolitische Kritik an Kants Konzept des Weltfriedens, in: M.Lutz-Bachmann/J.Bohman (Hg.), Frieden durch Recht, Frankfurt 1996
Beck, Lewis White: Kants „Kritik der praktischen Vernunft", München 1974
Benhabib, Seyla: Situating the Self, New York 1992
-: Liberaler Dialog kontra Kritische Theorie diskursiver Legitimierung, in: B.van den Brink/ W.van Reijen (Hg.), Bürgergesellschaft, Recht und Demokratie, Frankfurt 1995
Berlin, Isaiah: Freiheit. Vier Versuche, Frankfurt 1995
Beutin, Wolfgang (Hg.): Hommage À Kant, Hamburg 1996
Bielefeldt, Heiner: Neuzeitliches Freiheitsrecht und politische Gerechtigkeit, Würzburg 1990
-/Brugger, Winfried (Hg.): Würde und Recht des Menschen, Würzburg 1992
Bienfait, Agathe: Freiheit, Verantwortung, Solidarität., Frankfurt 1999
Bittner, Rüdiger: Moralisches Gebot oder Autonomie, Freiburg 1983
-/ Cramer, Konrad (Hg.): Materialien zu Kants Kritik der praktischen Vernunft, Frankfurt 1975
Bloch, Ernst: Naturrecht und menschliche Würde, Frankfurt 1977
Bobbio, Noberto: Das Zeitalter der Menschenrechte, Berlin 1998
-: Hegel und die Naturrechtslehre, in: M.Riedel (Hg.), Materialien zu Hegels Rechtsphilosophie, Bd.2, Frankfurt 1975

Böckenförde, Ernst-Wolfgang: Recht, Freiheit, Staat, Frankfurt 1991
-: Ist Demokratie eine notwendige Forderung der Menschenrechte?, in: S.Gosepath/G. Lohmann (Hg.), Philosophie der Menschenrechte, Frankfurt 1999
Böhme, Gernot: Philosophieren mit Kant, Frankfurt 1986
Brandt, Reinhard: Eigentumstheorien von Grotius bis Kant, Stuttgart 1974
-(Hg.): Rechtsphilosophie der Aufklärung, Berlin 1982
-: Rezension zu: Ch. Ritter: Der Rechtsgedanke Kants, Phil. Rdsch. 20/1974
van den Brink, Bert/von Reijen, Willem (Hg.): Bürgergesellschaft, Recht und Demokratie, Frankfurt 1995
Brugger, Winfried: Menschenwürde, Menschenrechte, Grundrechte, Baden-Baden 1997
-: Menschenrechte und Staatenwelt, in: W.Kersting/Ch.Chwaszcza (Hg.), Politische Philosophie der internationalen Beziehungen, Frankfurt 1998
Brumlik, Micha/Brunkhorst, Hauke (Hg.): Gemeinschaft und Gerechtigkeit, Frankfurt 1993
-: Zur Begründung der Menschenrechte im Buch Amos, in: H.Brunkhorst u.a. (Hg.), Recht auf Menschenrechte, Frankfurt 1999
Brunkhorst, Hauke: Menschenrechte und Souveränität – ein Dilemma?, in: ders. u.a. (Hg.), Recht auf Menschenrechte, Frankfurt 1999
-/Niesen, Peter (Hg.): Das Recht der Republik, Frankfurt 1999
-/Köhler, Wolfgang/Lutz-Bachmann, Matthias (Hg.): Recht auf Menschenrechte, Frankfurt 1999
-(Hg.): Demokratischer Experimentalismus, Frankfurt 1998
Bubner, Rüdiger: Welche Rationalität bekommt der Gesellschaft?, Frankfurt 1996
-: Moralität und Sittlichkeit – die Herkunft eines Gegensatzes, in: W.Kuhlmann (Hg.), Moralität und Sittlichkeit, Frankfurt1986
-/Cramer, Konrad/Wiehl, Reiner (Hg.): Kants Ethik heute, Neue Hefte für Philosophie 22, Göttingen 1983
Busch, Werner: Die Entstehung der kritischen Rechtsphilosophie Kants 1762-1780, KS-Eh 110
Byrd, B.Sharon/Hruschka, Joachim/Joerden, Jan C. (Hg.): Jahrbuch für Recht und Ethik, Bd.1,3,5. Berlin 1993,1995, 1997
Cassirer, Ernst: Philosophie der Aufklärung, Tübingen 1973
-: Kants Leben und Lehre, Berlin 1918; Darmstadt 1975
Cohen, Hermann: Ethik des reinen Willens, Berlin 1921
Deggau, Hans-Georg: Die Aporien der Rechtslehre Kants, Stuttgart 1983
Delekat, Friedrich: Immanuel Kant, Heidelberg 1963

Denninger, Erhard: Staatsaufgaben und Menschenrechte, in: H.Brunkhorst u.a. (Hg.), Recht auf Menschenrechte, Frankfurt 1999
Derbolav, Josef: Hegels Begriff der Handlung, in: M.Riedel (Hg.), Materialien zu Hegels Rechtsphilosophie, Bd.2, Frankfurt 1975
Dorschel, Andreas.: Die idealistische Kritik des Willens, Hamburg 1992
-(Hg.): Transzendentalpragmatik, Frankfurt 1993
Dreier, Ralf: Recht – Moral – Ideologie, Frankfurt 1981
-: Rechtsbegriff und Rechtsidee, Frankfurt 1986
Dulckeit, Gerhard: Naturrecht und positives Recht bei Kant, Leipzig 1932
Dworkin, Ronald: Bürgerrechte ernstgenommen, Frankfurt 1984
-: Gleichheit, Demokratie und Verfassung. Wir, das Volk, und die Richter, in: U.K.Preuß (Hg.), Zum Begriff der Verfassung, Frankfurt 1994
-: Freiheit, Selbstregierung und der Wille des Volks. Ist Demokratie heute noch möglich?, in: S.Gosepath/G.Lohmann (Hg.), Philosophie der Menschenrechte, Frankfurt 1999
Ebbinghaus, Julius: Deutung und Mißdeutung des kategorischen Imperativs, in: Gesammelte Aufsätze, Vorträge und Reden, Darmstadt 1968
-: Kant und das 20. Jahrhundert, in: Ebd.
-: Das Kantische System der Rechte des Menschen und Bürgers in seiner geschichtlichen und aktuellen Bedeutung, in: Ebd.
-: Die Formeln des kategorischen Imperativs und die Ableitung inhaltlich bestimmter Pflichten, in: Ebd.
-: Kants Rechtslehre und die Rechtsphilosophie des Neukantianismus, in: G.Prauss (Hg.), Kant. Zur Deutung seiner Theorie von Erkennen und Handeln, Köln 1973
Edelstein, Wolfgang/Nunner-Winkler, Gertrud (Hg.): Zur Bestimmung der Moral, Frankfurt 1986
-/Nunner-Winkler, Gertrud/Noam, Gil (Hg.): Moral und Person, Frankfurt 1993
Eisler, Rudolf: Kantlexikon (1930), Hildesheim 1977
Elias, Norbert: Über den Prozeß der Zivilisation, Frankfurt 1977
Ellscheid, Günter: Das Problem von Sein und Sollen in der Philosophie Immanuel Kants, Köln 1968
Fichte, Johann Gottlieb: Die Bestimmung des Menschen, Stuttgart 1981
Forschner, Maximilian: Gesetz und Freiheit. Zum Problem der Autonomie bei Kant, München 1974
Forst, Rainer: Kontexte der Gerechtigkeit, Frankfurt 1996
-: Das grundlegende Recht auf Rechtfertigung. Zu einer konstruktivistischen Konzeption von Menschenrechten, in: H.Brunkhorst u.a. (Hg.), Recht auf Menschenrechte, Frankfurt 1999

-: Die Rechtfertigung der Gerechtigkeit. Rawls' Politischer Liberalismus und Habermas' Diskurstheorie in der Diskussion, in: H.Brunkhorst/P.Niesen (Hg.), Das Recht der Republik, Frankfurt 1999
Galtung, Johan: Menschenrechte- anders gesehen, Frankfurt 1994
Geismann, Georg: Kant als Vollender von Hobbes und Rousseau, in: Der Staat 27, 1982
-: Kants Rechtslehre vom Weltfrieden, in: ZPhF 37, 1983
-: Menschenrecht, Staat und materiale Gerechtigkeit, in: Jahrbuch für Recht und Ethik, Bd.3, Berlin 1995
Die Grundlegung des Vernunftstaates der Freiheit durch Hobbes, in: Jahrbuch für Recht und Ethik, Bd.5, Berlin 1997
Gerhardt, Volker: Immanuel Kants Entwurf ›Zum ewigen Frieden‹. Eine Theorie der Politik, Darmstadt 1995
-: Selbstbestimmung, Stuttgart 1999
-: Ausübende Rechtslehre. Kants Begriff der Politik, in: G.Schönrich/ Y.Kato (Hg.), Kant in der Diskussion der Moderne, Frankfurt 1996
-: Menschenrecht und Rhetorik, in: H.Brunkhorst u.a. (Hg.), Recht auf Menschenrechte, Frankfurt 1999
Gerstenberg, Oliver: Bürgerrechte und deliberative Demokratie, Frankfurt 1997
Goldmann, Lucien: Mensch, Gemeinschaft und Welt in der Philosophie Immanuel Kants, Frankfurt 1989
Gosepath, Stefan: Aufgeklärtes Eigeninteresse, Frankfurt 1992
-: Das Verhältnis von Demokratie und Menschenrecht, in: H.Brunkhorst (Hg.), Demokratischer Experimentalismus, Frankfurt 1998
-: Zu Begründungen sozialer Menschenrechte, in: ders./G.Lohmann (Hg.), Philosophie der Menschenrechte, Frankfurt 1999
Gulyga, Arsenij: Immanuel Kant, Frankfurt 1985
Gutmann, Amy (Hg.): Multikulturalismus und die Politik der Anerkennung, Frankfurt 1993
-: Die Kommunitaristischen Kritiker des Liberalismus, in: A.Honneth (Hg.), Kommunitarismus, Frankfurt 1993
Häberle, Peter: Europäische Rechtskultur, Frankfurt 1997
-: Die Menschenwürde als Grundlage der Staatlichen Gemeinschaft, in: J.Isensee/P.Kirchhof (Hg.): Handbuch des Staatsrechts der Bundesrepublik Deutschland, Bd.1, Heidelberg 1987
Habermas, Jürgen: Erläuterungen zur Diskursethik, Frankfurt 1991
-: Faktizität und Geltung, Frankfurt 1992
-: Einbeziehung des Anderen, Frankfurt 1997
-: Publizität als Prinzip der Vermittlung von Politik und Moral (Kant), in: Z.Batscha (Hg.), Materialien zu Kants Rechtsphilosophie, Frankfurt 1976

-: Der interkulturelle Diskurs über Menschenrechte, in: H.Brunkhorst u.a. (Hg.), Recht auf Menschenrechte, Frankfurt 1999
Heidelmeyer, Wolfgang (Hg.), Die Menschenrechte. Erklärungen, Verfassungsartikel, Internationale Abkommen, Paderborn/München 1982
Heimsoeth, Heinz: Freiheit und Charakter, in: G.Prauss (Hg.), Kant. Zur Deutung seiner Theorie von Erkennen und Handeln, Köln 1973
Henrich, Dieter: Der Begriff der sittlichen Einsicht und Kants Lehre vom Faktum der Vernunft, in: G.Prauss (Hg.), Kant. Zur Deutung seiner Theorie von Erkennen und Handeln, Köln 1973
-/Horstmann, Rolf Peter (Hg.): Hegels Philosophie des Rechts, Stuttgart 1982
Hinske, Norbert: Kants Weg zur Transzendentalphilosophie, Stuttgart 1970
Höffe, Otfried (Hg.): Recht und Moral, in: Neue Hefte für Philosophie 17
-: Kant, München 1988
-(Hg.): Lexikon der Ethik, München 1992
-: Grundlegung zur Metaphysik der Sitten. Ein kooperativer Kommentar, Frankfurt 1993
-: Kategorische Rechtsprinzipien, Frankfurt 1994
-: Die Menschenrechte im interkulturellen Diskurs, in: W.Odersky (Hg.), Die Menschenrechte. Herkunft, Geltung, Gefährdung., Düsseldorf 1994
Honneth, Axel (Hg.): Zwischenbetrachtungen: Im Prozeß der Aufklärung, Frankfurt 1989
-(Hg.): Kommunitarismus. Eine Debatte über die moralischen Grundlagen moderner Gesellschaften, Frankfurt 1993
-: Kampf um Anerkennung, Frankfurt 1994
-: Universalismus als moralische Falle? Bedingungen und Grenzen einer Politik der Menschenrechte, in: M.Lutz-Bachmann/J.Bohman (Hg.), Frieden durch Recht, Frankfurt 1996
Horstmann, Rolf Peter: Über die Rolle der bürgerlichen Gesellschaft in Hegels politischer Philosophie, in: M.Riedel (Hg.), Materialien zu Hegels Rechtsphilosophie, Bd.2, Frankfurt 1975
Hruschka, Joachim: Rechtsstaat, Freiheitsrecht und das „Recht auf Achtung von seinen Nebenmenschen“, in: ders./B.S.Byrd/J.C.Joerden (Hg.), Jahrbuch für Recht und Ethik, Bd.1, Berlin 1993
Huber, Wolfgang: Menschenrechte/ Menschenwürde, in: Theologische Realenzyklopädie, Bd.22, Berlin/New York 1992
-/Tödt, Heinz Eduard: Menschenrechte: Perspektiven einer menschlichen Welt, München 1988
Ilting, Karl-Heinz: Naturrecht und Sittlichkeit, Stuttgart 1983
-: Grundfragen der praktischen Philosophie, Frankfurt 1994

-: Gibt es eine Kritische Ethik und Rechtsphilosophie Kants?, in: Archiv für Geschichte der Philosophie, 63. Jg.
-: Der naturalistische Fehlschluß bei Kant, in: M.Riedel (Hg.), Rehabilitierung der praktischen Philosophie, Bd.1, Freiburg 1972
Jermann, Christoph (Hg.): Anspruch und Leistung von Hegels Rechtsphilosophie, Stuttgart 1987
-: Die Struktur der Hegelschen Rechtsphilosophie, in: M.Riedel (Hg.), Materialien zu Hegels Rechtsphilosophie, Bd.2, Frankfurt 1975
Jonas, Hans: Das Prinzip Verantwortung, Frankfurt 1984
Kambartel, Friedrich: Begründungen und Lebensformen. Zur Kritik des ethischen Pluralismus, in: W.Kuhlmann (Hg.), Moralität und Sittlichkeit, Frankfurt 1986
Kaufmann, Arthur: Recht und Sittlichkeit, Tübingen 1964
Kaulbach, Friedrich Christian: Studien zur späten Rechtsphilosophie Kants und ihrer transzendentalen Methode, Würzburg 1982
-: Perspektivismus und Rechtsprinzip in Kants Kritik der reinen Vernunft, in: AZP 10 Jg. 1985
-: Kants ›Grundlegung zur Metaphysik der Sitten‹, Darmstadt 1988
Kerber, Walter (Hg.): Menschenrechte und kulturelle Identität, München 1991
Kersting, Wolfgang: Ist Kants Rechtsphilosophie aporetisch?, KS 77
-: Neuere Interpretationen der kantischen Rechtsphilosophie, in: ZphF 37
-: Freiheit und intelligibler Besitz, in: AZP 6, 1981
-: Wohlgeordnete Freiheit, Frankfurt 1993
-: Recht, Gerechtigkeit und demokratische Tugend, Frankfurt 1997
-/Chwaszcza, Christine (Hg.): Politische Philosophie der internationalen Beziehungen, Frankfurt 1998
Kittsteiner, Heinz D.: Die Entstehung des modernen Gewissens, Frankfurt 1995
Klug, Ulrich/Kriele, Martin: Menschen- und Bürgerrechte, Stuttgart 1988
Kohlberg, Lawrence: Die Psychologie der Moralentwicklung, Frankfurt 1996
Kohler, Georg: Weltinnenpolitik, Grenzen der Verantwortung und Entstaatlichung. Über einige Möglichkeiten, das Verhältnis von Politik und Menschenrechten zu bestimmen, in: H.Brunkhorst u.a. (Hg.), Recht auf Menschenrechte, Frankfurt 1999
Köhler, Michael: Zur Begründung des Rechtszwangs im Anschluß an Kant und Fichte, in: M.Kahlo/E.A.Wolff/R.Zaczyk (Hg.), Fichtes Lehre vom Rechtsverhältnis, Frankfurt 1992
Köhler, Wolfgang R.: Das Recht auf Menschenrechte, in: ders./H.Brunkhorst/M.Lutz-Bachmann (Hg.), Recht auf Menschenrechte, Frankfurt 1999
Koller, Peter: Menschen- und Bürgerrechte aus ethischer Perspektive, in: Jahrbuch für Recht und Ethik Bd.3, Berlin 1995

-: Die Internationalisierung der Menschenrechte und die Grenzen staatlicher Souveränität, in: H.Brunkhorst u.a. (Hg.), Recht auf Menschenrechte, Frankfurt 1999
-: Der Geltungsbereich der Menschenrechte, in: G.Lohmann/S.Gosepath (Hg.), Philosophie der Menschenrechte, Frankfurt 1999
König, Siegfried: Zur Begründung der Menschenrechte. Hobbes, Locke, Kant., Freiburg 1994
Kondylis, Panajotis: Die Aufklärung im Rahmen des neuzeitlichen Rationalismus, Stuttgart 1981
Kopper, Joachim/Malter, Rudolf: Immanuel Kant zu ehren, Frankfurt 1974
Kößler, Reinhart/Melber, Henning: Chancen internationaler Zivilgesellschaft, Frankfurt 1993
Kriele, Martin: Recht und praktische Vernunft, Göttingen 1979
Krings, Hermann/Baumgartner, Hans Michael/Wild, Christoph (Hg.): Handbuch philosophischer Grundbegriffe, München 1973
Kühl, Kristian: Eigentumsordnung als Freiheitsordnung, Freiburg/München 1984
-: Naturrecht und positives Recht in Kants Rechtsphilosophie, ARSP Bh. 37
Kuhlmann, Wolfgang (Hg.): Moralität und Sittlichkeit, Frankfurt 1986
Küsters, Gerd-Walter: Recht und Vernunft, in: Phil. Rdsch. 30
-: Kants Rechtsphilosophie, Darmstadt 1988
Kymlicka, Will: Liberalism, Community and Culture, Oxford 1989
Lampe, Ernst-Joachim (Hg.): Zur Entwicklung von Rechtsbewußtsein, Frankfurt 1997
Landau, Peter: Hegels Begründung des Vertragsrechts, in: M.Riedel (Hg.), Materialien zu Hegels Rechtsphilosophie, Bd.2, Frankfurt 1975
Larmore, Charles: Politischer Liberalismus, in: A.Honneth (Hg.), Kommunitarismus, Frankfurt 1993
Lehmann, Gerhard: Kants Besitzlehre, in: ders., Beiträge zur Geschichte und Interpretation der Philosophie Kants, Berlin 1969
Lévinas, Emmanuel: Die Spur des Anderen: Untersuchungen zur Phänomenologie und Sozialphilosophie, Freiburg/München 1992
Liebrucks, Bruno: Recht, Moralität und Sittlichkeit bei Hegel, in: M.Riedel (Hg.), Materialien zu Hegels Rechtsphilosophie, Bd.2, Frankfurt 1975
Lisser, Kurt: Der Begriff des Rechts bei Kant, Berlin 1922
Lohmann, Georg: Menschenrechte zwischen Moral und Recht, in: ders./ S.Gosepath (Hg.), Philosophie der Menschenrechte, Frankfurt 1999
Lorz, Ralph Alexander: Modernes Grund- und Menschenrechtsverständnis und die Philosophie der Freiheit Kants, Stuttgart 1993
Ludwig, Bernd: Kants Rechtslehre, Hamburg 1988

Luf, Gerhard: Freiheit und Gleichheit- Die Aktualität im politischen Denkens Kants, Wien 1978
Lutz-Bachmann, Matthias: ›Weltstaatlichkeit‹ und Menschenrechte nach dem Ende des überlieferten ›Nationalstaats‹, in: ders./H.Brunkhorst u.a. (Hg.), Recht auf Menschenrechte, Frankfurt 1999
-/Bohman, James (Hg.): Frieden durch Recht. Kants Friedensidee und das Problem einer neuen Weltordnung, Frankfurt 1996
Lyotard, Jean-Francois.: Das Recht des Anderen, in: S.Shute/S.Hurley (Hg.), Die Idee der Menschenrechte, Frankfurt 1996
MacIntyre, Alasdair: Der Verlust der Tugend, Frankfurt 1995
-: Geschichte der Ethik im Überblick, Weinheim 1995
Maihofer, Werner: Rechtsstaat und menschliche Würde, Frankfurt 1968
Marcuse, Herbert: Kant über Autorität und Freiheit, in: G.Prauss (Hg.), Kant. Zur Deutung seiner Theorie von Erkennen und Handeln, Köln 1973
Maus, Ingeborg: Zur Aufklärung der Demokratietheorie, Frankfurt 1994
-: Zum Verhältnis von Recht und Moral aus demokratietheoretischer Sicht; in: K.Bayertz (Hg.), Politik und Ethik, Stuttgart 1996
-: Menschenrechte als Ermächtigungsnormen internationaler Politik oder: der zerstörte Zusammenhang von Menschenrechten und Demokratie, in: H.Brunkhorst u.a. (Hg.), Recht auf Menschenrechte, Frankfurt 1999
Mead, George Herhert: Geist, Identität und Gesellschaft, Frankfurt 1993
Merkel, Reinhard/Wittmann, Roland (Hg.): Zum ewigen Frieden, Frankfurt 1996
Michelman, Frank I.: Bedürfen Menschenrechte demokratischer Legitimation?, in: H.Brunkhorst u.a. (Hg.), Recht auf Menschenrechte, Frankfurt 1999
Motrosilova, Nelli (Hg.): Zum Freiheitsverständnis des Kantischen und nachkantischen Idealismus, Frankfurt 1998
Nino, Carlos Santiago: The Ethics of Human Right, Oxford 1991
Nozick, Robert: Anarchie, Staat, Utopie., München 1978
Nussbaum, Martha: Menschliches Tun und soziale Gerechtigkeit, in: M.Brumlik/ H.Brunkhorst (Hg.), Gemeinschaft und Gerechtigkeit, Frankfurt 1993
-: Kant und stoisches Weltbürgertum, in: M.Lutz-Bachmann/J.Bohman (Hg.), Frieden durch Recht, Frankfurt 1996
Oberer, Hariolf: Zur Frühgeschichte der Kantischen Rechtslehre, KS 64, 1973
-: Ist Kants Rechtslehre kritische Philosophie?, KS 74, 1983
Odersky, Walter: Die Menschenrechte: Herkunft, Geltung, Gefährdung, Düsseldorf 1994
O'Neill, Onora: Kommunikative Rationalität und praktische Vernunft, in: DZP 41:2 1993
Paine, Thomas: Die Rechte des Menschen (1791), Frankfurt 1973
Paton, Herbert James: Der kategorische Imperativ, Berlin 1962

Patzig, Günther: Ethik ohne Metaphysik, Göttingen 1971
-: Die logischen Formen praktischer Sätze in Kants Ethik, in: G.Prauss (Hg.), Kant. Zur Deutung seiner Theorie von Erkennen und Handeln, Köln 1973
Pothast, Ulrich: Die Unzulänglichkeit der Freiheitsbeweise, Frankfurt 1980
Prauss, Gerold (Hg.): Kant. Zur Deutung seiner Theorie von Erkennen und Handeln, Köln 1973
-: Kant über Freiheit als Autonomie, Frankfurt 1983
Preuß, Ulrich K. (Hg.): Zum Begriff der Verfassung, Frankfurt 1994
Radbruch, Gustav: Rechtsphilosophie, Stuttgart 1973
Rawls, John: Eine Theorie der Gerechtigkeit, Frankfurt 1975
-: Die Idee des politischen Liberalismus, Frankfurt 1992
-: Das Völkerrecht, in: S.Shute/S.Hurley (Hg.), Die Idee der Menschenrechte, Frankfurt 1996
Reich, Klaus: Kant und Rousseau, Tübingen 1936
van Reijen, Willem: Die Beweislast der politischen Philosophie, in: ders./B.van den Brink (Hg.), Bürgergesellschaft, Recht und Demokratie, Frankfurt 1995
Riedel, Manfred: Die Aporie von Herrschaft und Vereinbarung in Kants Idee des Sozialvertrags, in: G.Prauss (Hg.), Kant. Zur Deutung seiner Theorie von Erkennen und Handeln, Köln 1973
-(Hg.): Rehabilitierung der praktischen Philosophie, Bd.1,2, Freiburg 1972,1974
-(Hg.): Materialien zu Hegels Rechtsphilosophie, Frankfurt 1975
-: Hegels Begriff der bürgerlichen Gesellschaft und das Problem seines geschichtlichen Ursprungs; Natur und Freiheit in Hegels Rechtsphilosophie, in: ders.(Hg.), Materialien zu Hegels Rechtsphilosophie, Bd.2, Frankfurt 1975
Ritter, Christian: Der Rechtsgedanke Kants nach den frühen Quellen, Frankfurt 1971
Ritter, Joachim: Moralität und Sittlichkeit. Zu Hegels Auseinandersetzung mit der kantischen Ethik; Person und Eigentum. Zu Hegels ›Grundlinien der Philosophie des Rechts‹, in: M.Riedel (Hg.), Materialien zu Hegels Rechtsphilosophie, Bd.2., Frankfurt 1975
Rorty, Richard: Kontingenz, Ironie und Solidarität, Frankfurt 1989
-: Solidarität oder Objektivität?, Stuttgart 1988
-: Menschenrechte, Rationalität und Gefühl, in: S.Shute/S.Hurley (Hg.), Die Idee der Menschenrechte, Frankfurt 1996
-: Der bürgerliche Liberalismus postmoderner Prägung, in: B.van den Brink/ W.van Reijen (Hg.), Bürgergesellschaft, Recht und Demokratie, Frankfurt 1995
Rosenzweig, Franz: Hegels Begriff der politischen Verfassung, in: M.Riedel (Hg.), Materialien zu Hegels Rechtsphilosophie, Bd.2, Frankfurt 1975

Saage, Richard: Naturzustand und Eigentum, in: Z.Batscha (Hg.), Materialien zu Kants Rechtsphilosophie, Frankfurt 1976
Sandel, Michael J.: Liberalism and the Limits of Justice, Cambridge 1982
-: Die verfahrensrechtliche Republik und das ungebundene Selbst, in: A.Honneth (Hg.), Kommunitarismus, Frankfurt 1993
-: Die Gerechtigkeit und das Gute, in: B.van den Brink/ W.van Reijen (Hg.), Bürgergesellschaft, Recht und Demokratie, Frankfurt 1995
Schild, Wolfgang: Freiheit-Gleichheit-"Selbständigkeit" (Kant): Strukturmomente der Freiheit, in: J.Schwartländer (Hg.), Menschenrechte und Demokratie, Kehl am Rhein 1981
Schmidt, Thomas M.: Grundrechte einer Weltverfassung? Die Verwirklichung der Menschenrechte in der Perspektive der Hegelschen Rechtsphilosophie, in: H.Brunkhorst u.a. (Hg.), Recht auf Menschenrechte, Frankfurt 1999
Schnädelbach, Herbert: Zur Rehabilitierung des animal rationale, Frankfurt 1992
Schnoor, Christian: Kants Kategorischer Imperativ als Kriterium der Richtigkeit des Handelns, Tübingen 1989
Schnur, Roman (Hg.): Zur Geschichte der Erklärung der Menschenrechte, Darmstadt 1964
Schönrich, Gerhard/Kato, Yasushi (Hg.): Kant in der Diskussion der Moderne, Frankfurt 1996
Schwartländer, Johannes: Der Mensch ist Person, Stuttgart 1968
-(Hg.): Menschenrechte. Aspekte ihrer Begründung und Verwirklichung, Tübingen 1978
-(Hg.): Menschenrechte und Demokratie, Kehl am Rhein/Straßburg 1981
Schwemmer, Oswald: Vernunft und Moral, in: G.Prauss (Hg.), Kant. Zur Deutung seiner Theorie von Erkennen und Handeln, Köln 1973
Seelmann, Kurt: Rechtsphilosophie, München 1994
-: Anerkennungsverlust und Selbstsubsumtion, Freiburg/München 1995
Shue, Henry: Menschenrechte und kulturelle Differenz, in: S.Gosepath/ G.Lohmann (Hg.), Philosophie der Menschenrechte, Frankfurt 1999
Shute, Stephen/ Hurley, Susan (Hg.): Die Idee der Menschenrechte, Frankfurt 1996
Siep, Ludwig: Anerkennung als Prinzip der praktischen Philosophie, Freiburg/München 1979
-: Praktische Philosophie im Deutschen Idealismus, Frankfurt 1992
Simmel, Georg: Kant. Die Probleme der Geschichtsphilosophie (1905/1907), Frankfurt 1997
Simon, Josef (Hg.): Freiheit. Theoretische und praktische Aspekte des Problems, Freiburg/München 1977
Singer, Marcus George: Verallgemeinerung in der Ethik, Frankfurt 1975

Sommer, Manfred: Identität im Übergang: Kant, Frankfurt 1988
-: Philosophie und Begründung, Frankfurt 1987
Spaemann, Robert/Böckenförde, Ernst-Wolfgang (Hg.): Menschenrechte und Menschenwürde, Stuttgart 1987
-: Über den Begriff der Menschenwürde, in: Ebd.
-: Das Natürliche und das Vernünftige, München 1987
-: Moralische Grundbegriffe, München 1994
-: Kants Kritik des Widerstandsrechts, in: Z.Batscha (Hg.), Materialien zu Kants Rechtsphilosophie, Frankfurt 1976
Steinfath, Holmer: Authentizität und Anerkennung, DZP 41:3, 1993
Steinvorth, Ulrich: Freiheitstheorien in der Philosophie der Neuzeit, Darmstadt 1987
Strauss, Leo: Naturrecht und Geschichte, Stuttgart 1956
Taylor, Charles: Negative Freiheit? Zur Kritik des neuzeitlichen Individualismus, Frankfurt 1988
-: Aneinander vorbei: Die Debatte zwischen Liberalismus und Kommunitarismus, in: A.Honneth (Hg.), Kommunitarismus, Frankfurt 1993
-: Quellen des Selbst, Frankfurt 1994
-: Das Unbehagen an der Moderne, Frankfurt 1995
-: Atomismus, in: B.van den Brink/W.van Reijen (Hg.), Bürgergesellschaft, Recht und Demokratie, Frankfurt 1995
Teichner, Wilhelm: Kants Transzendentalphilosophie, Freiburg/München 1978
Tugendhat, Ernst: Probleme der Ethik, Stuttgart 1984
-: Vorlesungen über Ethik, Frankfurt 1993
Vogl, Joseph (Hg.): Gemeinschaften, Frankfurt 1994
Volkmann-Schluck, Karl-Heinz: Freiheit, Menschenwürde, Menschenrecht. Zum Ethos der modernen Demokratie in der Sicht Kants, in: J.Schwartländer (Hg.), Menschenrechte und Demokratie, Kehl am Rhein 1981
Waldron, Jeremy: Theoretische Grundlagen des Liberalismus, in: B.van den Brink/W.van Reijen (Hg.), Bürgergesellschaft, Recht und Demokratie, Frankfurt 1995
Walzer, Michael: Sphären der Gerechtigkeit, Frankfurt 1992
-: Kritik und Gemeinsinn, Frankfurt 1993
-: Die kommunitaristische Kritik am Liberalismus, in: A.Honneth (Hg.), Kommunitarismus, Frankfurt 1993
-: Was heißt zivile Gesellschaft?, in: B.van den Brink/ W.van Reijen (Hg.), Bürgergesellschaft, Recht und Demokratie, Frankfurt 1995
Wellmer, Albrecht: Ethik und Dialog, Frankfurt 1986
-: Menschenrechte und Demokratie, in: S.Gosepath/ G.Lohmann (Hg.), Philosophie der Menschenrechte, Frankfurt 1999

Welsch, Wolfgang: Vernunft, Frankfurt 1996
Wieland, Wolfgang: Aporien der praktischen Vernunft, Frankfurt 1989
Wildt, Andreas: Autonomie und Anerkennung, Stuttgart 1982
-: Menschenrechte und moralische Rechte, in: S.Gosepath/ G.Lohmann (Hg.), Philosophie der Menschenrechte, Frankfurt 1999
Williams, Bernard: Moral Luck, Cambridge 1981
Wimmer, Reiner: Universalisierung in der Ethik, Frankfurt 1980
-: Die Doppelfunktion des Kategorischen Imperativs in Kants Ethik, KS 73.Jg. 1982
Zahlmann, Christel (Hg.): Kommunitarismus in der Diskussion, Berlin 1992

RECHTSPHILOSOPHISCHE HEFTE

Herausgegeben von Giuseppe Orsi, Kurt Seelmann, Stefan Smid und Ulrich Steinvorth

Band 1 Giuseppe Orsi/Kurt Seelmann/Stefan Smid/Ulrich Steinvorth (Hrsg.): Recht und Moral. 1992.

Band 2 Giuseppe Orsi/Kurt Seelmann/Stefan Smid/Ulrich Steinvorth (Hrsg.): Gerechtigkeit. 1993.

Band 3 Giuseppe Orsi/Kurt Seelmann/Stefan Smid/Ulrich Steinvorth (Hrsg.): Nation, Nationalstaat, Nationalismus. 1994.

Band 4 Giuseppe Orsi/Kurt Seelmann/Stefan Smid/Ulrich Steinvorth (Hrsg.): Solidarität. 1995.

Band 5 Giuseppe Orsi/Kurt Seelmann/Stefan Smid/Ulrich Steinvorth (Hrsg.): Arbeit - Arbeitslosigkeit. 1996.

Band 6 Giuseppe Orsi/Kurt Seelmann/Stefan Smid/Ulrich Steinvorth (Hrsg.): Prinzipien des Rechts. 1996.

Band 7 Giuseppe Orsi/Kurt Seelmann/Stefan Smid/Ulrich Steinvorth (Hrsg.): Internationale Gerechtigkeit. 1997.

Band 8 Giuseppe Orsi/Kurt Seelmann/Stefan Smid/Ulrich Steinvorth (Hrsg.): Medizin - Recht - Ethik. 1998.

Band 9 Giuseppe Orsi/Kurt Seelmann/Stefan Smid/Ulrich Steinvorth (Hrsg.): Recht und Kulturen. 2000.

Rechtsphilosophische Schriften

Herausgegeben von Kurt Seelmann, Stefan Smid, Ulrich Steinvorth

Band 1 Sven Krüger: Der Versuchsbeginn bei mittelbarer Täterschaft. Eine strafrechtlich-rechtsphilosophische Untersuchung. 1994.

Band 2 Ludwig Häsemeyer / Hans-Martin Pawlowski / Friedrich-Wilhelm Siburg: Rechtsprechung heute – Anspruch und Wirklichkeit –. Vorträge der 28. Reinhäuser Juristengespräche 28. – 30. Oktober 1994. 1996.

Band 3 Stefan Smid (Hrsg.): Gerechtigkeit und Rechtsstaat. Deutsche Rechtseinheit und pluralistische Verfassung. 1996.

Band 4 Andreas Müller: Das Verhältnis von rechtlicher Freiheit und sittlicher Autonomie in Kants *Metaphysik der Sitten*. 1996.

Band 5 Henrike Morgenstern: Unterlassene Hilfeleistung, Solidarität und Recht. 1997.

Band 6 Thomas M. Besch: Über John Rawls' politischen Liberalismus. Zur Rolle des Vernünftigen in Rawls' Begründung einer politischen Gerechtigkeitstheorie. 1998.

Band 7 Tilman Rückert: Der intellektuelle Verbrechensschaden bei Carl-Theodor Welcker. 1998.

Band 8 Paolo Becchi/Kurt Seelmann: Gaetano Filangieri und die europäische Aufklärung. 2000.

Band 9 Mi-Won Lim: Der Begriff der Autonomie und des Menschrechts bei Kant. Zur Möglichkeit des Menschenrechts auf sittliche Autonomie bei Kant. 2002.

Jörg Wolff (Hrsg.)

Stillstand, Erneuerung und Kontinuität

Einsprüche zur Preußenforschung

Frankfurt/M., Berlin, Bern, Bruxelles, New York, Oxford, Wien, 2001. 258 S.
Rechtshistorische Reihe. Bd. 234
Verantwortlicher Herausgeber: Hans Hattenhauer
ISBN 3-631-36386-9 · br. € 69.–*

Dieser Band geht Fragen über das Verhältnis zwischen Geist und Staat in der preußischen Geschichte nach. Dabei wird eine realistische Perspektive untersucht, die Preußen weder glorifiziert noch verdammt. Der Schwerpunkt der Beiträge liegt im 18. Jahrhundert, aber auch die modernen Nachwirkungen preußischen Selbstverständnisses werden behandelt. In fast allen Bereichen sind Ergänzungen oder Korrekturen der bisherigen Preußenforschung notwendig. Forschungsmethodische Überlegungen, justiz- und verwaltungspraktische Vorgänge im 18. und 19. Jahrhundert, Auseinandersetzungen mit der napoleonischen Neuordnung Deutschlands sind ebenso versammelt wie Kritik an dem verklärenden Preußenbild des 19. Jahrhunderts. Der Sammelband setzt zu einer Neubestimmung der Preußenforschung zwischen den Idealen der Aufklärung, den Widerständen des Alltags und ihren oft ungewollten Folgen an.

Aus dem Inhalt: Neues zu Christian Thomasius · Vergleichende Preußenforschung als Programm · Kritik am Allgemeinen Landrecht für die preußischen Staaten aus der Justizpraxis · Die mißlungene Gewerbereform im 19. Jahrhundert · Theodor Fontane und die preußischen Idee · Preußenforschung in Polen

FSC
www.fsc.org
MIX
Papier | Fördert
gute Waldnutzung
FSC® C083411

Kolibri 360 GmbH
Ferdinand-Jühlke-Straße 7
99095 Erfurt, Deutschland
produktsicherheit@kolibri360.de

Druck:
CPI Druckdienstleistungen GmbH
im Auftrag der
Kolibri 360 GmbH
Ferdinand-Jühlke-Str. 7
99095 Erfurt